Cette édition des Œuvres *de Maine de Biran est établie, toutes les fois que c'est possible, en suivant rigoureusement les manuscrits. Lorsque ceux-ci manquent, le texte est obtenu en confrontant les diverses éditions s'il y a lieu; sinon, elle reprend, en indiquant sa provenance, la seule édition connue.*

Une barre verticale | signale les changements de page du manuscrit correspondant, dont la pagination est donnée dans la marge par un chiffre gras. Les notes originales sont appelées par des astérisques. Les variantes, appelées par des chiffres en caractères maigres et en exposant* [1 2 3]*, signalent le début d'un passage que l'auteur a modifié sans le supprimer, ou qui présente une anomalie quelconque, ou bien la place où une addition doit être intercalée. On trouvera au bas de la page le texte de la variante ou les observations de l'éditeur sur la présentation du texte; celles-ci sont toujours imprimées en italique. L'orthographe des manuscrits a été systématiquement modernisée. Un blanc [   ] signifie un mot non déchiffré. Des crochets à l'intérieur d'un mot (analyt*[ique]*) signifient une abréviation complétée par l'éditeur. Un mot entre* [crochets] *est une adjonction de l'éditeur.* [? *Fondement*] *signifie une lecture douteuse.*

Les notes de l'éditeur, regroupées en fin de volume, sont appelées par des chiffres entre parenthèses (1), et numérotées continûment comme les variantes. Elles ne prétendent pas constituer un commentaire de l'ouvrage: elles visent à expliciter les références faites par l'auteur, à restituer exactement des citations incorrectes ou partielles, à fournir des repères bibliographiques lorsque cela paraît nécessaire pour la bonne compréhension du texte.

Les volumes peuvent comporter des appendices, constitués par des variantes démesurément longues, des versions différentes du même texte empruntées à d'autres manuscrits, des documents relatifs à la rédaction de l'œuvre, des comptes rendus dans des revues contemporaines de la première publication, etc.

Une bibliographie des ouvrages utilisés, un index des noms et un index des matières complètent chaque volume.

MAINE DE BIRAN

DISCOURS A LA SOCIÉTÉ MÉDICALE DE BERGERAC

MAINE DE BIRAN

ŒUVRES

publiées sous la direction de François AZOUVI

BIBLIOTHÈQUE DES TEXTES PHILOSOPHIQUES
Directeur : Henri GOUHIER

MAINE DE BIRAN

ŒUVRES
Tome V

DISCOURS A LA SOCIÉTÉ MÉDICALE DE BERGERAC

Édité par
François AZOUVI

Ouvrage publié avec le concours du Centre National de la Recherche Scientifique

PARIS
LIBRAIRIE PHILOSOPHIQUE J. VRIN
6, Place de la Sorbonne, Ve
1984

ISBN 2-7116-2059-X (édition complète)

ISBN 2-7116-2064-6 (Tome 5)

INTRODUCTION

Maine de Biran est sous-préfet de Bergerac depuis le 31 janvier 1806. Le 15 novembre de la même année, il se trouve avec plusieurs médecins, chirurgiens et officiers de santé, tous réunis chez le pharmacien Gardet. « Pénétrés du plaisir de se trouver ensemble et pressés du besoin de renouveler de pareilles réunions » (séance de fondation, voire appendice I), ils décident de former une société médicale, dont ils élisent immédiatement le président : Maine de Biran, les secrétaires : J.-F. Delpit et Candillac (tous deux médecins), et le trésorier : Gardet (1).

Sur les objectifs de cette institution, nous sommes clairement renseignés par la *Lettre destinée au recrutement des futurs membres* (voir appendice II), qui sert de déclaration d'intentions auprès de ceux que les membres fondateurs désirent s'adjoindre. Dans la ligne des projets sanitaires de la Révolution, ils mettent au premier plan de leurs préoccupations les observations météorologiques faites partout dans « l'arrondissement », la constitution d'une topographie médicale (voir appendice V) qui rentrerait dans le plan « d'une statistique générale de la France », la communication de toutes les données sur la nature des sols, la qualité de l'air et des eaux, les maladies habituelles ou accidentelles, épidémiques ou endémiques, les épizooties, etc.

Mais les travaux de la société médicale de Bergerac ne doivent pas non plus se borner à cet enregistrement de données. Abonnée à plusieurs journaux médicaux, et aussi à quelques autres d'intérêt plus général, elle doit être le lieu où sont annoncées et discutées les découvertes accomplies dans les sciences médicales et paramédicales, où sont adressés et lus divers mémoires sur des points particuliers de pathologie ou de thérapeutique, ou

1. La création de la société médicale de Bergerac est relatée dans le *Bulletin du Département de la Dordogne*, n° 74, 25 novembre 1807.

sur des questions de philosophie médicale. Chaque séance doit donc comporter l'analyse des « journaux savants » — c'est Delpit qui s'en charge à chaque fois —, et la lecture des observations et des mémoires envoyés à la société dans l'intervalle de deux séances.

Une périodicité trimestrielle avait été décidée lors de la séance de fondation du 15 novembre 1806. En fait, la société a été réunie trois fois en 1807 : les 15 février, 28 juin et 15 novembre ; deux fois en 1808 : les 10 avril et 13 novembre ; une seule fois en 1809 : le 19 novembre ; et une fois en 1810 — la dernière —, le 15 avril. Il est possible, toutefois, que certaines réunions aient eu lieu après le 13 novembre 1808 — date à laquelle cessent les comptes rendus — sans que des traces en demeurent. Quoi qu'il en soit, l'assiduité des membres, leur participation au travail collectif et leur dévouement avaient dû singulièrement décroître jusqu'en 1810, pour que le président de la société ait jugé utile de prononcer, le 15 avril, le discours de rappel à l'ordre que l'on pourra lire dans ce volume.

Les textes que nous publions ici constituent tout ce que nous connaissons de la part qu'a pris Maine de Biran aux travaux de cette société médicale, exception faite d'un discours sur « la nécessité d'activer les progrès de la vaccine », lu à la séance d'inauguration du 15 février 1807, qu'on ne connaît que par le résumé qu'en fait Valleton-Candillac dans le compte rendu de la séance et par l'arrêté correspondant (on trouvera dans l'appendice IV le résumé et cet arrêté) ; exception faite aussi d'une intervention, le 28 juin de la même année, pour présenter son projet d'un établissement d'instruction publique pour la ville de Bergerac (on trouvera ce texte dans le volume consacré à l'activité de l'homme politique).

Le premier discours que prononce Maine de Biran en sa qualité de président est le *Discours d'ouverture de la société médicale,* lu le 15 février 1807, le même jour où sont adoptés les règlements définitifs du fonctionnement de la société (on trouvera ces règlements en appendice III). Conformément au genre auquel il appartient, ce discours expose les avantages multiples d'une pareille institution, la place centrale qu'occupent au sein des sciences de l'homme les disciplines médicales, la nécessité d'instaurer, entre les représentants des diverses sciences et techniques, une circulation d'informations telle qu'elle rende possible une véritable communauté du savoir. Une certaine vision de ce que doit être la société se dessine à travers ces pages qu'inspire à Maine de Biran le souci de justifier la nouvelle institution par le bien qu'en retireront ses membres, et qu'ils redistribueront naturellement à leurs concitoyens.

Les trois mémoires qui forment l'essentiel de ce recueil sont lus aux trois anniversaires de la fondation de la société médicale.

Le 15 novembre 1807, Biran communique un *Mémoire sur les perceptions obscures ou sur les impressions générales affectives et les sympathies en particulier.* La question des perceptions obscures, ou plutôt — pour éviter une expression trop usée dans l'école leibnizienne — celle des impressions affectives, peut être vue comme une application, sur un point particulier susceptible d'intéresser les physiologistes auxquels Biran s'adresse, des thèses avancées dans l'*Influence de l'habitude* (1802), dans la

Décomposition de la pensée (1803-1805) et dans le mémoire pour l'Académie de Berlin, qu'il a expédié quelques mois plus tôt, et dont il ne sait pas encore qu'il lui a valu un accessit (2). Au principe de ce discours, il y a en effet la distinction maintenant clairement établie entre la puissance d'*affecter* et celle de *représenter*, dont toute impression est, à des degrés divers, le mixte. Dans la sensation, où la psychologie prébiranienne voyait volontiers de l'élémentaire, Maine de Biran s'attache à montrer du composé et à tirer de cette nouvelle décomposition une nouvelle métaphysique. Au mémoire pour l'Académie de Berlin — *De l'Aperception immédiate* —, le philosophe réserve naturellement celle-ci, tandis qu'il place dans le *Mémoire sur les perceptions obscures* tous les développements et toutes les précisions qui eussent été incongrues dans un travail destiné à un concours de philosophie ; mais les deux ouvrages se chevauchent si bien, que Biran ne croit pas devoir récrire certains développements sur les passions, notamment, qu'il emprunte à son dernier travail. C'est donc bien comme le prolongement des mémoires cités que se présentent les *Perceptions obscures,* et comme l'occasion d'expérimenter la fécondité des principes forgés ailleurs. En aval, c'est évidemment la *Discussion avec M. Royer-Collard sur la réalité d'un état purement affectif* (24 mai 1813) que l'on doit évoquer pour montrer la constance de l'intérêt que Biran voue à cette question des impressions affectives, mais aussi les *Nouvelles Considérations sur les rapports du physique et du moral* (1820) et les *Nouveaux Essais d'anthropologie* (1824).

Nous publions ensuite un bref texte inédit dont le manuscrit porte en titre, mais pas de l'écriture de Maine de Biran : *Société médicale de Bergerac vers 1807.* Nous proposons de l'intituler [*Fragment d'un discours sur les fausses sciences médicales*].

Il s'agit, dans ces quelques pages, du début d'un brouillon évidemment destiné à constituer un discours, mais dont il n'est pas sûr que Biran l'ait effectivement prononcé. D'une part, en effet, le manuscrit s'arrête au milieu de la page, sans que le texte paraisse devoir se continuer ; d'autre part, le registre des séances publié par P. Lemay (*Maine de Biran et la Société médicale de Bergerac,* Paris, 1936) n'en fait aucune mention. Nous supposons donc que ce texte doit être rangé dans la catégorie des projets abandonnés par leur auteur.

En dépit de sa brièveté ce texte mérite, croyons-nous, de paraître. Biran s'y attache à montrer que, en raison de l'intérêt tout à fait particulier que les êtres vivants ne peuvent manquer de prendre à cette science de la vie qu'est la médecine, il est inévitable que celle-ci engendre, dans l'ombre des découvertes positives et comme leur accompagnement nécessaire, des *fausses sciences.* Celles de Mesmer et de Gall lui fournissent la parfaite illustration de ses propos. Malheureusement le texte s'achève alors que le magnétisme animal et la phrénologie viennent à peine d'être introduits.

Il est possible que ce projet constitue la première ébauche du mémoire

2. Il l'apprendra à peine une semaine plus tard, par *La Gazette nationale ou le Moniteur Universel* du 21 novembre.

consacré à Gall, les *Observations sur les divisions organiques du cerveau.* Biran aurait eu d'abord l'intention de faire un discours sur ces deux fausses sciences ; puis très vite, la seconde aurait absorbé toute son attention et tout son intérêt, et il aurait finalement choisi de ne parler que de la phrénologie. C'est cette hypothèse qui justifie la place à laquelle nous reproduisons ce fragment de discours.

Il est certain que le mémoire sur Gall, lu à la société médicale le 13 novembre 1808, correspond à un travail d'information sans rapport avec celui exigé par les *Perceptions obscures* (3). Valleton-Candillac, qui doit en présenter un résumé dans son compte rendu, se dérobe devant la tâche de donner « une idée exacte » d'un sujet « envisagé par lui [Maine de Biran] avec trop d'avantage » pour qu'une courte notice y suffise (on trouvera en appendice VIII cette brève mention). Bien que la réfutation biranienne soit dirigée contre toute tentative localisationniste dont elle vise à exhiber les apories et les vices (« J'ai cherché à creuser jusqu'aux racines de l'arbre, laissant à d'autres le soin de courir aux branches », p. 66), bien que Willis, Bonnet et Hartley soient ici concernés, l'occasion du mémoire est fournie par la présentation à l'institut, le 14 mars 1808, des *Recherches sur le système nerveux en général et sur celui du cerveau en particulier,* par F.-J. Gall et G. Spurzheim, et par les échos multipliés, dans les journaux et les gazettes, que suscite ce travail.

En fait, Maine de Biran ne peut se fonder sur ce texte pour asseoir son examen de la doctrine de Gall, car les *Recherches* ne paraîtront qu'en 1809. Quant aux autres ouvrages du fondateur de la phrénologie, les plus importants sont nettement postérieurs (4), et ceux auxquels il pourrait avoir accès en 1808 sont écrits en allemand (5). En revanche, les exposés en français de son système, souvent issus de ses cours, ne manquent pas et Biran peut, à cette date, se faire une idée point trop inexacte de la pensée de Gall. Il cite le livre de C.-E. Bischoff, *Exposition de la doctrine cranioscopique du Dr. Gall* (trad. Barbeguière, Berlin, 1806), dans lequel sont reproduites les *Remarques sur la doctrine de Gall* de Hufeland dont il s'inspire parfois ; il cite aussi un recueil anonyme, qui contient une « introduction anatomique », des leçons professées à Dresde et des réponses aux objections d'Ackermann (6), et qui a pour titre : *Cranologie ou découvertes nouvelles*

3. Cf. le compte-rendu de la séance dans le *Bulletin du Département de la Dordogne,* n° 126, 23 novembre 1808.

4. *Anatomie et physiologie du système nerveux en général et du cerveau en particulier* [...], 4 vol., Paris, 1810-1819 ; *Sur les fonctions du cerveau et sur celles de chacune de ses parties,* 6 vol., Paris, 1825.

5. *Philosophisch – medizinische Untersuchungen über Natur und Kunst, in kranken und gesunden Zustande des Menschen,* Wien, 1792 ; *Meine Reise durch Deutschland,* s.l., 1806. Cf. l'irremplaçable ouvrage de G. Lantéri-Laura, *Histoire de la phrénologie,* Paris, 1970, p. 64 sq.

6. Elles avaient paru d'abord en allemand : J.-F. Ackermann, *Die Gall'sche Hirnschedel und Organenlehre vom Gesichtpunkte der Erfahrung aus beurtheilt und wider legt,* Heidelberg, 1806.

du Docteur F.-J. Gall concernant le cerveau, le crâne et les organes (Paris, 1807) ; il recopie un long passage d'un *Cours de physiologie et d'anatomie du cerveau, par le Docteur Gall,* paru dans la *Gazette de France* en quatorze exposés, du 21 janvier au 23 février 1808 (7). Enfin il se sert constamment du *Rapport sur le mémoire de Gall et de Spurzheim* de Cuvier. Il est vrai que sa parution est sans doute postérieure à la rédaction des *Observations sur les divisions organiques du cerveau* ; mais Biran pouvait l'avoir lu *in extenso* dans la *Bibliothèque médicale ou Recueil périodique d'extraits des meilleurs ouvrages de médecine et de chirurgie* (t. XXI, 1808, p. 3-42, 123-158). Plusieurs autres articles, quelques autres ouvrages, étaient certainement connus de lui ; mais aucune indication ne permet, à notre avis, de l'affirmer.

Contrairement à bien des critiques du système de Gall, Biran refuse la facilité d'aller à la partie vraiment spectaculaire et dérisoire de la phrénologie : la *cranioscopie* ou technique de palpation des bosses du crâne, censée permettre une connaissance des aptitudes intellectuelles, des penchants et du caractère. Délaissant tout ce qui au contraire alimente les gazettes et la renommée, le philosophe ne dédaigne pas d'entrer dans le vif des discussions anatomiques relatives, sinon à la structure du cerveau lui-même, du moins à celle du système nerveux. A la suite de Cuvier, il voit ce qu'il y a de nouveau dans la représentation que s'en fait Gall, et en quoi l'anatomie du système nerveux commande, au moins négativement, à la physiologie qui, ensuite, entend exercer des droits sur la psychologie : l'absence d'un véritable centre de tous les systèmes partiels de fibres, la multiplication de ceux-ci et leur relative indépendance, interdisent, du fonctionnement du système nerveux, une conception susceptible de s'accorder avec les enseignements indubitables de la psychologie, pour laquelle aucune opération intellectuelle n'a de sens qu'à condition d'être référée au *primum movens* qu'est le moi. Dira-t-on que le philosophe, encore une fois, se donne la partie belle en refusant les enseignements du scalpel au nom du témoignage de la réflexion ?

Mais d'une part, la conscience n'est pas source d'une moindre certitude que celle de la science — sinon, demande Biran, d'où viendrait la certitude en général ? —, d'autre part la nouvelle anatomie du système nerveux, selon lui, ne s'accorde pas avec la nouvelle physiologie du cerveau, puisque la première, en faisant de la moelle épinière « la matrice des nerfs », retire au cerveau le privilège d'origine dont il jouissait jusque-là, et que la seconde lui confère, en localisant en lui toutes les facultés et même les passions qui ne sont que le plus haut degré d'exercice des facultés, une importance inégalée. Le témoignage de la conscience, qui enseigne la division radicale de l'intellectuel et de l'affectif, joint aux hésitations de la doctrine phrénologique, autorise Maine de Biran à opposer à l'anatomie de Gall celle de Bichat,

7. C'est le même cours qui fournit la matière du livre de N.-P. Adelon, *Analyse d'un cours du Dr. Gall ou physiologie et anatomie du cerveau d'après son système,* Paris, 1808.

dans laquelle il trouve une bien plus exacte séparation des vies organique et animale, fondée sur la distinction de deux systèmes nerveux opposés par leur origine et leurs fonctions.

Assurément le philosophe, ici, discute sur le terrain du physiologiste, dont il juge parfois l'œuvre de façon erronée. Mais c'est que, au préalable, le physiologiste a empiété sur celui du philosophe, sans le vouloir mais inévitablement, dans le choix qu'il a fait des facultés psychologiques dont il croit devoir trouver un siège cérébral. Le sujet psychologique vient toujours trop tôt puisqu'il précède et conditionne, par le langage même qu'il déploie, les distinctions, les divisions et la série des opérations qu'il croit « trouver » à la surface du crâne sous forme de protubérances. La « décomposition de la pensée », qui est en somme la grande question qui occupe Biran depuis l'*Habitude*, doit donc logiquement précéder l'examen des têtes ; c'est par une naïve conception de l'empirique que Gall a cru pouvoir emprunter le chemin inverse, et aller des crânes aux facultés (8).

Un an plus tard, le 19 novembre 1809, Maine de Biran communique à la société médicale de Bergerac de *Nouvelles Considérations sur le sommeil, les songes et le somnambulisme.* Il est probable que c'est la dernière lecture d'importance qui ait été faite devant cette société, puisqu'après elle, nous ne connaissons que le *Discours* du 15 avril 1810 qui, au lieu de lui donner une impulsion nouvelle, semble bien en avoir été le dernier acte. Les *Considérations sur le sommeil*, comme les *Perceptions obscures*, se présentent comme une application aux phénomènes du sommeil et des songes des grands principes de la philosophie biranienne : distinction de l'affectif et du perceptif, rattachement de toutes les modalités de conscience à l'exercice volontaire, disparition dans l'inconscience de toutes celles qui n'ont pas été associées à cet exercice. Mais au lieu, comme dans la *Décomposition de la pensée* et dans l'*Aperception immédiate,* de consacrer à ces questions un bref paragraphe, Biran remonte à ses sources et les discute dans le détail : Barthez (*Nouveaux Éléments de la science de l'homme,* 1778), Cabanis (X[e] mémoire des *Rapports sur le physique et le moral,* 1802), et Bichat (*Recherches physiologiques sur la vie et la mort,* an VIII, 1re partie, art. IV, § 3) sont ici ses interlocuteurs ; contre certaines affirmations, il saisit l'occasion de définir avec une grande netteté quelques points fondamentaux de doctrine. Contre Bichat, qui n'hésitait pas à parler de « sommeils partiels » dont la somme ferait le « sommeil général », il souligne le fait que la conscience ne peut varier en extension — il n'y a pas de moi partiel —, mais seulement en intensité — il y a des perceptions obscures, des états de rêverie, etc. A Cabanis, qui faisait des circonstances de la vie organique les causes du sommeil, Biran oppose une doctrine des rapports de la vie organique et de la vie morale d'où la causalité est exclue. A la représentation du « moral » et du « physique » comme deux séries d'événements, il substitue celle de deux instances hiérarchiquement situées, telles que la suppression

8. Pour une analyse du jugement de Gall par Maine de Biran, cf. G. LANTÉRI-LAURA, *op. cit.*, p. 136-139.

de l'instance supérieure libère l'activité de l'inférieure — c'est le phénomène du rêve —, sans que celle-ci ait le pouvoir de produire *directement* la disparition de celle-là ; s'il y a des causes physiologiques du sommeil, c'est en tant qu'elles créent des conditions favorables à la suspension de la puissance d'effort, qui est bien la seule cause véritable du sommeil. Tous les phénomènes relatifs à cet état — les rêveries, les songes, le somnambulisme — découlent de ce principe et ne s'expliquent correctement que par lui.

Enfin, le 15 avril 1810, Maine de Biran prononce devant la société médicale un discours « dans le but de remonter cette société en décadence, lui donner plus de consistance et d'activité, coordonner et régulariser ses travaux, les ramener à des objets plus fixes, mieux déterminés et d'une utilité plus immédiate ». Il ne semble pas que ces exhortations aient été suivies d'effet. La société médicale de Bergerac aura vécu trois ans.

*

* *

Le registre des séances, manuscrit de 64 pages, a été retrouvé et édité par le docteur P. Lemay, sous le titre *Maine de Biran et la société médicale de Bergerac* (Paris, 1936). N'ayant pu à notre tour consulter ces documents, nous publions, en reproduisant le texte donné par lui, les rapports de certaines séances, ainsi que les résumés des mémoires lus par Maine de Biran (appendice I, II, III, IV, VI, VIII, XV). Nous faisons figurer aussi en appendice le *Plan d'une topographie médicale de l'arrondissement de Bergerac*, publié par Tisserand (t. V, p. 12 à 15) comme s'il était de Maine de Biran lui-même, alors qu'il est en fait de J.-F. Delpit (appendice V).

Nous n'avons pu non plus retrouver le manuscrit du *Discours d'ouverture* [...] du 15 février 1807 ; nous le publions donc en suivant le texte donné par Lemay (*op. cit.,* p. 25-34).

Pour les *Perceptions obscures*, nous disposons d'une copie largement annotée par Biran (BI, ms. 2133, f° 38-61 v°), et d'un fragment du manuscrit ayant servi à établir cette copie (BI, ms. 2138, f° 66-75). La copie qui a servi de base à l'établissement de notre texte porte les traces de trois séries de corrections, situées à des moments bien distincts. Une première série de corrections, à l'encre noire, rectifie certaines erreurs du copiste, substitue telle expression à telle autre plus lourde. La comparaison avec ce qui subsiste du manuscrit 2138 montre clairement que l'on a à faire à des remaniements contemporains du mémoire lui-même ; nous avons toujours suivi ces corrections, estimant qu'il fallait préférer le texte revu par l'auteur à l'époque de sa rédaction. Une deuxième série de corrections correspond à l'époque où il remanie son mémoire pour en incorporer une partie dans les *Rapports du physique et du moral de l'homme* (Mémoire de Copenhague). Cette version remaniée a été retenue pour l'édition de ce dernier ; nous redonnons cependant ces corrections en variantes. Une troisième série de corrections est beaucoup plus tardive : l'écriture l'atteste sans difficulté, mais aussi l'usage de certains mots, comme celui de « cœnesthèse » (cf. variantes 73 à

74) que l'on ne voit apparaître qu'en 1823, après qu'il a lu la dissertation d'un élève de J. C. Reil, C.-F. Hübner: *Cœnesthesis* (Halle, 1794). (Voir par exemple *Journal,* éd. H. Gouhier, t. II, p. 373, 375, 383, 392). Nous donnons également toutes ces corrections en variantes. Le texte que l'on lira ici peut donc être considéré comme vraiment homogène.

Deux pages du ms. 2138 (66 r° — 66 v°), qui ne correspondent pas complètement à la copie, sont publiées ici en appendice VII.

Le manuscrit 7184, f° 200 r° — 201 v°, contient le [*Fragment d'un discours sur les fausses sciences médicales*]. Il est en quelques endroits extrêmement raturé, au point que la reconstitution d'un ou deux passages est incertaine. Une copie du premier paragraphe subsiste (f° 199 v°).

Pour les *Observations sur les divisions organiques du cerveau,* nous possédons le manuscrit complet (BI, ms. 2133, p. 64-97) et plusieurs fragments qui peuvent être considérés comme des brouillons (notamment BI, ms. 7184). Nous donnons en appendice quelques-unes de ces ébauches, lorsqu'elles complètent le texte du mémoire (appendices IX à XIV).

Le manuscrit des *Nouvelles considérations sur le sommeil* [...] est un volume relié de 146 pages (BI, ms. 2134). Les vingt-et-une premières pages constituent plusieurs commencements d'introductions, inachevées ou égarées. Cousin et Tisserand commençaient au bas de la page 21, là où Biran écrit § 1. Nous avons rétabli le reste de la page. D'autre part, nous donnons en appendice les deux plus complètes ébauches d'introduction (appendices XVI et XVII).

Nous possédons deux versions manuscrites presque identiques du *Discours* [...] *du 15 avril 1810* (BI, ms. 2135, f° 75-79 v°, et 80 r° — 84 r°).

Il manque la fin de la première; Tisserand a choisi de publier celle-ci, mais en empruntant la conclusion de la seconde.

Nous donnons au contraire la seconde puisqu'elle est complète et nous reportons la première en appendice (XVIII).

*
* *

Le [*Fragment d'un discours sur les fausses sciences médicales*], les appendices VII, X, XI, XII, XIII, XIV, XVI, XVII, sont inédits, ainsi que le *Discours à la société médicale dans le but de remonter cette société* [...]. La source manuscrite de ces textes est précisée au début de chacun d'eux.

Pour les autres textes, les précédentes éditions sont:

Discours d'ouverture de la société médicale de Bergerac: Tisserand, t. V des *Œuvres de Maine de Biran,* Paris, P.U.F., 1925, p. 1-12; réédité par P. Lemay, dans *Maine de Biran et la Société médicale de Bergerac,* Paris, Vigot, 1936, p. 25-34.

Mémoire sur les perceptions obscures [...]: P. Tisserand, *Les Classiques de la philosophie,* Paris, Colin, 1920, p. 1-39; P. Tisserand, *Œuvres,* t. VI, p. 16-69.

Observations sur les divisions organiques du cerveau [...]: A. Bertrand,

Science et psychologie. Nouvelles Œuvres inédites de Maine de Biran, Bibliothèque de la Faculté des Lettres de Lyon, t. II, Paris, Leroux, 1887, p. 23-71 ; P. Tisserand, *Œuvres,* t. V, p. 69-129.

Nouvelles Considérations sur le sommeil, [...] : V. Cousin, *Mémoires de l'Académie des sciences morales,* t. I, Paris, 1837, p. 7-77 ; V. Cousin, *Œuvres philosophiques de Maine de Biran,* 3 vol., Paris, Ladrange, 1841, t. II, p. 211-295 ; P. Tisserand, *Œuvres,* t. V, p. 130-203.

Discours à la société médicale de Bergerac, en sa séance du 15 avril 1810 : P. Tisserand, Œuvres, t. V, p. 204-212.

Les appendices I, II, III, IV-1, V, VI, VIII et XV ont été publiés une première fois par P. Lemay dans *Maine de Biran et la Société médicale de Bergerac.* L'indication des pages originales est donnée en tête de chacun d'eux. L'appendice IV-2 est publié d'après un document des Archives départementales de Périgueux.

Le sigle BI signifie : Bibliothèque de l'Institut.

DISCOURS A LA SOCIÉTÉ MÉDICALE DE BERGERAC

Source : P. Lemay, *Maine de Biran et la Société médicale de Bergerac*, p. 25-34.

DISCOURS D'OUVERTURE DE LA SOCIÉTÉ MÉDICALE DE BERGERAC PRONONCÉ PAR LE SOUS-PRÉFET DE L'ARRONDISSEMENT DE BERGERAC, PRÉSIDENT DE LA SOCIÉTÉ, DANS LA 1re SÉANCE, QUI A EU LIEU LE 15 FÉVRIER 1807

Messieurs,

C'est un triste spectacle que celui qu'offre l'homme n'ayant de force que par l'union, lorsqu'abandonné à lui-même et à ses propres ressources il languit dans l'isolement sans aucun moyen d'acquérir des idées nouvelles, de corriger ses erreurs, et de donner quelqu'essor aux facultés qui sont dans sa nature. On le voit alors tantôt suivre la pente des habitudes les plus aveugles, tantôt, dominé par une imagination sans guide, courir de chimère en chimère, embrasser de vains fantômes, et se nourrir d'illusions dont rien ne saurait dissiper le prestige.

De même que le développement le plus simple et le plus commun des facultés naturelles de l'être intelligent et sensible ne peut se fonder que sur les premiers liens de société qu'il forme avec ses semblables, ainsi, et plus encore, après avoir atteint un certain degré de perfectionnement moral, l'homme a besoin, pour s'élever à de nouvelles hauteurs, de trouver dans une communication précieuse de sentiments et d'idées les points d'appui nécessaires pour le développement énergique et complet de toutes les forces de son intelligence. Seul, il ne peut rien, son esprit ne vit et ne s'alimente que par les rapports constants qu'il entretient avec les êtres de son espèce. Conseils, encouragements, éloges, critiques, tout lui devient également nécessaire : en se plaçant sous les yeux de ses pairs, et mettant avec eux en communauté ses acquisitions propres, il entre en possession d'un riche patrimoine où il trouve toujours à puiser, bien au-delà de sa part contributive, quelque considérable d'ailleurs qu'elle puisse être.

Le génie en effet, Messieurs, le génie même avec toute sa puissance, ne saurait se suffire à lui-même. Voyez-le marcher seul et sans un point d'appui; quelle incertitude dans ses pas! Quelle lenteur dans ses progrès! Comptez le temps qu'il emploiera pour parvenir aux vérités les plus simples! Admirez comment il épuise ses forces pour arriver au même point d'où il eût pu partir d'abord, en s'aidant de tous les secours attachés à la division du travail, et à la communication des idées.

Ces avantages, Messieurs, n'ont pas seulement rapport aux progrès de l'esprit; ils intéressent de plus tous les sentiments du cœur. Indépendamment de l'utilité qu'il y a à trouver réunies, au sein d'une société vivante, toutes ces lumières éparses et souvent perdues dans de nombreux ouvrages dont on connaît à peine les titres, quel plaisir de pouvoir recueillir une multitude d'idées et de connaissances utiles, sans se fatiguer dans des recherches pénibles et souvent infructueuses! et cette économie de travaux et de temps, de sentir qu'on en est redevable à des confrères qu'on estime, à des amis qui n'en deviennent que plus chers!

C'est ainsi que tous les liens se fortifient par des bienfaits reçus et rendus tour à tour: ainsi les esprits se polissent et acquièrent, par le doux frottement d'un commerce assidu, cette heureuse flexibilité, ce sentiment des convenances, ce tact fin et délicat qui sait distinguer comme par instinct, le vrai, le beau, le bon, partout où ils sont, et rejeter tout ce qui leur est contraire.

Lorsque je parle ici généralement, Messieurs, des jouissances et des avantages attachés aux sociétés savantes, je n'exprime que la plus faible partie des motifs qui ont déterminé cette première et intéressante réunion.

Appelés à suivre en commun une carrière noble et belle, où chaque pas, guidé par le génie de l'observation et de l'expérience, peut devenir un bienfait pour l'humanité, vous ne pouviez vous considérer comme étrangers les uns aux autres. La commune renommée, qui publiait vos talents et vos succès, vous avait appris réciproquement à honorer vos noms. La courte distance des lieux où chacun de vous cultive la science ne pouvait empêcher tant de points de contact établis par l'analogie des occupations, des goûts et des habitudes. Unis d'esprit et d'intention avant même votre réunion effective, vous n'attendiez qu'une occasion favorable pour vous rapprocher, vous entendre et mettre à profit, pour l'intérêt de l'art, toutes les idées et les observations nombreuses que vous aviez à vous communiquer.

Aussi, dès que cette occasion vous fut offerte, la saisîtes-vous avec un empressement qui prouvait bien toute l'impatience avec laquelle elle était attendue: et la première rencontre spontanée de quelques-uns de vos membres suffit pour jeter les fondements d'une société périodique, régulière, dont il ne s'agit plus aujourd'hui que de cimenter les nœuds et de consolider l'existence, en développant la nature de son objet et l'esprit de ses premiers règlements.

Vous le savez, Messieurs, la médecine, que la plupart d'entre vous exercent avec tant de succès, est une application continuelle des sciences physiques, de l'anatomie, de l'histoire naturelle, de la chimie, de la botanique, à la connaissance du corps humain dans l'état de santé ou de maladie. La perfection théorique de votre art dépend donc, en grande partie, de celle que peuvent acquérir et qu'acquièrent encore tous les jours les diverses sciences auxquelles il se trouve lié : je dis en grande partie et non pas toute absolument ; parce que considéré sous le seul rapport des effets que présente à l'observateur judicieux la nature comparée des maladies et l'emploi des remèdes, l'art de guérir peut d'abord sans doute atteindre un assez haut degré de perfectionnement, par le seul secours de l'expérience qui lui est propre, et sans l'intermède d'autres études qui viennent ensuite donner plus d'extension à sa théorie. J'en atteste ici, Messieurs, les premiers âges de la médecine et les œuvres immortelles d'Hippocrate, génie éminent qui brille encore, dans la profondeur des siècles, d'une lumière éclatante qu'aucun autre n'a pu affaiblir et ne saurait jamais effacer.

En distinguant donc, en médecine, les sciences accessoires de l'observation propre qu'elles servent à étendre et à éclairer, la société médicale devait avoir pour objet premier, de rendre communes et pour ainsi dire solidaires, entre tous ses membres, les observations de divers cas pathologiques, curieux et intéressants, qui pouvaient s'offrir isolément à chacun dans son exercice journalier : premier ordre de communications essentielles qui doit puissamment contribuer parmi nous aux progrès de l'art de guérir.

Le second objet de la société devait être de s'entourer de tous les secours que peuvent lui fournir les sciences accessoires à la médecine ; et c'est dans ces vues qu'elle a désiré de rattacher à elle tous les hommes connus dans ce département pour cultiver quelque branche de ces connaissances naturelles dont le domaine est si étendu.

Le chef-d'œuvre de la nature, l'homme, considéré sous les rapports d'une organisation admirable par la variété, la complication et le jeu de tous les instruments de la vie ; plus admirable encore par l'*unité* de cette vie même et l'accord parfait de toutes les fonctions qui y *conspirent* et y *consentent* (1), l'homme se trouvé lié par l'ensemble de ses rapports avec tout ce qui l'entoure ; tous les corps, tous les éléments agissent sur lui pour le modifier, comme il réagit sur tous, pour les connaître, les changer, les altérer, les recomposer de nouveau, les approprier à son usage, les incorporer à sa substance... La science générale de ces actions et réactions, la médecine prise dans toute son étendue, partant de l'homme comme d'un centre, embrasse donc l'ensemble des phénomènes auxquels se lie son existence.

Après avoir énuméré et distingué les pièces diverses de la machine à qui tout se rapporte, déterminé leur position, analysé leurs fonctions et leur jeu, calculé les chances trop nombreuses du dérangement de leur économie intérieure, le médecin porte ses regards sur les agents extérieurs de la vie, sur l'ensemble des moyens auxiliaires de son entretien, comme sur les causes d'une destruction, inévitable sans doute, mais dont il tend sans cesse à éloigner le terme. Sous ces rapports compliqués le médecin devient donc tour à tour ou ensemble, physiologiste, chimiste, botaniste enfin, dans toute l'étendue de ce mot.

Veut-il, par exemple, apprécier l'influence de l'air que nous respirons sur l'économie animale ? Ce fluide ne s'offre pas seulement à lui sous le rapport des variations qu'il éprouve dans les degrés de pesanteur, d'élasticité, d'humidité ou de sécheresse, en un mot, dans l'ensemble de ses propriétés physiques ; c'est de plus, à ses yeux, un *composé* de diverses substances gazeuses qui, se séparant ou se combinant de nouveau dans l'intérieur des organes de la respiration, entretiennent avec elle ou par elle la chaleur constante de la vie, fournissent à celle-ci un aliment nécessaire qu'il faut conserver pur, et quelquefois des poisons délétères dont il faut la préserver (2).

Arrête-t-il ses regards sur cette terre que nous foulons, ce n'est plus pour lui la masse inerte qui gravite dans l'espace suivant les lois d'une mécanique sublime que le géomètre a soumise au calcul, c'est un foyer d'organisation, une sorte de matrice active qui fournit à tous les germes qu'elle recèle les principes de leur développement, communique aux substances alimentaires sorties de son sein des qualités diverses tantôt favorables, tantôt funestes à l'économie, exhale en absorbe des vapeurs salutaires ou malfaisantes, et exerce ainsi une influence si remarquable sur le tempérament, la santé, le caractère, les habitudes et les mœurs des peuples répartis sur les différents points de sa surface.

Les eaux, premiers agents de dissolution et de fermentation générale, variant en différents lieux, suivant l'espèce et la qualité des substances transformées ou combinées par leur action ou leur intermède, offrent à l'homme de l'art qui sait les analyser et en imiter la composition, une multitude de propriétés dont il s'empare heureusement comme des remèdes précieux pour guérir les maladies, ou de moyens naturels pour conserver et rendre la santé (3).

Sous tous ces rapports et sous une infinité d'autres qu'il serait, sans doute, inutile d'indiquer ici, le médecin n'a-t-il donc pas besoin de faire des emprunts continuels à toutes les sciences accessoires et auxiliaires de son art ? et comment pourrait-il demeurer étranger à l'ensemble de ces phénomènes qui exercent une influence si constante et si remarquable sur les fonctions ou le jeu de la machine organisée : premier objet de ses soins et de ses études ?

Vous parlerai-je encore, Messieurs, des fruits que la médecine peut recueillir en s'alliant à une autre science, dont l'objet plus profond et pour ainsi dire tout intérieur, paraît si vague et si indéterminé aux yeux de tant d'hommes qui ne savent rien voir qu'hors d'eux-mêmes ? J'hésite à nommer la science des facultés intellectuelles et morales trop discréditée de nos jours, sous le titre de métaphysique... Mais ici, Messieurs, je chercherais en vain à me défendre d'un sentiment trop personnel peut-être, et je cède au désir de vous exprimer la satisfaction que j'éprouve en me trouvant rapproché de vous par l'objet le plus constant de mes travaux et de mes méditations.

Le père de la médecine avait vu avec son génie ordinaire que la nature humaine, sous quelque face qu'on la considère, ne peut se manifester pleinement qu'à celui qui possède le système des connaissances relatives à l'art de guérir. « Censeo vero (dit Hippocrate au livre *De Prisca Medicina*) quod de natura hominis manifestum quidpiam cognoscere non aliunde possible fuit, quam ex arte medica, quod quidem facile erit penitus nisse, si quis ipsam artem Medicam universam probe complexus fuerit » (4).

Et qui pourrait, en effet, mieux connaître le jeu des facultés humaines que ces observateurs assidus, à portée de saisir et de comparer la nature sensible dans ses divers états, de suivre la marche des affections et des idées dans les modifications variables correspondantes aux âges, aux sexes, aux tempéraments et aux maladies; eux seuls ont vu les phénomènes, la machine tranquille et furieuse, faible ou vigoureuse, saine ou brisée, délirante ou réglée, successivement léthargique, agissante, vivante, morte... Eux aussi sans doute sont plus près du secret de la nature sensible, ou du mystère sous lequel s'enveloppe la génération des idées et des opérations premières de l'entendement humain... Aussi trouve-t-on que les notions les plus saines et les plus lumineuses de la métaphysique sont parties d'abord de ces mêmes esprits qui avaient approfondi la science médicale. Bien des siècles avant Locke, Hippocrate avait deviné l'ordre légitime des procédés de l'entendement et les lois véritables par lesquelles l'esprit s'élève des premières idées venues des sens, jusqu'aux notions les plus abstraites et aux déductions les plus éloignées *. Locke lui-même fut un médecin célèbre, et les pères de notre philosophie, Bacon et Descartes, avaient profondément étudié la théorie de votre art...

Mais je m'égare, Messieurs, je voulais vous entretenir des avantages que pourrait trouver la science que vous professez, en s'alliant à celle que j'étudie, et je viens de montrer que tout le profit est pour cette dernière. Je voulais faire valoir des services rendus ou à rendre, et je ne vois plus que des titres de reconnaissance... J'admets donc ici bien volontiers une subordination qui est toute à votre avantage, et je me plais à sentir, en ce moment, que je tiens à vous et à vos maîtres par les liens qui rattachent l'obligé à ses bienfaiteurs et le disciple à ceux qui l'éclairent.

Avant de finir, j'ai besoin encore d'insister sur les motifs d'une autre espèce de lien non moins puissant, non moins intime, je veux parler de celui qui unit essentiellement l'administrateur, ami des sciences, à ceux qui honorent et éclairent l'administration.

Les lumières de l'instruction, quoique réparties nécessairement d'une manière très inégale entre les différentes classes de la société, tendent pourtant toujours à s'y mettre dans une sorte d'équilibre et, comme les fluides, à atteindre un certain niveau commun. Cela est vrai, surtout, des connaissances dont la théorie se lie plus particulièrement à une pratique usuelle, et ne peut se justifier que par l'utilité palpable de ses applications immédiates ; telles sont les sciences accessoires de la médecine et en particulier la chimie, la botanique, l'art vétérinaire, etc. Appliquées à divers usages de la société, ces sciences portent leur empreinte sensible dans certains produits usuels qui frappent tous les yeux, et apprennent au peuple à respecter les sciences qu'il ignore, comme à estimer les savants qu'il n'entend pas.

* « Avant que la pensée se produise, les sens ont éprouvé tout ce qui doit la former, et ce sont eux qui en font parvenir les matériaux à l'entendement ; le jugement est aussi une espèce de mémoire qui assemble et met en ordre toutes les impressions des sens ». (Voyez les *Paraggelias* d'Hippocrate) (5).

C'est ainsi qu'en vertu d'une bienfaisante solidarité établie entre ceux qui spéculent et ceux qui agissent, toutes les méthodes pratiques vont en se perfectionnant, et que la classe commune en acquérant plus d'industrie devient plus éclairée, plus sage et plus heureuse.

Supposez un pays reculé où la lumière des sciences n'aurait pu encore pénétrer faute de communications assez étendues au dehors, et surtout assez multipliées au dedans entre les hommes faits pour recevoir cette lumière et pour la propager : un tel pays ne semblerait-il pas condamné à demeurer toujours stationnaire, et ne finirait-il pas par se trouver comme dans l'arriéré des siècles, au milieu des progrès universels ? Mais si quelque circonstance heureuse venait à mettre en mouvement le petit nombre d'hommes instruits, disséminés, et réveillant en eux tous les germes de l'émulation, leur faisait dorénavant un besoin de se rapprocher et de s'entendre, alors et surtout si une nouvelle société formée venait à diriger ses premières vues sur des objets dont l'utilité la plus immédiate pût être facilement saisie par le grand nombre, il se pourrait que les progrès de l'instruction générale datâssent de l'époque de cette bienfaisante réunion, et que les rayons émanés d'un foyer commun pénétrant peu à peu la masse parvinssent à lui communiquer quelque principe d'activité, de mouvement et de vie.

J'accepte, Messieurs, cet heureux augure pour notre pays, et je rends grâce en son nom aux fondateurs de la société médicale de Bergerac ; bientôt sans doute, au nom de l'administration, j'aurai de nouveaux remerciements à voter à cette société savante, complètement organisée, et marchant à la fois avec zèle vers tous les buts de son institution.

L'un de ces buts, qui entra plus particulièrement dans les vues du fondateurs, fut le plan d'une topographie médicale de cet arrondissement, grand et utile ouvrage que conçut dans son ensemble et relativement à la France entière la célèbre Société de médecine de Paris. C'est à vous, Messieurs, qu'était réservé l'honneur de contribuer parmi nous à remplir les vues de cette Société mère dont vous êtes les dignes enfants et à remplir une partie du beau cadre qu'elle vous a laissé.

Les observations nombreuses, variées et délicates qui doivent former les éléments d'une bonne topographie médicale ne sauraient effrayer votre zèle, et vous les suivrez, n'en doutons pas, avec cette exactitude scrupuleuse, ces habitudes et ces talents d'observation qui ont toujours caractérisé les hommes distingués dans votre art. C'est par là surtout que, vos travaux se rattachant à ceux d'une administration amie de tout ce qui est beau, grand et utile, vous aurez bien mérité d'elle, et acquis des droits bien légitimes à sa reconnaissance.

Quant à moi, Messieurs, comblé de l'honneur que vous m'avez fait en m'appelant d'abord à vous comme collaborateur et m'accordant ensuite vos suffrages pour présider cette intéressante réunion, je ne puis vous exprimer ici tous les sentiments dont je suis pénétré, ni vous les prouver autrement qu'en m'associant désormais de cœur et d'esprit à tous vos projets d'utilité publique, en partageant vos travaux comme sociétaire zélé, et en cherchant de plus, dans mes rapports administratifs, à attirer sur cette société naissante les regards protecteurs et bienveillants d'une administration supérieure, qui, sachant apprécier toutes vos vues libérales, pourra contribuer à en étendre et assurer le succès.

Source: ms. 2133.

38 r° | MÉMOIRE SUR LES PERCEPTIONS OBSCURES OU SUR LES IMPRESSIONS GÉNÉRALES AFFECTIVES ET LES SYMPATHIES EN PARTICULIER LU A LA SOCIÉTÉ MÉDICALE DE BERGERAC [LE 15 NOVEMBRE 1807]

Messieurs,

Dans l'institution de cette société savante, la grande étude de l'homme, considéré sous ses divers rapports, s'offrit en première ligne comme l'objet le plus relevé , le plus digne sans doute d'occuper des hommes, celui aussi vers lequel des membres, appelés à mettre en commun leurs connaissances acquises et leurs nouveaux efforts, étaient déjà accoutumés à diriger leurs méditations et toutes leurs observations pratiques.

J'eus l'honneur de le proclamer, Messieurs, dès l'ouverture de cette société, et je me plais à le répéter encore d'après le premier de vos maîtres : la nature humaine, sous quelque face qu'on la considère, ne peut se manifester pleinement qu'à celui qui possède le système entier des connaissances physiologiques et médicales. Déjà imbu de cette vérité, dont j'ai acquis de plus en plus la conviction intime à mesure que je suis entré plus avant dans l'étude des phénomènes de l'homme intellectuel et moral, ce fut dans les ouvrages de ces maîtres, dont le génie a scruté profondément les faits cachés de l'organisation humaine et posé d'après eux les grandes lois de la vie, que je cherchai mes premières données ; et lorsque je vous apporte ici le tribut des lumières que je leur empruntai, j'obéis à un devoir de reconnaissance comme au désir de cimenter les liens qui nous unissent.

38 v° Le sujet particulier dont je me propose de | vous entretenir aujourd'hui, se trouve placé pour ainsi dire sur les confins des deux sciences qui embrassent tout l'homme ; il appartient également à la physiologie qui considère cet être mixte comme simplement vivant et sensible, et à la psychologie qui le considère de plus comme intelligent et pensant. J'ai choisi un tel sujet[1]

[1] à dessein

dans le dessein exprès de mettre en évidence les points de contact de nos idées, de nos travaux et de nos vues, autant que pour obtenir de vous, Messieurs, les données qui me manquent, m'éclairer de votre expérience et m'appuyer de votre force.

Ce mémoire roulera sur une classe entière de modifications que divers métaphysiciens ont caractérisées d'après Leibniz sous le titre vague de *perceptions obscures* (6), et que quelques physiologistes ont peut-être mieux spécifiées sous le nom propre d'impressions affectives, en les distinguant bien ainsi du phénomène complet de la perception proprement dite (7).

Avant d'entrer en matière, je ferai sur le titre même des *perceptions obscures,* adopté par l'école de Leibniz, quelques observations qui me paraissent essentielles et fondamentales.

C'est par un abus grave et dont les suites ont été vraiment funestes aux progrès de la saine philosophie, que l'on a confondu par les propriétés, et souvent identifié par le titre, des impressions qui, étant les résultats les plus immédiats soit de l'action matérielle des objets extérieurs, soit des fonctions mêmes de la vie organique ou de la sensibilité intérieure, se bornent à affecter simplement et d'une manière plus ou moins vague le principe sensitif, avec cette autre classe de sensations et de perceptions complètes qui exigent, même dès l'origine, le concours de l'activité d'une force supérieure à l'organisation, informent l'âme ou le *moi* des existences étrangères et de la sienne propre, et ouvrent ainsi le cercle d'une connaissance sujette à s'obs-
39 r° curcir, il est vrai, par | des causes diverses, mais qui peut toujours se raviver par l'exercice de la même activité qui en détermine le principe.

Une fois pourtant qu'on a assimilé et réuni, sous le même titre générique tel que sensation ou perception, ces deux ordres de phénomènes divers, on se trouve conduit à les rapporter hypothétiquement au même principe, à la même source ou à un jeu pareil d'instruments organiques. On explique par les mêmes lois leur formation, leur développement ou leur dégradation, et tantôt on déduit l'identité fictive de ces lois de l'unité présupposée du principe ou de la cause, tantôt on conclut en sens inverse de la similitude conventionnelle des effets, l'identité ou l'unité de cette cause même.

[2] Telle est, je crois, Messieurs, l'histoire abrégée de la naissance et des progrès de la doctrine stahlienne, qui a exercé et exerce peut-être encore une influence si remarquable sur la théorie de votre art, et dont les illusions systématisées ont germé simultanément dans les têtes de nos plus profonds métaphysiciens.

Ces illusions se fondent, en effet, également sur ce qu'étant démontré par notre expérience intime, d'un côté , qu'une certaine espèce de sensations, d'idées et de mouvements s'obscurcit réellement par l'effet de l'habitude ou de l'inattention de l'esprit au point de disparaître actuellement de la conscience ou de n'y laisser que des traces extrêmement fugaces et légères, et étant aussi démontré, d'un autre côté, que la classe des impressions intérieures, qui accompagnent diverses fonctions organiques, affectent immé-

[2] *Voir appendice VII, pour une première rédaction du passage qui suit.*

diatement la sensibilité sans être perceptibles à la conscience, on suppose que cette obscuration est due également dans les deux cas à l'influence de l'habitude ou à la distraction de l'esprit préoccupé ou entraîné au dehors par des impressions plus vives. De là une analogie hypothétique, établie entre des effets essentiellement divers, qu'on range dans une seule et même caté-
39 v° gorie sous le titre commun de perceptions, distinguées seulement | en claires et obscures, en motivant cette distinction seulement sur ce que la même force, le même sujet *un* de la vie et de l'intelligence fonctionne dans les organes intérieurs pour produire diverses sécrétions, comme dans le cerveau pour produire la pensée, tantôt avec la conscience de ses opérations, comme dans les perceptions claires des sens externes, et les mouvements naturellement libres et voulus, tantôt sans conscience, comme dans les fonctions organiques, les mouvements vitaux et les affections immédiates qui en résultent.

C'est ainsi que le célèbre Stahl, renversant les barrières qui séparaient encore avant lui des sciences faites pour s'entendre mais non pour se confondre, transporta, pour ainsi parler, la physiologie dans la métaphysique. C'est de cette manière que se sont trouvés rangés dans la même classe, sous la même dénomination, deux ordres de phénomènes qui malgré tous les efforts de quelques esprits systématiques et quelque soient les titres des causes premières auxquelles on puisse les attribuer, seront toujours aussi distincts entre eux que le sont dans l'intimité même de notre être sentant et pensant les lois aveugles et fatales de l'organisme si souvent inaperçues par celui qu'elles entraînent, et les lois libres et éclairées d'une volonté qui aperçoit ses actes, se rend compte du but et des résultats, et n'obéit qu'à ses propres déterminations. C'est ainsi encore que, par un vice général des systèmes de métaphysique *a priori,* on trouve confondus dans les ouvrages de divers métaphysiciens et moralistes les produits d'une affectibilité simple, instinctive et passive avec ceux d'une perceptibilité vraiment active et intellectuelle, les modifications obscures de la sensibilité organique avec les sentiments moraux, les appétits de l'animal avec les passions de l'être intelligent.

J'ai cherché ailleurs à prévenir les écarts qu'une telle confusion de prin-
40 r° cipes et de faits | a portés dans la philosophie de l'esprit humain.[3] Je me propose aujourd'hui dans le même objet, mais en me rapprochant davantage du point de vue physiologique, d'analyser plus complètement les caractères, les signes et les circonstances de cette espèce particulière d'impressions affectives et confuses par leur nature, et de les faire ressortir par là même des perceptions vraies accidentellement obscures qu'on aurait sans doute mieux nommé perceptions *obscurcies.*

• Ces premières affections immédiates, que leur obscurité même a toujours empêché de distinguer ou de séparer en espèces, comme on l'a fait pour les perceptions claires relatives à la connaissance, se trouveront ici divisées en deux classes. La première comprendra toutes les impressions affectives

[3] *A partir d'ici la copie correspond au ms 2138 (p. 67 v°).*

accidentelles, résultats passifs de l'action immédiate des objets sur les organes extérieurs de la sensibilité. La seconde embrassera ces impressions intérieures qui naissent spontanément du fond même de l'organisation vivante et résultent immédiatement du jeu de la vie ou des fonctions conspirantes de toutes les parties de la machine animée. Je considérerai d'abord séparément ces deux divisions pour les réunir ensuite et étudier les rapports qu'elles ont avec la production de certaines idées, sentiments sympathiques, inclinations ou passions de l'agent moral.

ARTICLE PREMIER

Impressions affectives extérieures

[4] Les perceptions claires, représentatives des objets extérieurs, que Locke a nommées *idées simples* de *sensation,* ne sont point réellement simples, mais bien composées de deux parties, dont l'une représente sans affecter, pendant que l'autre affecte sans représenter. Cette dernière partie affective est plus ou moins dominante[5] suivant la forme du sens qui peut rester passif sous l'impression d'une cause étrangère, ou s'activer sous l'influence propre
40 v° d'une volonté motrice; | lorsque ces deux éléments [6] se trouvent réunis et comme équilibrés dans une[7] perception complète proprement dite, la partie purement sensitive du phénomène[8] disparaît devant la perceptive,[9] comme la pâle lueur des étoiles devant l'astre du jour, et pendant que la perception demeure inaltérable, ou même s'éclaircit et se perfectionne par l'habitude, l'affection répétée s'obscurcit et se dégrade[10] au point de devenir insensible en suivant d'ailleurs toutes les[11] variations auxquelles sont sujettes les dispositions sensitives spontanées des organes. De là encore la difficulté de saisir et d'exprimer nettement l'espèce d'impressions dont il s'agit. Tâchons pourtant d'en signaler les caractères propres et les effets divers, d'abord dans les fonctions de chaque sens externe en particulier.

[4] *Jusqu'à* sans représenter *le texte est barré. Biran pensait sans doute le remplacer par celui que nous donnons plus bas (voir variante 5) mais qui est inachevé.*

[5] *En marge, mention tardive :* Les sensations externes, ces perceptions que Leibniz a appelées perceptions *claires* [ ], ces affections internes *obtuses,* dont nous venons de parler, ne sont pas vraiment *simples,* comme *Locke* l'entendait, mais bien des composés qui [*inachevé*]

[6] *Correction tardive :* dont nous venons de signaler l'existence sont réunis *etc.*

[7] *Correction tardive :* sensation

[8] *Correction tardive :* varie et

[9] *Correction tardive :* comme les ténèbres devant la lumière

[10] *Ajout tardif :* dans son organe

[11] *Correction tardive :* causes générales ou accidentelles qui peuvent modifier le ton sensitif et vital de chaque partie de l'organisme. De là *etc.*

§ 1. Impressions générales affectives du tact extérieur.

Les impressions de cet ordre, qui se rapportent au tact passif extérieur, sont celles du chaud ou du froid, du sec ou de l'humide, du poli ou du rude, et de plusieurs autres qualités sensibles [12] mais encore inaperçues, des corps qui viennent immédiatement toucher le nôtre. J'ai démontré ailleurs qu'en faisant abstraction de l'effort musculaire déployé par le sens du *toucher* proprement *dit* [13] et de la résistance proportionnelle des objets solides, ces impressions seraient par elles-mêmes dénuées de tout caractère de la perception et se borneraient à affecter généralement l'organisation vivante ou le principe sensitif, sans informer le *moi* [14] d'aucune existence étrangère à la sienne.

Mais en considérant plus particulièrement cet organe général du tact [15] passif qui est répandu sur toute la surface du corps humain, sous le rap-
41 r° port [16] des impressions affectives immédiates | dont il est le siège, nous trouvons que les affections [17] émanées de cette source sont bien plus nombreuses et plus variées qu'on ne peut le penser et surtout que les ressources de nos langues si pauvres en ce genre ne permettent de l'exprimer.

C'est [18] là qu'il faut rapporter, en effet, une multitude [19] d'actions sympathiques secrètement exercées par [20] divers fluides ambiants sur les pores absorbants de la peau et par celles-ci sur divers organes internes dont les fonctions [21] s'avivant ou s'altérant sous cette influence sympathique portent dans [22] toute la machine un sentiment de bien-être ou de gêne, et une foule d'affections variables [23] aussi obscures en elles-mêmes que dans les causes ou agents externes à qui elles peuvent se rattacher.

De là en partie les variations successives que nous éprouvons dans le sentiment immédiat de l'existence par les changements d'habitation, de climats, de saisons, de températures. De là aussi l'effet subit qu'a sur toute notre sensibilité l'action de certains miasmes contagieux, principes cachés d'une multitude de maladies, tantôt communiquées par le contact immédiat, tantôt transportées d'un lieu à l'autre par l'entremise de ces fluides invisibles et légers qui établissent quelque fois ainsi une solidarité funeste

[12] *Correction tardive :* non aperçues ou non exprimées, qui tiennent au contact de corpuscules, ou de fluides invisibles qui agissent d'une manière insensible sur la surface extérieure des corps vivants. J'ai *etc.*

[13] *Ajout tardif :* dont nous parlerons plus tard

[14] *Correction tardive :* d'aucune *cause* ou objet étranger.

[15] *Correction tardive :* extérieur

[16] *Ajout :* spécial

[17] qui tiennent à

[18] à elles

[19] d'influences

[20] les corps

[21] tantôt avivées, tantôt altérées

[22] tout le corps animé

[23] non moins

entre les habitants des régions du globe les plus éloignées comme entre ceux d'un même pays.

[24]C'est encore en grande partie à des impressions[25] obscures de cette espèce qu'il faut chercher la source de cette sympathie ou antipathie secrète exercée entre divers individus de la même espèce qui s'attirent ou se repoussent au premier abord suivant, peut-être, que leurs atmosphères vitales se trouvent en rapport ou en opposition dans leur contact réciproque. N'est-il pas probable, en effet, et plusieurs phénomènes extraordinaires de ce genre ne tendraient-ils pas à faire croire, qu'il existe dans chaque organisa-
41 v° tion vivante une puissance | plus ou moins marquée d'agir au loin ou d'influer hors d'elle dans une certaine sphère d'activité semblable à ces atmosphères qui entourent les planètes?*

Sans insister plus longtemps sur ces phénomènes trop peu étudiés et qui peuvent encore offrir à l'observation tant de détails curieux et intéressants à recueillir, je ferai remarquer seulement ici[26] que, s'attachant uniquement à la partie perceptive des impressions du toucher proprement dit, on a négligé bien des affections et des sentiments particuliers qui peuvent prendre naissance dans cette source. Il resterait donc encore un beau champ à parcourir à ceux qui pourraient analyser les fonctions complètes de cet organe sous le rapport surtout des sympathies actives ou passives qui s'exercent par lui et sur lui au moyen de certains agents appropriés.

§ 2. Affections de l'odorat et du goût.

[27]Ce que nous venons de dire des impressions immédiates et affections du tact passif s'applique plus ou moins à tous les organes externes considérés sous le même point de vue; chacun d'eux en effet a un ordre particulier de fonctions exclusivement relatives au contact immédiat de l'objet ou du fluide avec lequel il est naturellement en rapport.[28] C'est sous ce point de

* On connaît les idées de Reil qui a tenté d'expliquer l'action nerveuse par une atmosphère semblable qu'il attribue à chacun des instruments partiels de la sensibilité (8).

[24] C'est peut-être aussi en partie

[25] *Ms. 2138, f° 68 v°:* générales et affectives de cette espèce de tact immédiat que se rapportent les phénomènes de la sympathie

[26] que c'est à la physiologie, aidée en cela par la physique et la chimie perfectionnées, qu'il appartient directement d'enrichir ou d'étendre une branche de faits qui se rejoignant à la science des phénomènes de l'esprit, peut jusqu'à un certain point en éclairer ou compléter l'analyse. § 2 *etc.*

[27] Chaque sens externe se trouvant immédiatement subordonné, quant à l'ordre d'affections ou d'impressions immédiates dont nous parlons, au contact immédiat *etc.*

[28] On a pu à la vérité assimiler

vue bien partiel qu'on a pu avec quelque fondement assimiler tous les sens externes à celui du toucher (9).

C'est en effet [29] ce tact passif tout à fait distinct du toucher qui, se trouvant modifié d'une manière spéciale dans chaque organe particulier,
42 r° devient d'abord le siège | [30] immédiat de la partie affective, [31] qui est un élément de la sensation ou de la perception, mais non cette perception tout entière; c'est de là que l'impression transmise sympathiquement au centre partiel qu'elle intéresse, prend le caractère d'une affection générale de la sensibilité.

Ainsi s'accomplissent les premières fonctions sensitives des organes de l'odorat et du goût entièrement appropriés à l'instinct nutritif ou conservateur et dont les impressions, [32] gardant toujours le caractère affectif [33] qu'elles ont dans leur origine méritaient bien d'être rangées dans une classe à part sous un titre tel que celui de sensation animale qui les distingue ainsi des perceptions de l'être intelligent.

Les molécules odorantes ou sapides agissent en effet sur leurs organes respectifs par un véritable contact immédiat, et [34] viennent les chercher ou s'y appliquer en vertu d'une sorte de sympathie instinctive ou d'affinité de choix.

Bien différent des sens propres de [35] l'intelligence qui sont mûs par des fluides interposés entre eux et les objets perçus, l'odorat et le goût reçoivent immédiatement l'impression des corpuscules matériels avec qui ils sont en rapport et qui leur parviennent dans cet état de division extrême, seul favorable aux combinaisons d'une sorte de chimie animale bien transcendante, dont les moyens échappent à nos sens comme à l'expérience de nos creusets. C'est par là aussi que les sensations de l'odorat et du goût ont pu surtout être considérées avec raison comme des modifications particulières du tact général de la peau à qui les membranes muqueuses sont analogues. [36] Ces

[29] cette espèce de tact passif qu'il faut bien distinguer du toucher actif

[30] propre

[31] qui n'étant qu'un élément ou un signe de la perception intellectuelle, peut constituer la sensation animale tout entière.
C'est ainsi que les sensations de l'odorat *etc.*

[32] conservent toujours même dans l'homme

[33] prédominant qu'elles ont dans leur source

[34] semblent venir

[35] la perception mis en jeu d'une part par la volonté, et excités de l'autre par des fluides *etc.*

[36] *Ici Biran appelle une note marginale :* les membranes muqueuses de l'odorat et du goût, continues à celles des voies respiratoires et digestives, forment ici essentiellement l'*organe,* ou sont le siège immédiat de la fonction qui cesserait si la membrane était enlevée ou perdait sa sensibilité. Au contraire la conjonctive et la membrane du conduit auditif ne servent point aux phénomènes respectifs de la vision ou de l'audition : ces membranes ne sont point les sièges des perceptions des deux sens ; elles ne peuvent être mises non plus au rang des muqueuses... D'où nous pouvons conclure qu'il y a entre les sensations d'odeurs et de saveurs et les affections purement intérieures une analogie dans les conditions organiques et les modes de récep-

trois organes sont liés en effet par le rapport commun des affections sympathiques dont ils sont respectivement les sièges. |

42 v° On a déjà remarqué la sympathie intime qui lie l'odorat au sixième sens, et l'effet singulier d'excitation qu'ont sur tout le système et par suite sur le sentiment général agréable ou pénible de l'existence diverses impressions de cet organe. C'est par elle que s'exerce dans la plupart des animaux cette sympathie remarquable qui attache les mères à leurs petits, comme les petits à leur mère, qui fait que dans la saison des amours deux sexes différents se cherchent, se reconnaissent au loin et se précipitent l'un vers l'autre; ici on ne saurait douter qu'il n'y ait un caractère spécial qui distingue les émanations animales, soit dans l'espèce, soit dans l'individu, caractère auquel ne se trompent jamais les animaux dont l'odorat est le plus fin, tels que les chiens, etc. Il paraît même que cette atmosphère animale dont nous parlions tout à l'heure se trouvant diversement modifiée suivant les passions particulières qu'éprouve l'être dont elle émane, l'instinct seul apprend aux animaux à reconnaître par l'odorat l'espèce de ces passions et à s'y approprier.

Quant au sens du goût, on n'ignore point les sympathies directes qui le lient aux fonctions de tous les organes intérieurs de l'estomac en particulier dont il suit toutes les vicissitudes, tous les caprices. Les impressions intérieures de ce viscère qui appète ou rebute les aliments suivant qu'il en éprouve une affection générale de bien ou mal-être, se mêlent toujours plus ou moins aux sensations propres du goût, les altèrent, les dénaturent, et contribuent à leur donner ce caractère d'impressions confuses, inhérent à la multiplicité des éléments dont elles se composent.

43 r° |[37] **§ 3. Affections de la vue.**

Nous venons de considérer les impressions affectives dans un ordre de sensations [38] extérieures dont elles forment la base, ou du moins la partie prédominante. Si nous les considérons maintenant dans l'ordre de [39] perceptions proprement dites dont elles sont un élément obscur et subordonné, nous trouvons d'abord pour la vue qu'à l'action immédiate du fluide lumineux sur la rétine correspond une affection particulière qui, demeurant confondue dans le phénomène total de la représentation objective, ne se distinguant point quand il s'accomplit, ne s'élève pas hors de lui à la hauteur de l'idée, ne fait [40] point *image* quand elle est seule.

tivité des impressions, analogie qui explique leur similitude de caractère et qui nous montre comment ces impressions également étrangères à toute forme perceptive ne peuvent se ranger dans la classe des perceptions auxquelles l'activité de l'âme concourt essentiellement et directement.

[37] *Il manque ici plusieurs pages du manuscrit 2138; on n'a donc que la copie.*

[38] *Correction tardive:* animales extérieures relatives à l'instinct

[39] *Correction tardive:* sen[sations] relatives à la *perception* ou à la connaissance dont elles *etc.*

[40] jamais *image* par elle-même.

Indépendamment des cas où les rayons lumineux agissent en masse sur l'organe extérieur, et où il n'y a qu'une simple affection sans nulle représentation ni perception visuelle, il n'est pas douteux qu'il n'y ait aussi une impression affective particulière relative à chaque ton, à chaque nuance de lumière, et c'est par là-même que telle teinte ou tel mélange de couleurs nous devient plus agréable que tout autre, comme excitatif de la sensibilité physique de l'œil, dans ce juste degré qui constitue le plaisir immédiat attaché à l'exercice de ce sens. Je dis le plaisir immédiat parce que l'affection visuelle directe, agréable ou pénible par elle-même dont je parle ici, n'a presque rien de commun avec ce plaisir de comparaison ou de réflexion, que font éprouver à une vue exercée l'étendue et la variété des perspectives, le pittoresque des sites, les belles proportions des figures, les tons harmonieux des couleurs. Ce sentiment du beau, du grand, dont la vue est le premier organe, découle d'une autre source plus élevée et ne naît qu'à la suite d'un travail intellectuel dont ce n'est pas ici le lieu de parler. Nous observerons seulement comme titre principal de distinction, que ces sentiments
43 v° supérieurs suivent la | connaissance et en sont les effets nécessaires, tandis que les affections immédiates la précèdent de beaucoup et en sont indépendantes[41].

Les phénomènes de la vision directe, considérés sous le rapport particulier que nous envisageons ici, paraissent indiquer une sorte de propriété vibratoire spécialement propre à l'organe immédiat de la vue; en vertu de cette vibratilité les impressions persistent dans le sens externe même avec plus ou moins de force ou de durée, après que la cause extérieure a cessé d'agir; [42]elles peuvent aussi s'y reproduire spontanément, s'y combiner, s'y succéder de toutes les manières, et cela sans aucun concours d'activité perceptive et contre les efforts mêmes[43] de cette activité qui chercherait à les éloigner. De là, une faculté que j'ai caractérisée ailleurs sous le titre d'intuition immédiate passive, faculté spontanée dans son exercice, indépendante de la pensée ou de toute opération réflexive, qui comme toutes les déterminations de l'instinct dont elle fait partie, subsiste en vertu des seules lois de l'organisme et de l'espèce d'élasticité cérébrale qui la reproduit. C'est à une intuition pareille et innée, pour ainsi dire, puisqu'elle précède toute expérience, qu'il faut rapporter ces phénomènes admirables de l'instinct de divers animaux qui d'abord, après leur naissance, vont juste atteindre l'objet visible approprié par la nature à leur besoin de nutrition; de là aussi l'apparition irrégulière de ces fantômes qui se succèdent quelque fois [44] dans l'obscurité de la nuit, vous poursuivent, vous enveloppent sous toutes les formes bizarres, sans que la volonté puisse en distraire le sens de l'intuition

41 *Ajout tardif:* ce qui suffit bien p[ou]r motiver une distinction qui se trouve établie dans la phil[osophie] de Descartes.

42 *Correction tardive:* c'est cet ébranlement matériel dont parle Buffon; spontanément reproduites, elles peuvent aussi s'y combiner *etc.*

43 *Correction tardive:* du moi qui tend vainement à écarter ces importuns fantômes.

44 au regard de l'imagination dans l'obscurité de la nuit, prennent tour à tour mille formes bizarres, sans que la volonté *etc.*

interne où ils semblent prendre naissance.[45] Ainsi se produisent ces images, tantôt mobiles et légères, tantôt opiniâtrement persistantes, qui accompagnent certains états vaporeux comme ceux de délire et de manie, en affectant aussi quelquefois, dans leur production périodique, des intervalles réguliers, marqués par le réveil alternatif des besoins ou des fonctions des organes intérieurs.

44 r° | [46] Ces phénomènes et une multitude d'autres qu'il serait trop long de détailler ici[47] doivent bien servir à distinguer dans les fonctions visuelles la partie vraiment perceptive ou active[48] par laquelle ce sens est l'un des premiers instruments de l'intelligence, comme le premier messager qui l'informe, de cette autre partie organique et purement affective par laquelle il tient à l'instinct animal, à la spontanéité même du jeu de la vie et à cet ensemble de sympathies qui la reproduisent et la[49] conservent.

C'est en ayant égard à ces affections sympathiques dont l'œil est[50] l'organe spécial, que l'on peut apprécier le caractère particulier et trop peu observé qui différencie les impressions immédiates faites sur cet organe par les rayons réfléchis des corps animés, de celles qui sont occasionnées par d'autres objets visibles purement matériels :[51] certes, ces premières impressions de la lumière modifiées par les organes[52] qui nous la[53] renvoient, celles surtout qui émanent, comme par scintillation, de ces yeux animés où brillent le sentiment et la vie, produisent des affections immédiates bien particulières. Aussi combien d'impressions inaperçues de ce genre se communiquent et s'échangent[54] sans autre intermède entre divers individus, qu'un seul coup d'œil attire ou repousse. C'est par là, c'est[55] par cette flamme vivante de l'œil, modifiée suivant les affections variables de l'âme sensitive, qu'un être passionné électrise ceux qui l'approchent et les force en quelque sorte à se monter à son unisson. Je viens de dire l'*âme sensitive ;* observez en effet que c'est cette partie purement affective de l'homme, dont l'œil est[56] vraiment le miroir ; c'est elle qui s'y peint tout entière et qui s'y devine par un pur effet de sympathie. Ce n'est point ainsi et par de semblables moyens

[45] *En marge, ajout tardif :* affections de l'âme, partie matérielle du son ressenti par les sourds ; timbres affectifs.

[46] *Correction tardive inachevée :* Si le sens de la vue a pu être considéré comme le premier organe de l'*intelligence,* il peut tout aussi bien être

[47] sont bien propres à motiver la distinction déjà établie entre la partie vraiment

[48] qui constitue le sens de la vue comme instrument de l'intelligence *etc.*

[49] maintiennent.

[50] un sens

[51] *Correction tardive :* mais

[52] *Ajout tardif :* animés

[53] *Correction tardive :* réfléchissent

[54] *Correction tardive :* immédiatement entre divers individus attirés ou repoussés à leur insu par un regard qui les pénètre.

[55] *Correction tardive :* au moyen de cette flamme vivante lancée par l'œil, dans les affections *etc.*

[56] le propre miroir

prompts et spontanés que les phénomènes de l'esprit et de la volonté percent et se communiquent au dehors.

44 v° | § 4. **Affections de l'ouïe.**

Le sens de l'ouïe, aidé de son organe répétiteur éminemment actif, celui de la [57]voix, tient sans doute [58]le premier rang parmi ceux de l'intelligence. [59]|Nous trouvons pourtant à distinguer encore dans les fonctions de son | organe une partie purement affective très notable qui, confondue dans l'état ordinaire avec la perception nette, claire, des sons successifs et coordonnés, peut néanmoins s'en distinguer et ressortir à part dans certains modes d'audition [60]très particuliers, dus à l'action immédiate que produit le fluide sonore sur l'organe auditif et aux communications sympathiques que celui-ci entretient avec les organes de la vie extérieure.

On ne peut s'empêcher, par exemple, de reconnaître les effets immédiats d'une partie matérielle et [61]pour ainsi dire inanimée des sons qui, du sens externe primitivement ébranlé, ou même sans le concours de ce sens, vont remuer toute la sensibilité intérieure dans ses principaux foyers ; c'est ainsi qu'on a vu des individus complètement sourds éprouver des affections particulières dans diverses régions du corps, et surtout à l'épigastre, lorsqu'on tirait près d'eux des sons d'un certain timbre, et surtout lorsqu'ils appliquaient la main sur l'instrument d'où partaient ces sons*. Il n'est point douteux qu'alors les nerfs mêmes du tact ne fussent les véritables conducteurs des impressions affectives, produits immédiats de l'ébranlement ou de l'espèce d'ondulation sonore. Dans l'état d'audition parfaite, il y a également telle qualité de sons, tels timbres de voix ou d'instruments qui excitent par eux-mêmes et indépendamment de tout effet attaché au sens de la perception [62]musicale, des impressions éminemment affectives propres tantôt à faire naître, tantôt à calmer diverses passions, quelquefois à guérir,d'autres fois à produire certaines maladies nerveuses. J'ai été témoin moi-même des effets extraordinaires produits par les sons doux et mélancoliques d'un *harmonica.* J'ai vu des personnes trop sensibles pour pouvoir y résister, fré-

* Ces effets ont été expérimentés par le célèbre instituteur des sourds-muets de Paris sur ses élèves accoutumés à rendre compte de leurs impressions comme à exprimer avec autant d'énergie que de vérité leurs sentiments et leurs idées (10). On éprouva aussi il y a quelque temps, sur les éléphants du Muséum d'Histoire naturelle l'influence extraordinaire que peuvent avoir les timbres de certains instruments sur la sensibilité physique ou sur les affections immédiates dont nous parlons et par elles sur certaines passions qui s'y trouvent liées, telles que l'amour, la colère, la fureur.

[57] *Ajout:* parole ou de la voix
[58] un des premiers rangs
[59] Mais il faut en abstraire pour ainsi dire une partie *etc.*
[60] *Ajout:* passive
[61] vraiment imperceptible de l'impression sonore ou mieux *sonifère,* qui, *etc.*
[62] auditive

45 r° mir | [63] dans toutes les parties de leur corps, à la première impression de ces sons, s'attendrir, verser des larmes et finir par tomber en syncope.

Encore un coup, des affections semblables qui tiennent à l'impression immédiate du son, doivent être bien distinguées et peuvent être séparées même de la partie perceptive ou de ce jugement rapide qui rend appréciables à l'oreille les accords harmoniques ou les suites mélodieuses et lors même que ces affections prédominent, la perception s'obscurcit ; plus l'être sensible est affecté, moins l'être intelligent apprécie et juge.

[64] Or je dis que c'est à ce qu'on appelle *timbre* dans les sons et accent dans les voix que s'attache cette partie proprement affective des phénomènes auditifs, et c'est par là aussi que l'ouïe est un des principaux organes de cette sympathie qui rapproche et lie intimement tous les êtres doués de la faculté de sentir et de manifester ce qu'ils sentent par les diverses modifications de la voix, à chaque passion ou émotion de l'être sensitif. La nature semble avoir lié un accent particulier qui l'exprime et fait sympathiser avec elle tous ceux qui peuvent entendre le signe : c'est la nature même qui inspire ce cri profond de l'âme, que toutes les âmes entendent et auquel toutes répondent à l'unisson. La parole articulée, la véritable expression intellectuelle est encore loin du berceau de l'enfance, et déjà un instinct natif modifie ces premiers vagissements de manière à exprimer des appétits, des besoins, des affections ou des passions naissantes ; déjà la nourrice, instruite [65] par le même maître, a saisi cette sorte de langage ; elle-même y répond à son tour par d'autres signes accentués, dont la sympathie explique le sens et [66] fait toute la valeur. Ainsi s'ouvre pour l'enfant le cercle de cette vie morale dont le germe fécondé par les premiers liens de famille, trouvera dans des communications sociales plus étendues ses moyens de développement les plus assurés.

Ce pouvoir sympathique des accents et des voix se trouve aussi dans toutes les langues des peuples encore enfants, qui ont à se communiquer plus de sensations que d'idées. Là se trouve encore en grande partie l'ascendant extraordinaire de ces orateurs passionnés, qui ont su saisir
45 v° | les inflexions propres à émouvoir les âmes, et imiter ou reproduire les signes liés par la nature à chacune des passions qu'ils veulent exciter ; en les écoutant, chacun s'étonne de se trouver subitement transformé de ce qu'il était l'instant auparavant : dans un saisissement général, le cœur palpite, les traits changent, les larmes coulent et l'âme transportée hors d'elle-même ne vit, ne sent plus, que dans l'orateur qui l'entraîne et maîtrise tous ses mouvements. Tel est ce pouvoir magique, non seulement de la parole articulée comme symbole de l'intelligence mais de la voix

[63] *En marge :* l'influence extraordinaire que peuvent avoir les timbres de certains instruments sur la sensibilité [*ces trois derniers mots rayés*] physique, ou sur les affections immédiates dont nous parlons, et par elles sur certaines passions de l'être moral qui s'y trouve liées, telles que l'amour, la colère, la fureur [*mot rayé*], *etc.*

[64] Remarquez

[65] à la même école

[66] fixe

accentuée comme talisman de la sensibilité. C'est ainsi que le fameux saint Bernard entraînait par les prestiges de sa voix plus que par ceux de son éloquence ces grossiers paysans du nord à qui il prêchait la croisade dans une langue qu'ils n'entendaient pas et [67] qui volaient en foule sous son étendard à la conquête de la terre sainte.

[68] Je termine ici ce que j'avais à dire des impressions affectives qui ont leur siège immédiat dans les organes extérieurs de la sensibilité. Je ne vous ai présenté que des indications abrégées en m'interdisant des développements qui m'auraient entraîné trop loin du sujet ordinaire de vos études et de vos méditations ordinaires. Je me hâte de me rapprocher de ce sujet en passant à l'analyse des impressions immédiates des organes intérieurs qui intéressent plus expressément la théorie et la pratique de votre art. Je ne puis cependant terminer cet article sans faire des vœux pour que les observations que je viens de présenter sur un sujet de physiologie encore presque neuf déterminent quelques-uns d'entre vous à porter des vues plus approfondies sur les phénomènes de l'affectibilité propre à chaque sens externe et des sympathies individuelles ou spécifiques, organiques ou animales qui prennent naissance dans cette source. Les faits divers de l'homme malade, les lésions partielles de la sensibilité dans les organes externes particuliers, ses altérations dans les états de manie, de délire, de vapeur, le traitement des plaies, l'application des synapismes ou vésicatoires, surtout ces cas si cu-
46 r° rieux | de paralysie où la sensibilité extérieure se trouve éteinte pendant que la perceptibilité et la motilité subsistent, [69] une multitude de faits particuliers sympathiques comme des cures opérées, des maladies produites par le simple contact ou même l'approche de certains êtres ; des rêves et des pressentiments vérifiés, des instincts, des goûts marqués qui sont quelquefois comme des inspirations de la nature malade, dernier sujet sur lequel il est également dangereux de pousser trop loin et la crédulité et le pyrrhonisme ; tous ces phénomènes enfin qui frappent journellement les regards du praticien expérimenté ne sont-ils pas éminemment propres à éclairer le

[67] les faisait voler sous son étendard

[68] *Ce passage (jusqu'à :* l'homme malade) *est rayé et remplacé par :* Je ne puis sans sortir des bornes de mon sujet, et que j'ai même peut-être déjà dépassées, pousser plus loin l'examen intéressant des phénomènes de cette espèce. Il suffirait que ceux dont je viens de présenter une esquisse manifestent l'espèce de liens qui existent bien certainement sous ce rapport entre les faits généraux de la nature organisée sentante, et ceux d'une nature supérieure, intelligente et morale. Les observations diverses faites sur l'homme malade *etc.*

[69] *Ici une croix renvoie à cette note en marge, de l'époque de la maturité, barrée ensuite :* tous ces faits et une multitude d'autres qui frappent les regards du physiologiste et du médecin expérimenté sont comme autant de données qu'il ne s'agit point d'*expliquer,* mais d'éclairer, de vérifier, et de lier dans une théorie complète de la science de l'homme. La part contributive de la physiologie ressort de tout ce que nous venons de dire. D'où résulte aussi une application plus précise de cette maxime du père de la médecine, qu'il faut restreindre dans les limites que nous avons tâché d'établir précédemment

sujet encore obscur en théorie vers lequel j'ai cherché à attirer votre attention? En l'entourant de nouvelles lumières, vous aurez confirmé, Messieurs, cette sentence du père de la médecine que je ne puis trop répéter : *quod de natura hominis manifestum quidpiam non aliunde possibile fuit quam ex arte medica* (Hippocrate). (11)

ARTICLE II

Des impressions affectives internes

[70] Nous avons observé précédemment, et il ne sera pas inutile de rappeler ici, que dans le tact général et passif de la peau ou dans celui particulier des membranes muqueuses de l'odorat et du goût, l'impression affective est vraiment immédiate, comme l'est l'action de l'objet ou de la cause matérielle présente. Au contraire, dans l'exercice même passif de la vue et de l'ouïe, les objets d'intuition ou d'audition directe n'agissent point sur leurs organes respectifs par application immédiate, mais bien par l'entremise de fluides éminemment subtils qui sont les véritables agents ou causes occasionnelles des impressions affectives de sons ou de couleurs; or, dans le
46 v° phénomène complet de la perception visuelle ou auditive, | nous ne sentons pas réellement l'action de ces fluides ou des causes immédiates qui nous font voir et entendre, et lorsque nous les sentons ainsi, comme il arrive dans le choc en masse ou l'impression matérielle des rayons lumineux et sonores, nous ne percevons plus rien au dehors, nous n'avons plus aucune idée, aucune perception de cause extérieure. De là résulte un point que je considère comme fondamental en idéologie, et que je crois avoir manifestement établi dans un mémoire couronné en dernier lieu par l'Institut de France : c'est que la différence essentielle qui sépare les phénomènes de la perceptibilité objective de ceux de l'affectibilité intérieure, repose sur l'idée ou la notion de quelque cause étrangère au *moi* ou hors du *moi,* idée qui venant s'interposer entre l'impression matérielle et son résultat objectif, doit nécessairement se trouver exclue des impressions d'une sensibilité toute intérieure dont les causes immédiates ne peuvent informer l'individu de ce qui se passe à distance, hors de lui ou en lui, et demeurent ainsi sous tous les rapports, étrangères à la connaissance.

Telle est cette espèce d'impressions affectives internes qui, essentiellement ignorées quant à leur cause, obscures dans leurs sièges, [71] [sont remarquables] encore par plusieurs autres circonstances dont nous parlerons.

[70] *En marge, on trouve cette note plus tardive :* quelque soit l'organe ou la partie nerveuse impressionnée par une cause d'excitation appropriée, la sensation qui en résulte est toujours [ ] tant qu'elle ne se borne point à un siège particulier, mais qu'elle affecte toute la combinaison vivante, l'animal tout entier. Il faut cependant distinguer même sous ce rapport physiologique les effets excitants et représentatifs.

[71] *La phrase reproduite par le copiste est inintelligible : au lieu des deux mots que nous proposons entre crochets, il écrit :* deviennent.

Dans l'exercice complet de la vie de relation, dans le développement entier de tous nos sens externes, accoutumés à agir simultanément depuis l'origine, nos sensations diverses rentrent sans cesse les unes dans les autres, s'expliquent et s'éclaircissent mutuellement; mais dans une liaison sympathique, devenue plus intime encore par l'habitude, rien n'est plus difficile
47 r° que d'assigner la part contributive de | chaque sens ou de n'attribuer à chacun que l'espèce d'impressions et d'idées qui lui appartiennent en propre et prennent en lui exclusivement leur source.

Ici, Messieurs, les principaux obstacles de l'analyse idéologique présentent un caractère de ressemblance bien frappant avec [72] [ceux] que vous rencontrez à chaque instant dans l'exercice de votre art, et tiennent au même principe ; c'est que dans le cercle où tournent sans cesse les fonctions de tous ces organes, qui s'influencent et agissent continuellement les uns sur les autres, on doit être souvent bien embarrassé de dire où est le commencement et la fin, quels sont les sièges sensibles primitivement et proprement affectés et ceux qui ne le sont que consécutivement ou par voie de sympathie.

[73] Supposez un individu privé depuis sa naissance de l'usage du toucher actif et de la vue, dont la peau seulement fût sensible à l'extérieur et tous les organes de la vie animale d'ailleurs en bon état ; irritez ou piquez les différentes parties du corps de cet individu ; faites-le passer par différents degrés successifs de chaud ou de froid ; entourez-le d'une atmosphère odorante, ou appliquez sur sa langue des corps sapides, qu'éprouvera cet être sentant? rien que des modifications [74] internes, générales, et purement affectives ; n'ayant aucun moyen de connaître ou de deviner les causes qui peuvent le modifier au dehors, puisque nous le supposons dénué des sens qui fondent l'idée ou le jugement primitif de causalité, il ne percevra point, ne rapportera à aucun siège des affections qui toutes conserveront ainsi un caractère confus, vague et général, et ne sortiront point du cercle étroit de la sensibilité intérieure.

Tel était un homme paralysé de la moitié du corps pour le mouvement
47 v° et non pour le sentiment dont un de nos compatriotes | médecins, M. Rey Régis, nous présente l'exemple curieux dans son livre intitulé *Histoire*

[72] *Le copiste écrit à tort :* celle

[73] *A partir d'ici, on a de nouveau le texte du ms. 2138. En marge, dans le ms. 2133, note tardive barrée :* ôtez ces impressions musculaires *sui generis*, ou la cœnesthèse spéciale de motilité des organes internes, [qui] se réunissent couramment dans les impressions excitatives des sens externes à celles qui naissent spontanément du jeu de la vie dans les divers organes intérieurs, la cœnesthèse se forme égalem[en]t des unes et des autres ; mais ce concours [? admis], les sensations du dehors [ ] étant
47 v° réduites à ce caractère passif n'informeront | nullement l'âme ou le moi, dont l'existence est toujours présupposée, du siège cérébral qu'elles affectent non plus que de la cause qui les produit. Ce n'est point là une simple conjecture, ou une hypothèse mais un fait vérifié par l'expérience. J'en trouve un entre autres fort curieux rapporté par un ancien médecin.

[74] *Entre les lignes, mention tardive :* de cœnesthèse

naturelle de l'âme (12). Cet hémiplégique sentait immédiatement toutes les impressions faites sur la partie paralysée, mais lorsqu'il ne voyait pas [75] la cause qui excitait sa sensibilité, il ne rapportait l'impression nulle part, et en souffrait seulement comme d'une douleur vague ou d'un malaise intérieur qui n'aurait point eu de siège particulier. Ce ne fut qu'après que la faculté de mouvement eût été recouvrée par l'usage de remèdes appropriés, que [76] notre paralytique apprit de nouveau à localiser ses impressionss extérieures, ou à en juger le siège et la cause hors de lui : phénomène remarquable [77] que j'ai cité ailleurs en déduisant de là plusieurs conséquences idéologiques importantes.

Nous sommes dans le cas du paralytique de M. Régis lorsque, plongés dans un demi sommeil, les organes [78] affectibles tels que le tact, l'odorat, comme ceux de la vie intérieure avec qui ils sont en rapport direct, veillent encore, les sens de la perception étant endormis. Tels nous sommes toujours et dans tous les cas pour cet ordre d'impressions affectives tout intérieures, qui se succédant, se combinant ou se mêlant sans cesse et entre elles et avec les sensations du dehors, ne portent jamais le cachet net du siège qu'elles occupent, encore moins de la cause qui les produit, ne sont jamais non plus dans la conscience proprement dite, ne restent point dans le souvenir, et, étrangères aux produits de la pensée et de la volonté, [79] exercent pourtant sur ces déterminations hyper-organiques, sur la direction de nos idées et de nos [80] vouloirs les plus réfléchis une influence constante, un ascendant d'autant plus [81] irrésistible qu'il est plus méconnu dans sa source [82], plus difficile à prévenir d'abord dans sa naissance, et à arrêter ensuite dans son entraînement.

Un de vos maîtres les plus célèbres, Boerhaave, dans ce livre qui a pour
48 r° titre *De morbis nervorum,* dit avec énergie : *homo simplex | in vitalitate, duplex in humanitate* (13), résumant ainsi dans cette formule très précise tout ce que peuvent nous révéler en même temps et le sens intime et les observations physiologiques sur *l'unité* du principe auquel se rattachent les fonctions de tant d'organes, qui conspirent ou consentent dans une même vie, et la duplicité des forces souvent opposées dans leur nature, auxquelles [83] viennent respectivement se rallier l'impulsion aveugle et fatale de l'organisme et de l'instinct [84] et les déterminations éclairées et libres de l'intelligence et de la volonté.

[75] *Correction tardive :* l'objet extérieur ou actuel de sa sensibilité locale, il ne *etc.*
[76] *Correction tardive :* le malade
[77] *Correction tardive :* dont peuvent se déduire plusieurs conséquences psychologiques et idéologiques *etc.*
[78] de la vie passive, le tact, l'odorat,
[79] *Correction tardive :* n'en exercent pas moins
[80] *Correction tardive :* penchants une influence *etc.*
[81] *Correction tardive :* difficile à surmonter
[82] *Ajout tardif :* indépendante
[83] *Correction tardive :* se rattachent d'une part
[84] *Ajout tardif :* animal, de l'autre

Boerhaave dit encore dans un autre endroit du même livre : *quatenus systema hominis in nervis est, est proprie illud, quod dicitur humanitas* (14). En rapprochant ce passage du précédent, nous trouvons que dans le sens de ce maître, les fonctions du système nerveux, prises dans leur ensemble, constituant tout ce qui appartient proprement à l'*homme* ou son humanité tout entière, et cet être mixte étant double dans ce qui le constitue *homme,* les fonctions nerveuses sont donc aussi doubles ou plus exactement il y a deux systèmes nerveux, l'un sous la dépendance d'un centre unique, celui du cerveau qui paraît être propre ou l'instrument immédiat de l'âme voulante, l'autre sous la dépendance de plusieurs centre partiels ou ganglions nerveux, réunis et liés les uns aux autres dans la région précordiale, qui est le véritable siège de toutes les émotions affectives de la nature humaine et où se ressent aussi le contrecoup de toutes les passions ; en un mot, système nerveux de la vie *active* et système nerveux de la vie passive, division très connue aujourd'hui sous des titres un peu différents et moins exacts, je pense, tels que ceux de vie organique et animale, mais qui s'appuient dans ce sens-là même sur une multitude de faits comme sur la plus profonde et la plus savante anatomie.

Un physiologiste dont la science pleure encore la perte prématurée, le jeune et intéressant Bichat, peut être considéré comme l'auteur de cette division (15) pressentie, ce semble, par le génie de Boerhaave,
48 v° indiquée depuis par d'autres | médecins célèbres tels que Bordeu (16), Grimaud (17), etc., mais prouvée par celui-là seul qui sut en découvrir les bases dans la nature organisée vivante, et le scalpel à la main en tracer les limites. Partant donc maintenant de cette division physiologique, si conforme à celle que j'avais établie de mon côté dans le même temps entre les phénomènes considérés sous le point de vue idéologique, je me permettrai ici de faire quelques pas de plus, et sans blâmer la réserve ou le ton d'incertitude et de doute qu'emploie l'illustre auteur de l'anatomie physiologique quand il parle des propriétés vitales des ganglions ou centres du système nerveux de la vie organique, je suivrai plus hardiment les analogies que la nature même semble nous indiquer entre les propriétés ou fonctions des instruments ou des centres respectifs des deux vies.

1° Les impressions intérieures affectives se rapportant à plusieurs centres précordiaux à la fois, nous voyons d'abord comment elles doivent être générales et confuses quant à leur siège par cette multiplicité de centres, comme elles sont inaperçues quant à leur cause par l'intériorité ou la manière d'agir de ces causes mêmes. Si dans cet ordre de phénomènes dont se compose la vie active toutes les impressions qui arrivent directement des différents organes externes au même centre, comme toutes les déterminations régulières qui en partent, sont loin d'être perçues ou de se transformer en idées par une participation de conscience, si le plus grand nombre de ces impressions ou déterminations demeurent au rang des perceptions proprement dites *obscures,* et s'il faut un acte exprès de l'attention volontaire pour les élever au rang des perceptions claires, si même, dans l'exercice de certains sens externes tels que l'odorat et le goût, plusieurs impressions faites sur le même organe et simultanément transmises au même centre se confon-

dent en une seule sensation, dont il n'est point au pouvoir d'aucune attention de l'esprit de distinguer et reconnaître les éléments, que sera-ce de ces
48 [bis] r° | impressions bien plus variées, plus nombreuses, plus continuelles, qui se répart[iss]ent entre divers centres partiels, s'y pressent, s'y confondent et y arrivent à la fois de tous les organes de cette vie intérieure, dont les fonctions, différentes en cela particulièrement de celles qui constituent l'autre vie, ne s'interrompent jamais, ne sont sujettes à aucune intermittence. Les organes qui reçoivent ou transmettent ces impressions séparées, comme les centres où elles vont se réunir, étant entièrement soustraits à l'empire de la force hyperorganique qui veut et perçoit, il n'y a point ici lieu en aucune manière à l'exercice de l'attention, mais cette attention se déployât-elle dans son énergie complète, il serait au-dessus de tous ses efforts de distinguer cette multitude infinie d'impressions simultanées dont se compose le sentiment général de la vie et de porter la lumière dans les obscurités essentiellement inhérentes à la nature affective.

En second lieu, les ganglions nerveux ou les centres précordiaux de la vie intérieure passive sont pour les diverses affections inhérentes à cette vie, ce qu'est le centre cérébral unique pour les perceptions ou les mouvements volontaires. Chacun de ces centres reçoit une certaine espèce particulière d'impressions, les associe entre elles, en conserve les déterminations et réagit pour l'exécution ponctuelle des mouvements vitaux et instinctifs. Or le centre cérébral ou l'âme, qui lui est unie, ne sent et surtout ne perçoit distinctement que les impressions faites immédiatement, ou sans l'entremise des nerfs cérébraux, sur le centre même. Bichat a constaté le fait par plusieurs expériences où il a trouvé une insensibilité relative dans les profondeurs mêmes de la substance cérébrale. Il ne devait donc pas être surpris de retrouver la même insensibilité dans les ganglions nerveux; d'ailleurs comme toutes les impressions reçues ou nées dans cette série de centres nerveux sont immédiates, et que, d'autre part, il existe entre tous les gan-
48 [bis] v° glions une véritable sympathie | ou une sorte de solidarité, comme enfin il est de l'essence de la sensibilité propre de ce système de n'être jamais affectée que confusément et comme par des ébranlements nerveux de masse, qui constituent le sentiment immédiat et tout interne du plaisir ou de la peine attaché spécialement au bien ou mal-être général de la machine, il n'est pas étonnant que Bichat n'ait pu retirer aucune lumière des expériences tentées sur chacun de ces ganglions en particulier pour constater leurs propriétés vitales, reconnaître leur usage et déterminer leurs propriétés, le rôle essentiel qu'ils jouent dans les fonctions de notre vie passive et affective.

Je considérai quant à moi, avec toute la confiance qu'on peut avoir dans les inductions tirées de l'analyse expérimentale des phénomènes, je considérai, dis-je, chacun des centres nerveux dont il s'agit comme autant de sens internes particuliers de nos affections précordiales, qui varient, se succèdent éminemment en nous, et qui, toutes obscures, toutes confuses qu'elles sont, forment la base du sentiment immédiat, agréable ou pénible, que nous avons de l'existence. Ce sentiment général affectif est en effet comme la résultante de toutes les impressions particulières naissant spontanément et à chaque instant du jeu de la vie et des diverses fonctions organiques alternatives, prédominantes, qui concourent à la former.

Ne serait-il donc pas ici trop hardi de dire que, comme il y a des organes particuliers appropriés à chaque espèce de sensations extérieures et peut-être même, suivant l'opinion d'un métaphysicien naturaliste M. Bonnet, des fibrilles nerveuses appropriées dans le même organe à chaque sensation individuelle (18), il y a de même pour la vie intérieure autant de sens internes particuliers que de modes d'affections ou de passions naturelles ou en général de modifications diverses du sentiment immédiat de l'existence, et combien n'est-il pas probable, en effet, que ce ne sont pas les mêmes
49 r° organes, les mêmes centres nerveux qui sont en jeu, ou qu'ils n'y sont | pas du moins de la même manière dans ces impressions immédiates qui nous constituent habituellement ou alternativement mélancoliques ou gais, ardents ou froids, emportés ou calmes, courageux ou timides ?

Entrons dans quelques exemples particuliers et soulevons un coin du voile où s'enveloppe l'homme affectible intérieur.

« Il n'est pas un seul organe, dit notre illustre Montaigne, avec sa naïveté et sa profondeur ordinaires, qui souvent ne s'exerce contre notre volonté ; ils ont chacun leurs passions propres qui les éveillent ou les endorment sans notre congé » (19).

Combien de faits, de sentiments immédiats, ne concourent-ils pas à mettre en évidence ces passions, pour ainsi dire, partielles, signalées avec tant de vérité et d'énergie par l'auteur des *Essais* : n'est-ce pas ainsi que dans le silence même des sens et de l'imagination un organe interne tel que celui de la faim ou de l'appétit vénérien s'éveille tout à coup spontanément, entraîne vers lui toutes les facultés sensitives, maîtrise la volonté, absorbe l'intelligence, change la direction des idées, l'ordre de tous les mouvements et imprime une suite de déterminations et d'actions proprement dites animales en tant que le *moi* n'y prend point une part vraiment active et qu'elles ont également lieu sans son concours, comme dans l'instinct et le somnambulisme. Sous l'influence ordinaire de ces impressions immédiates d'organes internes particuliers naissent des appétits moins brusques, moins dominants, mais qui, s'éveillant d'une manière plus ou moins obscure, dans des périodes réglées par la nature ou les habitudes, produisent ce sentiment vague d'inquiétude, ce besoin d'agir, de s'agiter de différentes manières, besoin que l'on trouve également dans l'état sauvage et civilisé, et qui, ayant sa source cachée dans les profondeurs mêmes de la vie organique ou animale, peut donner l'impulsion à des facultés plus relevées et devenir un
49 v° des premiers principes de cette activité qui se déploie et | s'exerce d'une manière si différente, suivant les diverses conditions de la vie sociale, mais toujours dans l'intervalle qui sépare les besoins satisfaits des besoins renaissants[85] qui en sont la source[86].

[85] sans lesquels probablement cette activité n'existerait pas.

[86] *A la suite de ce passage, dans l'espace laissé par le copiste, Biran ajoute cette note tardive :* Chaque individu se distingue d'un autre de son espèce par la manière fondamentale dont il sent sa vie, et par suite, dont il *sent*, je ne dis pas dont il juge les

50 | Ces mobiles secrets d'une foule d'actes et de déterminations demeurent pourtant toujours profondément ignorés de l'être sensible qui leur obéit, et se dérobent à la réflexion par leur intimité même. Aussi la partie de nous-mêmes sur laquelle nous sommes le plus complètement aveugles se forme-t-elle de cet ensemble d'impressions affectives, qui naissent immédiatement, soit des dispositions variables de la sensibilité intérieure, soit encore plus du tempérament fondamental dont ce que nous appelons le caractère est comme la physionomie ; mais cette physionomie n'a point de miroir qui la réfléchisse à ses propres yeux, ou la mette en relief hors d'elle-même[87].

Ce sont de telles dispositions, variables ou fixes, qui associent toujours leurs produits inaperçus à l'exercice des sens, imprégnent pour ainsi dire les objets ou les images de certaines couleurs, de certaines modifications affectives qui semblent leur être propres et adhérentes. De là cette sorte de réfraction sensitive qui nous montre la nature extérieure tantôt sous un aspect riant et gracieux, tantôt comme couverte d'un voile funèbre, qui nous fait voir dans les mêmes choses, les mêmes êtres, tantôt des objets d'espérance et d'amour, tantôt des sujets de méfiance et de crainte ; ainsi se trouve cachée dans des impressions immédiates sur lesquelles tout retour nous est interdit, la source de presque tout le bien ou le mal attaché aux divers instants de notre vie ; nous la portons en nous-mêmes, cette source la plus vraie des biens et des maux... et nous accusons le sort, nous dressons des autels à l'aveugle et mobile fortune !! Qu'importe en effet que cette puissance secrète soit en nous ou hors de nous ! N'est-ce pas toujours le *fatum*
50 v° qui nous poursuit, nous | dirige et nous entraîne souvent à notre insu... Osons le dire, et qui mieux que vous, Messieurs, a le droit d'apprécier cette assertion que d'autres jugeraient trop hardie peut-être : il n'est point au pouvoir de la philosophie, de la raison, ou de la vertu même, toute puissante qu'elle est sur les volontés et les actes de l'homme de bien, de créer par elle-même aucune de ces affections heureuses qui rendent si doux le sentiment immédiat de l'existence, ni de changer ces dispositions funestes qui peuvent la rendre insupportable. S'il existait quelque moyen de produire de tels effets, ce serait dans votre art, surtout, ce serait dans une médecine physique autant que morale qu'il faudrait le chercher ; et celui qui aurait trouvé un secret aussi précieux, en agissant sur la source même de la sensibilité intérieure, devrait être considéré comme le premier bienfaiteur de l'espèce, le dispensateur du souverain bien, de la sagesse et de la vertu même, si l'on pouvait appeler vertueux celui qui serait toujours bon sans effort, puisqu'il

rapports avec les autres êtres, en tant qu'ils peuvent favoriser ou menacer son existence. La différence à cet égard est peut-être plus forte encore que celle qui a lieu entre les traits de la figure ou la conformation extérieure du corps. De là vient l'impossibilité où chacun se trouve de *connaître* à fond ce qu'est un de ses semblables comme vivant et sentant et de manifester ce qu'il [est] lui-même ; [ ] il sent ses rapports. Les *idées* seules se ressemblent et peuvent se communiquer avec les sentiments qui y sont joints ; ce qui est dans la sphère de l'animalité est inconnaissable.

[87] *En marge :* signes physiologiques du tempéra[men]t et du caractère moral.

serait toujours calme et heureux... C'est le sentiment de cette vérité qui inspira peut-être à J.-J. Rousseau ses pages les plus éloquentes ; c'est à elle du moins qu'il revient toujours dans tous ses écrits avec cette force entraînante de persuasion qui lui est propre

[88] Considérations sur les impressions intérieures dans le fœtus, dans l'état de sommeil et de délire ; et les sympathies qui s'y rapportent.

Pour signaler les caractères propres et spécifiques à ces impressions immédiates, qui prennent leur source dans la vie intérieure et exercent sur toutes les facultés de l'homme une influence si étendue et si puissante, il faut saisir ces caractères isolés ou prédominants dans les cas où les fonctions de la vie active sont encore dans le silence et l'attente de l'acte, ou dans un état momentané de suspension, d'engourdissement ou d'altération. Les
51 r° phénomènes de la vie | du *fœtus* pendant le temps de la gestation, ceux du sommeil et du délire, ceux enfin de diverses sympathies affectives peuvent offrir ici des données intéressantes et des exemples curieux.

L'homme, considéré dans l'état de germe ou de simplicité vitale, *simplex in vitalitate,* suivant l'heureuse expression de Boerhaave, commence à vivre organiquement et à sentir même assez longtemps avant de connaître sa vie et d'apercevoir ou de juger sa sensation, *vivit et est vitae nescius ipse suae* (20) ; cette existence toute affective, ces appétits, ces penchants ou ces tendances de l'instinct, qui se manifestent et s'expliquent déjà dès la naissance de l'individu, ne sont point conçus dans cet instant même : rien ne s'opère ainsi brusquement et comme par saut dans la nature.

[89] Au sortir du sein de sa mère, l'enfant est assailli par une multitude d'impressions étrangères qui excitent même d'autant plus sa sensibilité que l'habitude n'en a pas encore émoussé la pointe ; mais tout ne semble pas être nouveau pour cet être faible arrivant au monde : à peine il débute dans la vie extérieure et déjà il annonce des goûts ou des répugnances[90], il exécute divers mouvements coordonnés entre eux, appropriés[91] à ses besoins et tendant à un but de conservation ou de nutrition.[92] Or ces appétits, ces mouvements, se rapportent à un mode de vie antérieur et le supposent évidemment ; mais en quoi pouvait consister ce mode de vie du *fœtus* avant

[88] *Biran place ici un* § 2. *Mais il n'y a pas de* § 1. *Nous supprimons donc cette mention, mais conservons le titre.*

[89] A peine l'être naissant débute dans la vie extérieure *etc.*

[90] *Ajout :* relatifs aux objets de cette vie. Il exécute *etc.*

[91] aux mêmes objets. Or *etc.*

[92] Or s'il est vrai que la nature ne va point par sauts, ces appétits, ces mouvements, ne doivent-ils pas se référer à un mode d'existence antérieur, où ils ont été préparés ou préordonnés à la fin actuelle ? Mais en quoi *etc.*

qu'aucun sens externe ne fût ouvert ou mis en jeu par ses objets propres[93] : il ne pouvait se former évidemment que d'impresions immédiates intérieures ou des produits simplement affectifs de cette vie dont nous avons déjà indiqué les instruments et distingué les phénomènes dans les résultats composés des deux ordres de fonctions.

La vie intérieure du fœtus n'est pas isolée et indépendante ; [94] comme le
51 v° fruit qui n'est pas encore parvenu à son degré de | développement et de maturité, il[95] subsiste et se nourrit par l'arbre qui le porte ; tous les ingrédients de la vie ne lui parviennent qu'après avoir passé par les organes internes de l'être sensible à qui toute son existence est attachée.

[96] Les impressions immédiates de ces organes sont donc les seules qui puissent dans cet état être vraiment communiquées de la mère à l'enfant. Celui-ci participera donc pleinement à tout cet ensemble de phénomènes [97] affectifs qui naissent et se développent dans la femme qui le porte ; mais il ne participera[98] directement qu'à ceux-là. En deux mots, identité de fonctions organiques, communauté d'affections[99] et de passions simples : voilà tout le nœud de la sympathie qui peut unir deux êtres dont l'un, parfait, est en possession des deux vies, tandis que l'autre imparfait, ne jouit encore que d'une seule[100].

La sympathie[101] a son principe prochain dans la tendance à l'imitation, qui paraît être une loi primordiale de la nature organisée : tous les organes du fœtus qui n'ont pas besoin, pour entrer en jeu, de l'action des objets étrangers, commenceront donc par se mettre à l'unisson de ceux qui leur correspondent dans la mère, et en répèteront ou imiteront les fonctions. La vie intérieure du fœtus sera donc complète avant que celle de relation n'ait pu commencer.

Toutes les impressions immédiates qui tiennent à cette première vie seront reçues et transmises, soit directement de ces organes, soit sympathi-

[93] si ce n'est dans des impressions purement internes des organes qui sont bien reconnus pour être les seuls en exercice pendant la durée de la gestation et le temps que le germe organique se développe, se nourrit, croît dans le sein de la mère ? La vie intérieure *etc.*

[94] tel que le fruit non encore parvenu à son point de maturité *etc.*

[95] il reçoit tous les principes de son développem[en]t de l'arbre animé qui le *etc.*

[96] Ainsi l'enfant pourra [participer] à tout cet *etc.*

[97] organiques qui ont lieu dans le sein de la mère et par suite aux affections immédiates qui y sont liées ; mais il *etc.*

[98] évidemment qu'à ces modes d'impressions spécifiques ; ainsi identité de fonctions

[99] immédiates internes

[100] *Un appel de note renvoie sans doute à cette mention marginale :* S'il était bien constaté que les traces de l'*imagination* de la mère peuvent être dans certains cas visiblement marquées sur quelque partie du corps de l'enfant, il faudrait dire alors que ces empreintes sont transmises par l'action de l'âme sensitive, et il n'y a bien sûrement qu'un très haut degré d'émotion ou d'excitation affective, lié aux produits de l'imagination de la mère, qui puisse déterminer la transmission de ces images par l'intermède des affections avec qui elles sont associées.

[101] *Ajout :* organique

quement par ceux analogues de la mère, aux centres nerveux partiels, détermineront les mouvements instinctifs, et toute cette série de phéno-
52 r° mènes | affectifs qui peuvent imprimer dès lors au tempérament physique et par suite au caractère moral une sorte de type[102] ineffaçable. C'est jusque là qu'il faut remonter pour trouver[103] le germe de diverses passions qui[104] ayant été conçues dans le sein de la mère, se développent dans la suite avec toute l'énergie d'une première nature, avec toute l'inflexibilité et l'opiniâtreté d'une vieille habitude.

C'est par semblables déterminations premières de la sensibilité ou par l'effet de telles impressions intérieures conçues[105] pendant le temps même de la gestation, qu'on peut rendre compte, jusqu'à un certain point, non seulement des appétits, des penchants et des inclinations de l'animal naissant, comme par exemple de l'action instinctive de têter dans l'enfant, des goûts de prédilection, tel que celui manifesté par un chevreau dont parle Galien pour le cytise qu'on lui présente mêlé avec d'autres plantes au sortir du ventre de sa mère (21), mais encore de certaines passions précoces, certaines sympathies ou antipathies marquées pour certaines choses ou certaines personnes, sans qu'on puisse expliquer les causes obscures de cet attrait ou de ce repoussement invincible.

C'est ainsi que le fils de l'infortunée Marie Stuart, Jacques VI roi d'Angleterre et d'Écosse, ayant ressenti dans le sein de sa mère le contre-coup de la peur qui avait agité celle-ci à la vue de l'épée fatale, prête à percer son amant, David Reggio, éprouva toute sa vie un saisissement et un tremblement involontaire en voyant une épée nue, quelqu'effort qu'il fît pour surmonter cette disposition des organes, tant la nature a de force, observe[106] M. de Voltaire en rapportant ce fait* (22), tant elle agit par des voies inconnues. C'est ainsi que les affections les plus douces, les penchants les
52 v° plus forts, | les plus constants, de la nature humaine, ceux surtout qui tiennent à la conservation des individus, à la perpétuité des races, au maintien de l'état social, comme la sympathie générale qui fait tendre l'homme vers l'homme, celle plus spéciale qui détermine l'attrait des sexes, le besoin de se propager, comme celui de compatir, d'aimer, d'admirer, etc.,[107] peu-

* Voltaire, *Histoire générale.*

[102] vraiment inaltérable.

[103] la source

[104] échappent à l'analyse pure des phénomènes intellectuels et moraux et de toutes les habitudes qui peuvent s'y rattacher. C'est par semblables *etc.*

[105] dans le propre sein de la mère, et qui prennent de si bonne heure tous les caractères d'énergie, d'opiniâtreté, et d'inflexibilité des plus anciennes habitudes, qu'on peut *etc.*

[106] un historien philosophe qui rapporte

[107] *En marge, cette note de l'époque du mémoire barrée d'une autre encre :* il n'y a point de doute que tous nos sentiments moraux ne reposent sur le principe de la sympathie. Le jugement sur le juste et l'injuste n'est que la contemplation de nous-

vent passer invariablement des mères aux enfants, s'étendre à tous les temps, à tous les lieux, et marquer ainsi le caractère des individus et celui commun de l'espèce, d'un sceau qui ne peut s'effacer.

Nous avons considéré les impressions internes du fœtus dans leur rapport avec celles de la mère, dont elles reçoivent l'influence première, la sympathie étant active de la part de celle-ci, passive du côté de [celui-là] ; ce sont d'abord en effet les organes de l'enfant qui imitent, et ceux de la mère qui sont imités ; mais comme il n'y a point d'action sans réaction, il n'y a pas non plus de sympathie sans réciprocité. La femme devra donc resssentir et partager jusqu'à un certain point les affections, les besoins et les appétits du nouvel être qui se développe et croît dans son sein. Mais ces affections si obscures dans le fœtus d'où elles partent et dont elles forment toute l'existence, le seront encore bien davantage dans la mère où leur effet est troublé et distrait sans cesse par les sensations du dehors, avec qui ces impressions intérieures se combinent et se mêlent continuellement ; d'ailleurs ces affections de l'instinct primitif ont un caractère d'autant plus vague dans le fœtus qu'elles sont plus nouvelles et que la direction des penchants et des appétits, encore incertaine, n'a pas eu le temps de se plier sous la loi des
53 r° habitudes, par | la répétition des mêmes mouvements organiques.

Comme à l'époque de la puberté et aux approches de la naissance d'un sixième sens, l'individu, frappé au-dedans de lui-même d'impressions toutes nouvelles, éprouve une inquiétude générale, des besoins inconnus auparavant et des désirs vagues dont la nature n'a pas encore expliqué le sens ni déterminé l'objet, sur lesquels aussi l'instinct peut s'égarer à la suite d'une imagination incertaine et mobile dans ses goûts, désordonnée dans son choix et pervertie quelquefois par une excitation trop précoce ; de même les impressions instinctives du fœtus, agissant sourdement sur les centres pré-cordiaux et par là sur l'imagination de la mère, font naître dans celle-ci des besoins inconnus, vagues et indéterminés qui lui suggèrent ainsi indirectement des goûts capricieux, des envies bizarres, dont le hasard des circonstances ou les habitudes acquises de l'imagination se chargent d'indiquer ou de fournir l'objet. Mais il s'en faut de beaucoup que cette influence sympathique des impressions intérieures de l'enfant sur les affections et l'imagination de la mère soit aussi marquée, aussi étendue, aussi constante ou durable dans ses effets, que ne l'est l'action directe de toutes les facultés sensitives complétées et développées dans la mère, sur les dispositions de l'enfant [108]. Une multitude de faits confirment cette différence dont il est assez facile de voir la raison dans tout ce qui précède.

[109] Si les caractères et les circonstances de la vie et de l'état organique

mêmes et de nos actions, faite du centre d'un autre individu, ce qui suppose la faculté de pouvoir s'y placer. Dieu a donné aux êtres libres et actifs, pour s'unir et s'aimer, la même force qu'il a donnée aux éléments de la matière inerte et passive pour s'attirer, *etc.*

[108] et l'on en aperçoit aisément la raison.

[109] Si toutes les circonstances de la vie organique du fœtus et les caractères propres de l'espèce de sensibilité physique dont il jouit pouvaient *etc.*

de l'enfant renfermé dans le sein de la mère pouvaient être exactement déterminés, nulle observation ne serait plus propre à nous donner une connaissance claire des phénomènes[110] de l'affectibilité immédiate et
53 v° du principe | des sympathies qui forment le lien de la nature animée. Ici en effet ces phénomènes paraîtraient, pour ainsi dire, à nu ou dépouillés de tous ces caractères accessoires et prédominants dont ils se masquent dans notre expérience ou nos habitudes acquises, en s'associant aux produits variés de la vie active, à ceux de la perception, de l'imagination ou de la pensée. Mais dans le développement même complet et l'entier exercice de toutes ces facultés, il y a encore certains états où cet ordre d'impressions intérieures qui constituent l'homme simple dans *la vitalité*, peut ressortir et se signaler à part ; il en est d'autres où l'observateur judicieux et attentif, peut surprendre et distinguer assez nettement les phénomènes des deux vies et pour ainsi dire des deux natures qui se succèdent, se remplacent, s'excluent, se rejoignent, se prédominent tour à tour et forment en quelque sorte, sous la même enveloppe, deux êtres différents, aussi étrangers aux opérations l'un de l'autre que l'est l'homme éveillé à tout ce qu'il a pu faire dans un accès de somnambulisme.

Ainsi, dans le sommeil ou l'inaction complète de toutes les fonctions de la vie active, les organes intérieurs prennent souvent ce surcroît d'activité qui fait ressortir les impressions organiques dans de véritables *affections* ou *sensations précordiales.* De là ces songes extraordinaires par lesquels une nature souffrante a révélé quelquefois la cause et le siège de son mal, expliqué ses besoins et indiqué les remèdes appropriés. Telle est l'histoire du
54 r° serpent rouge | de Galien, pronostic vérifié aux yeux de ce médecin célèbre d'une hémorragie nasale et du besoin pressant d'une saignée qui opéra la guérison du malade (23). Ne semble-t-il pas que dans ces sortes de cas, le sens interne de la douleur, seul éveillé, laisse entrevoir des lueurs d'un instinct presque surnaturel ? Tels sont encore ces pressentiments conçus pendant le sommeil et justifiés par l'événement, ces inspirations et ces influences sympathiques qui paraissent quelquefois s'exercer à distance et d'une manière merveilleuse. Le sens interne particulier qui les reçoit ou les conçoit, obscurci et comme nul dans la veille, ne semble développer ses facultés extraordinaires de présagition que dans [le] silence absolu de tous les sens externes, lorsqu'il n'y a aucune impression étrangère qui le distrait, plus de témoins qui le contrarient ou lui en imposent, plus de rivaux qui cherchent à troubler ou à partager son empire. Je rapporterai ici entre autres exemples de pressentiments conçus dans le sommeil, et comme par la sympathie d'un sens précordial, le fait cité par un témoin dont l'esprit philosophique exclut le soupçon de mauvaise foi ou de crédulité superstitieuse.

Une mère, dit M. Meister, dans son ouvrage intitulé *Études sur l'homme,* rêve qu'elle voit son enfant se noyer dans une cuve. Son effroi la réveille, elle raconte ce songe à son mari qui parvient à la rassurer. Mais elle se rendort et fait le même rêve une seconde fois. Sa terreur redouble ;

110 de ces affections immédiates

54 v° | elle veut se lever pour aller chercher son enfant. Le mari la retient encore. Un troisième rêve vient lui présenter pour la troisième fois la même affreuse image. Elle entend de plus une voix lamentable lui crier : il est trop tard. Alors n'écoutant plus rien, se jetant hors de son lit, elle court à l'endroit où elle a cru voir périr son enfant ; mais trop tard en effet, car elle le trouve noyé dans une cuve de blanchisseuse, auprès de laquelle l'imprudence d'un domestique l'avait abandonné pendant quelque moment (24).

Plusieurs d'entre nous pourraient citer quelques faits personnels, moins frappants sans doute, mais qui tiennent aux mêmes principes, à la même source ; il nous arrive quelquefois, par exemple, de nous surprendre dans certains états particuliers, d'être les témoins ou les sujets de quelques événements nouveaux, qui ne nous affectent pas comme tels, parce qu'il nous semble les avoir prévus, ou qu'ils paraissent se lier vaguement à quelque mode antérieur de notre existence, quoiqu'il nous soit impossible de les y rattacher par un acte exprès de réminiscence intellectuelle. Il est très probable que ce sont en effet des sortes de réminiscences affectives ou intuitives, des pressentiments antérieurs ou d'anciens songes réalisés.

Mais ce qui distingue dans tous les cas semblables ces productions
55 r° spontanées et anomales d'un sens | interne ou centre précordial particulier, c'est l'absence complète du moi ou du sentiment de personnalité identique et par suite de toutes les formes intellectuelles, de temps et de lieu, de réminiscence ou de souvenir, qui se joignent essentiellement aux produits réguliers de la force pensante.

La suspension momentanée des fonctions spéciales auxquelles ce sentiment de moi ou de personnalité [111] [est lié], est ce qui détermine précisément le *sommeil* parfait de l'homme, je veux dire de l'être intellectuel, car il n'y a jamais de sommeil complet pour l'être sensitif simple dans la vitalité. Le principe ou la force quelconque qui entretient la vie et l'affectibilité dans toutes les parties du même tout organique, veille sans cesse *(active excubias agit)* suivant l'expression de Stahl (25), il parcourt ensemble ou successivement, et dans un ordre déterminé par la nature ou les habitudes, toutes les portions de son domaine. Mais l'animal peut être plus ou moins complètement assoupi pendant que les organes de la vie intérieure demeurent éveillés ; et l'animal peut s'éveiller à son tour pendant que le *moi* et les sens de la perception sommeillent encore. Observez en effet, ainsi que le démontrent
55 v° des expériences certaines, que les organes | passifs de l'odorat et du goût, qui appartiennent à la vie proprement dite animale, sont les derniers à s'endormir, et peuvent veiller encore pendant que les sens de la perception sont tout à fait assoupis. C'est en suivant exactement les effets, les gradations, qu'on parviendrait peut-être à expliquer une partie des faits si extraordinaires du somnambulisme. [112] En général les phénomènes du sommeil étu-

[111] *Mots omis par le copiste.*

[112] *En marge :* ce sont toujours les organes soumis à l'influence de la volonté qui s'endorment les premiers : l'œil, le toucher actif, puis l'ouïe, puis le goût, l'odorat et le tact passif sont les derniers, comme les plus indépendants, les plus en relation avec la vie organique ou passive.

diés dans la [113] [manière] successive dont ils s'enchaînent, depuis l'instant où, le moi cessant d'agir, les sens de la perception se ferment pendant que ceux de la sensation animale restent en exercice, jusqu'à celui où tous les organes paraissent assoupis, et dans un ordre inverse, depuis l'éveil qui s'annonce d'abord dans tels organes particuliers et s'étend progressivement d'une vie à l'autre, jusqu'au moment où le moi rentre dans la plénitude de ses fonctions de conscience; la nature des songes qui correspond à ces divers degrés de profondeur du sommeil; la succession rapide de quelques éclairs de pensée ou d'intelligence qui, brillant quelquefois momentanément au sein de ce vague des affections ou des images, leur impriment des caractères qui préparent la réminiscence ou justifient les pressentiments...
56 r° tous ces phénomènes si curieux, dis-je, réunis et comparés | à ceux que présentent d'une manière analogue divers états nerveux léthargiques, cataleptiques ou extatiques, lorsque leur invasion est aussi graduelle ou successive, me paraissent éminemment propres à faire ressortir les caractères de cette classe d'impressions que j'ai voulu signaler dans ce mémoire, et les distinguer de tout ce qui n'est pas elles, déterminer les circonstances où elles naissent, [114] les sièges où elles se forment, enfin l'étendue et les limites de leur influence dans le physique et le moral de notre être.

ARTICLE III

Rapports des affections avec la volonté Sympathies morales

Toutes les parties du même corps organique, pénétrées d'un principe de vie commun qui les anime, tendent toujours soit à élever leur sensibilité propre au ton des forces étrangères qui les excitent, c'est-à-dire à imiter et reproduire l'action de ces forces par une réaction proportionnée, soit à se mettre à l'unisson les unes des autres, c'est-à-dire à répéter individuellement le mouvement ou la détermination primitivement imprimée à [115] l'[une d'elles] et par conséquent à s'imiter réciproquement, soit enfin à se porter [116] au ton des organes similaires d'un autre être animé de la même espèce, ou encore à répéter et imiter les modifications ou fonctions de cet être similaire. Le principe de la sympathie identique à celui de l'imitation embrasse donc tous les phénomènes les plus variés de cette classe d'impressions affectives dont nous avons parlé jusqu'ici, ou autrement le principe commun des phénomènes sympathiques n'est autre que celui de la vie sensitive ou animale. Les organes de cette vie sont les seuls en effet qui soient susceptibles

[113] *Mot omis par le copiste. Nous suivons la proposition de Tisserand.*

[114] *Le copiste écrit :* leurs. *Mais le manuscrit donne bien :* les

[115] *La copie et le manuscrit portent :* l'un d'eux.

[116] *Le copiste écrit :* se porter l'unisson. *Sur le manuscrit on lit :* à l'unisson, *barré puis remplacé par :* au ton

de recevoir en eux ou de transmettre au dehors les affections vraiment et proprement sympathiques ou sympathisantes. Les signes par lesquels le principe de la vie, ou, comme disaient les Anciens, l'âme sensitive, explique ses affections, ses besoins, ses appétits, sont des mouvements instinctifs produits dans les organes sans conscience et sans connaissance du but, et qui en entraînent de semblables au dehors par une impulsion également aveugle et aussi peu intentionnée.

Les signes par lesquels l'intelligence explique ses opérations et ses vouloirs sont des mouvements *volontaires* produits librement dans un but déterminé à l'avance, avec l'intention, de préméditation et connaissance de l'effet à produire. Or ces mouvements peuvent aussi être produits ou
56 v° imités par une volonté | de même nature; mais cette puissance n'est point ici nécessaire dans l'exercice de la faculté d'imitation, qui peut également s'y prêter ou s'y refuser. Il n'y a donc point ici de sympathie dans le sens propre du mot qui veut dire *pâtir* ou *souffrir avec;* car rien n'appartient à la passion, tout est à l'action.

C'est donc avec raison que, rattachant tout ce qu'il y a de vraiment sympathique dans nos affections à la classe des impressions immédiates, nous l'avons tout à fait séparé de celle des phénomènes de la perception et de la *volonté,* et la nécessité de cette séparation se trouve assez justifiée par les rapports, que nous avons observés dans les articles précédents, des sympathies des organes du fœtus, de celles qui accompagnent l'état de sommeil ou qui correspondent évidemment à tels états, telles dispositions des organes internes.

Non, encore un coup, il ne dépend point de la volonté de faire naître ou d'imiter aucune de ces impressions, qui font la base de notre existence immédiatement heureuse ou malheureuse. Ces affections aimables et douces, qui tiennent même à une nature morale plus relevée, sont également hors des limites de notre puissance; que dis-je, elles perdront tout l'ascendant naturel qu'elles ont pour nous émouvoir et cesseront même d'exister, à l'instant où la volonté cherchera à leur donner des lois et à reproduire ou à imiter leur charme suprême.

Mais quoiqu'il n'y ait aucune action possible de la volonté sur les affections sympathiques, quoiqu'il y ait même plutôt opposition à cet égard entre le principe de nos actes libres, et celui de toutes nos passions, il n'en est pas moins vrai qu'il existe entre eux une autre sorte de liaison ou de relation intime, dont il importe de fixer les limites et d'apprécier les moyens et les
57 r° circonstances |, puisque c'est là que réside le lien de deux natures qui peuvent s'agrandir et se perfectionner l'une par l'autre.

Ici les phénomènes de la sympathie se présentent sous le point de vue le plus étendu, et qui embrasse tout l'ensemble des rapports existant entre les affections immédiates de la sensibilité et les déterminations réfléchies de la volonté. C'est dans ce vaste champ de rapports, qu'on peut voir se former et se développer en entier toutes les passions humaines qui, entées sur les appétits de l'instinct, s'étendent et se fortifient de tous les produits de l'intelligence. Je ne puis qu'effleurer ici un sujet si fécond et si riche et je terminerai ce mémoire déjà trop long par quelques considérations générales sur les rapports qu'entretiennent toutes les impressions affectives internes, dont il a été précédemment question, avec la volonté et l'intelligence ; d'où la sympathie morale, les sentiments de l'âme et les passions mixtes fondées sur les communications d'homme à homme, dans ces relations compliquées que fait naître l'état social.

1°

La sympathie morale, a dit un médecin philosophe, Cabanis, dérive de ce besoin pressant, qu'éprouve de très bonne heure chaque individu, d'agir sur les volontés de ses semblables et de les associer à la sienne propre.

Ce grand observateur s'attache à prouver qu'un tel besoin primitif d'agir sur les volontés d'autrui, tout fondé sur les premières déterminations de la sensibilité physique, est le même qui, se transformant par la suite en un sentiment réfléchi, devient le mobile de toute notre conduite, de tous nos rapports moraux avec les êtres de notre espèce (26).

Mais ici, je trouve une confusion singulière de principes, qui tient surtout à ce que le sens propre du terme volonté est tout à fait interverti, et que les opérations propres de cette puissance se trouvent entièrement déplacées de leurs bases naturelles.

Agir sur les volontés de ses semblables, ce serait dominer ces volontés, les attacher à la sienne propre et par suite s'approprier leur moi ; car le *moi* est tout entier dans la puissance de *vouloir,* d'*agir,* principe fondamental que je crois avois mis ailleurs à l'abri de toute discussion ; mais la volonté force
57 v° hyperorganique est une puissance *sui juris* | qui ne dépend que d'elle-même, ne peut-être entraînée, ni forcée dans aucune des déterminations qui lui sont propres ; principe d'individualité, elle reste concentrée dans cette sphère de l'activité réflexive où l'individu se sépare de tout ce qui n'est pas lui, et diffère éminemment de cet autre principe commun de sympathie, en vertu duquel les affections de chaque être sensible se subordonnent à celles d'un agent passionné, s'identifient, se confondent presque avec les siennes, au point qu'entre plusieurs êtres ainsi montés quelquefois au même unisson de sensibilité, il semble ne plus y avoir qu'une seule et même âme sensitive ; mais c'est alors aussi qu'il n'y a plus de moi individuel et que toutes les volontés particulières réduites au silence sont comme n'existant plus. Si l'on veut donc ne pas confondre ce qui doit être distingué, il faudra reconnaître que l'action ou l'influence réciproque exercée par chaque être sur ceux avec qui il est en rapport, peut avoir lieu réellement de deux manières très différentes.

Le premier mode d'influence, le seul sympathique, consiste à agir immédiatement par les affections sur le principe qui détermine les actes ou mouvements alors irréfléchis et spontanés. Le second qui peut être appelé intellectuel consiste à agir immédiatement sur la volonté et les actes libres qu'elle détermine en éclairant la raison, et fournissant des motifs de détermination appropriés à l'intelligence. Il y a un troisième mode qui pourrait être appelé mécanique puisqu'il consiste à agir directement sur les actes

ou les mouvements mêmes, sans l'intermédiaire des affections sympa-
58 r° thiques ni des motifs intellectuels. C'est la | manière des tyrans dont la volonté fait la loi suprême, qui commandent une obéissance passive et prompte, devant qui les genoux fléchissent machinalement lorsque le cœur se tait ou se révolte ; dont tous les ordres sont exécutés à la lettre, sans que l'esprit et la volonté aient part à l'exécution. C'est ainsi surtout que la force du despotisme devient abrutissante et détruit toute la moralité des actions humaines.

Revenons. La manière dont chaque individu est organiquement constitué détermine, avec le mode du sentiment propre qu'il a de son existence, celui du sentiment de ses rapports dans l'espèce et dans l'individu, et par suite la manière dont il sera porté à agir sur ses semblables, soit en les attirant par les affections sympathiques, soit en les dominant par la force.

Le sentiment énergique d'une grande force radicale ou de tempérament ne crée que trop de ces despotes de nature, en qui l'on remarque une disposition précoce à dominer toutes les volontés par cette force même ; comme ils se sentent d'abord capables de maîtriser immédiatement des actes ou des mouvements physiques, ils dédaignent le recours intermédiaire au moyen sympathique ou au motif sensible et intellectuel, qui peuvent déterminer les opérations des agents moraux.

Des hommes ainsi disposés, et en général tous ceux qui s'appuient soit sur une grande force de nature, soit sur une grande force de situation qui remplace la première dans une société policée, de tels hommes, dis-je, ne peuvent exciter dans autrui aucun attrait sympathique de bienveillance et d'amour, parce qu'eux-mêmes ne l'éprouvent pas, ou qu'ils négligent d'en employer les *signes ;* aussi peuvent-ils bien forcer certains actes extérieurs, accabler du poids de leur puissance tout ce qui les environne, mais non s'approprier les volontés et encore moins s'associer les cœurs. Disons-le pourtant, les moindres signes sympathiques, lorsqu'ils émanent de la puissance, exercent un empire encore plus assuré sur toutes nos affections : un de ces signes même suffit pour changer la répulsion de la crainte dans un attrait
58 v° de bienveillance. | Heureux en cela les puissants et les forts, s'ils savaient reconnaître le principal avantage qu'ils ont sur les autres hommes, ou s'ils voulaient profiter de cet avantage, le seul réel, le seul digne d'envie de leur position, qui consiste à se faire aimer, adorer pour peu qu'ils fassent pour se rendre aimables, pour peu qu'ils cherchent à agir sur les affections sympathiques de ceux qui les approchent, qu'ils conservent les apparences du ménagement et du respect pour le principe libre des volontés et des actions qui élèvent à leur niveau des êtres placés au-dessous d'eux dans la hiérarchie conventionnelle de nos sociétés civilisées.

Quant aux êtres faibles, ils ne peuvent que tendre par une nécessité de leur nature à associer tous les autres êtres à leurs besoins, à leurs plaisirs et à leurs peines, à tous leurs sentiments, à toute cette existence enfin qui a tant besoin d'être soutenue. La nature aussi les a doués de toutes les qualités physiques et morales les plus propres à faire naître dans les autres cette tendre sympathie, ces sentiments bienveillants et doux dont ils sont en même temps les objets et les modèles. Telle est surtout cette moitié, la meilleure et la plus intéressante de notre espèce, qui, abandonnant aux hommes le terrible droit de dominer par la force et de régner sur la nature matérielle, s'est réservé le droit plus doux, plus assuré, de régner sur les cœurs, de dominer sur la nature sensible par l'attrait puissant de la plus irrésistible, la plus générale et la plus aimable des sympathies. C'est la femme surtout qui, par un charme secret dont la volonté ne songe pas même à se défendre, sait entraîner doucement ces mêmes actes que la force de l'homme commande et que sa tyrannie arrache.

Toute l'existence dans la femme se trouve placée sous l'empire des affections et des passions expansives et dont elle-même ressent toute la puissance. C'est dans son âme aussi que se trouve le type de tous les
59 r° sentiments les meilleurs, | les plus affectueux de la nature humaine : la pitié pour la souffrance, le dévouement généreux pour le malheur, l'indulgence pour la faiblesse et cette disposition constante d'attendrissement qui console les peines et rend même nos plaisirs plus doux, par cette teinte d'une sorte de mélancolie voluptueuse qu'elles savent y répandre, charme, appui et consolation de toute notre vie. Femmes, il faudrait ne pas avoir été porté dans votre sein, ne pas avoir sucé votre lait, n'avoir jamais goûté aucune de ces jouissances ineffables qu'on trouve près de vous seules, dans les relations intimes de ce commerce familier, celui même qui est le plus étranger aux sens, pour récuser les droits naturels que vous avez à toutes nos affections, pour nier les titres de votre prééminence morale, calomnier cette faiblesse heureuse qui lui sert de fondement ou vouloir en abuser.

2°

Rapports des affections avec les *passions sociales*.

L'homme, dit ce philosophe que je me plais souvent à citer parce que je sens que mes idées sympathisent presque toujours avec les siennes, l'homme dont la constitution est la plus heureuse et en même temps la plus rare est celui qui a ses deux vies dans une espèce d'équilibre, dont les deux centres, cérébral et épigastrique, exercent l'un sur l'autre une égale action, chez qui les passions animent, échauffent, exaltent les phénomènes intellectuels sans en envahir le domaine, et qui trouve dans son jugement un obstacle qu'il est toujours maître d'opposer à leur impétueuse influence (27).

C'est de ce concours plein et entier des deux sortes de phénomènes affectifs et intellectuels que se forme le troisième ordre de phénomènes mixtes, qu'on appelle *passions* dans la langue philosophique ordinaire, et qui diffèrent à la fois des affections immédiates et des idées ou images simples de l'esprit, comme le composé diffère de chacun de ses éléments pris en particulier. C'est aussi de l'ordre alternatif d'influence de ces deux sortes
59 v° d'éléments ou de la part contributive | que prennent tour à tour dans le phénomène composé les facultés ou fonctions respectives des deux vies sensitive ou organique, intellectuelle ou animale, c'est de cette base, dis-je,

qu'il faudrait partir, pour distinguer les diverses passions humaines, les ranger en classes ou en espèces, suivant les rapports divers de prédominance de telle affection sur la direction des idées ou de telle idée dominante sur la naissance des affections qui lui correspondent. Je ne puis plus que me borner ici à de simples indications et à quelques exemples propres à faire entendre d'une manière générale, la classification que j'établis entre les passions humaines.

1° Il y a des passions qui appartiennent proprement au *physique*, et en partent comme de leur source, y reviennent comme à leur foyer : tels sont tous les instincts, les appétits, les penchants et déterminations de l'organisme ou de l'animalité, instincts qui s'expriment et se manifestent par des signes frappants, pris dans le physique même de l'homme, quoiqu'ils soient moins fixes et moins infaillibles sans doute que dans les êtres inférieurs et *simples dans la vitalité*, où il n'y a qu'une nature organique et sensitive, seule et sans contrepoids.

Toutes les images ou idées qui s'engendrent d'une telle source ou s'y rapportent et en dépendent même dans un ordre supérieur de progrès, peuvent et doivent être caractérisées comme *physiques*. La dépendance de l'esprit qui se repaît de fantômes, la mobilité et la spontanéité des images, la périodicité de leur réveil alternatif correspondant au retour périodique de certaines fonctions organiques, l'impuissance du vouloir pour les éloigner ou les distraire, et, dans les cas extrêmes, la nullité de concience même : tels sont les caractères de la *passion* proprement dite *une* et complète, et, quels que soient alors en résultat les produits de l'automate spirituel, il n'en est pas moins machine, et peut se reconnaître tel, quand il se compare à lui-même dans le passage de la passion à l'action.

60 r° 2° Il y a des passions purement *intellectuelles*, | sentiments proprement dits, que la volonté ne saurait directement créer, imiter ou reproduire, mais qui ne naissent jamais qu'à la suite d'un acte ou d'un travail de l'intelligence, ou même de l'influence d'une force supérieure et extérieure à la nôtre. Nous l'avons déjà vu [117] [pour] le sentiment du *beau* sensible et intellectuel, du *bon* et du *vrai* dans l'intuition des idées, de l'*étonnement* ou de l'admiration qui saisit l'âme en présence des chefs-d'œuvre de la nature, ou de l'art, etc.

Dans cette exaltation réciproque des facultés de l'esprit et du cœur, on reconnaît bien toute la prédominance de l'initiative qui appartient aux premières. Les sentiments émanés de cette source se distinguent bien éminemment, surtout par les caractères de persistance et de profondeur qui leur est propre, ou qu'ils acquièrent dans la réflexion même et la contemplation assidue des idées auxquelles ils se rattachent, et c'est ainsi que la toute-puissance du vouloir a, pour les conserver inaltérables et même pour les produire, une influence *médiate*, dérivée de celle qu'elle exerce *immédiatement* sur la production de ses idées mêmes, comme sur la mémoire ou le rappel de leurs signes.

[117] *Le copiste écrit :* par

3° Il y a des passions ou des sentiments mixtes, et c'est la classe la plus nombreuse, qui tiennent également à deux vies, sans qu'on puisse assigner souvent à laquelle des deux appartiennent l'initiative ou la prédominance, tant leurs fonctions et leurs produits s'y confondent intimement. Tel est, par exemple, le sentiment mixte de l'amour, où les sens empruntent de l'imagination et l'imagination des sens cet attrait, ce charme indivisible répandus sur l'objet aimé, où le physique et le moral unis ensemble forment un seul tissu dont on ne peut distinguer la trame.

C'est toujours ainsi dans les points de contact de deux vies et dans leur participation égale ou commune que se trouvent nos sentiments les plus doux, nos jouissances les plus ineffables. Combien alors d'affections sympathiques, d'impressions sensibles immédiates et inaperçues en elle-même, réagissent puissamment sur les facultés de l'esprit et combien celles-ci à leur tour n'exaltent-elles pas la sensibilité?

Dans la classe des sentiments ou passions mixtes dont nous parlons, il faut ranger aussi toutes ces passions qui, nées d'un état éventuel des
60 v° progrès | et des institutions de la société où l'on vit, paraissent bien
toutes artificielles dans leur développement et leur complication, quoiqu'elles aient toujours leurs principes et leurs racines, plus ou moins profondes, dans notre nature sensible : telles sont l'ambition, la gloire, l'amour des conquêtes, la soif de l'or, ou l'avarice, etc. Dire que ces passions sont purement artificielles, c'est bien reconnaître qu'elles ont leurs premiers mobiles dans l'imagination et l'intelligence, dirigées d'un certain côté par l'éducation et le concours fortuit des circonstances de la vie sociale.

Mais il ne paraît pas douteux non plus, qu'à telle disposition du tempérament organique et à tel mode fondamental des affections immédiates qui en résultent, ne corresponde telle passion ou tel sentiment mixte approprié, qui n'attend qu'une occasion pour se développer, mais que toute l'activité de la pensée, toute la force de l'imagination concentrée sur son objet ne sauraient élever au ton d'une passion dominante, sans cette prédisposition sensitive qui en est le principe naturel.

Il y a plus, c'est que les passions artificielles dont il s'agit ne peuvent s'élever à ce ton persistant qui les constitue par aucune cause autre que telle disposition analogue de la sensibilité accidentelle d'abord, mais devenue fixe, permanente et transformée par l'habitude en une sorte de tempérament secondaire ou acquis... C'est alors qu'après avoir planté, pour ainsi dire, des racines dans les organes de la vie intérieure, la passion peut finir par subjuguer l'intelligence et entraîner la pensée dans le cercle des mêmes images. Tout semblerait donc rentrer dans les lois fatales de l'organisme.

4° Enfin, il est une sorte de passion purement morale, fondée sur une sorte d'instinct propre à l'être moral et sociable par sa nature, instinct bien irréfléchi sans doute dans son principe mais qui, s'alliant à tous les progrès de l'intelligence, étendu, modifié, développé avec elle, ne saurait être suppléé, imité, ni même conçu par elle seule ; c'est là que nos idées morales | prennent cette forme affective, cette teinte de sentiment qui le[s] caractérise, c'est là que réside le lien invisible qui s'interpose entre les éléments nus de ces idées et les fait communiquer également à l'intuition de l'esprit comme [118] [à] la sensibilité du cœur ; assurément on ne connaît pas la nature de ces idées pour les avoir soumises à la froide analyse qui sépare et compte leurs éléments ; ainsi le chimiste qui applique ses réactifs à la dissolution des composés organiques ou bruts, n'a aucune prise sur la forme même d'organisation ou d'agrégation qui avait uni ces parties dans le composé naturel.

Le sens moral, qui est la source des passions ou des sentiments et des idées dont nous parlons, peut être caractérisé particulièrement comme sympathique, c'est lui qui, hors de toutes les causes artificielles capables de le pervertir, attire constamment l'homme vers l'homme, les enlace par la chaîne du besoin et du plaisir, rend toutes leurs jouissances communes et leur bonheur mutuel sacré ; c'est lui qui fait naître et germer avec toutes les passions douces, expansives, tous les sentiments grands et généreux, ces idées vastes et sublimes qui embrassent les moyens de félicité publique et particulière, le bien-être de l'individu, l'amélioration et les progrès de l'espèce.

Là aussi se trouve la sanction complète des *lois* de *nature,* le sentiment doux et impérieux du *devoir,* le plaisir pur et céleste qui s'attache toujours à son accomplissement et la peine infaillible qui suit ou accompagne son infraction.

Mais des sujets si beaux et si étendus ne sauraient être traités comme il convient, dans une question particulière où ils n'entrent que secondairement et d'une manière accessoire. Je m'arrête par respect autant que par nécessité...

[118] *Le copiste écrit :* contre

Source : ms. 7184.

[FRAGMENT D'UN DISCOURS SUR LES FAUSSES SCIENCES MÉDICALES]

200 r° | Messieurs,

L'expérience des siècles et de tous les âges de la société depuis son enfance jusqu'à sa maturité et sa décrépitude nous montre la médecine et tout ce qui se rapporte à la conservation de la vie et de la santé de l'homme, ou à la guérison de ses maladies, se liant aux premiers besoins de l'imagination, mettant en jeu les plus puissants ressorts du cœur humain — la crainte et l'espérance —, identifié d'abord avec cette sorte de superstition qui aime à errer sans cesse dans un monde d'agents invisibles, tenant toujours dans quelques points à cette origine, et par certains rapports mystérieux qu'elle admet, certaines influences secrètes d'où elle part pour établir ces théories ou ces hypothèses brillantes, à la séduction desquelles les esprits mêmes les plus raisonnables ont souvent bien de la peine à se soustraire.

Soit que l'on considère en effet l'espèce des idées sur lesquelles roulent la médecine, et les fonctions et les lois vraiment occultes de la vie qu'elle embrasse, soit qu'on examine la nature de l'objet à qui cet art s'applique et celle des sentiments qui l'ont produit et qu'éveille aussi toujours son exercice, on conçoit toute l'étendue de l'empire illusoire qu'elle doit avoir sur l'imagination, avant d'en acquérir et lors même qu'elle en a acquis un plus réel sur la raison.

200 v° On voit qu'aucun art | ne pénètre plus avant dans le cœur humain, ne s'empare mieux de tous les secrets les plus intimes, n'agit avec autant de force sur ses affections et ses passions, ne touche de si près enfin à toutes ces idées fantastiques dont l'esprit de l'homme, trop resserré dans le champ de la réalité, aime tant à se nourrir ; aucun art enfin ne fournit des mobiles plus assurés aux hommes qui vivant de la crédulité publique, la cultivèrent toujours et dans toutes les périodes de l'état social, comme le plus fertile domaine... Voilà comment les prêtres furent les premiers médecins, comment chez les nations sauvages même, on trouve des jongleurs et des charlatans, comment enfin chez les peuples et dans les siècles les plus éclairés, on voit [119] des [120] hommes aux imaginations ardentes entraîner la multitude par de brillantes et vaines promesses, en imposer même à beaucoup d'hommes instruis par des systèmes adroitement tissés, qui avaient pour

[119] *Biran n'a pas barré ici le mot* s'élever *qui rend la suite incorrecte.*
[120] hommes *est remplacé par un mot indéchiffrable.*

but de flatter quelques passions du cœur ou de tromper quelques besoins des esprits curieux.

Qui ne connaît les prestiges de Cagliostro et les baquets de Mesmer? Et qui n'a pas entendu parler de nos jours de la cranologie du doct[eu]r
201 r° Gall? | Des exemples de pareils prestiges pris à la fin du XVIIIe siècle et au commencement de celui-ci, souvent accusé d'être un siècle d'ignorance et de crédulité, nous fournissent les preuves de l'influence que peuvent avoir dans tous les temps les hypothèses qui vont se rattacher à quelqu'un des grands mobiles du cœur humain, quelque peu fondées d'ailleurs que soient ces hypothèses sur la raison. Au fameux baquet de Mesmer où tant de têtes faibles et d'esprits fascinés ou crédules allaient cher[cher] le remède universel et ne trouvaient que des attaques de nerfs, succédèrent les prestiges du trop célèbre Cagliostro dont le nom et l'histoire se lient aux premiers événements de notre Révolution. Des années d'agitation, d'orages et de calamités donnèrent un autre cours aux pensées; l'imagination et la sensibilité trop vivement, trop cruellement excitées par les objets présents, ne pouvaient plus se nourrir de chimères; il n'y avait plus de [121] lieu à ces illusions, ou ces systèmes qui occupaient les loisirs d'un peuple tranquille et heureux, mais ennuyé souvent par l'uniformité même du bonheur; et lorsque des charlatans politiques étaient aux premiers rangs de la société, on en vit moins d'une autre espèce occuper les tréteaux...

A la renaissance de jours plus sereins, quand les hommes et les choses ont eu repris leur place, les habitudes de l'imagination ont recouvré leur empire; un peuple ami du plaisir et des modes a retrouvé ses hochets, une nation curieuse a vu s'ouvrir avec de nouvelles connaissances des hypothèses et des systèmes qui marchent avec des sciences réelles comme l'ombre avec le corps; on a pu enfin comme dans les temps de calme ou s'occuper gravement de ces systèmes ou s'en amuser, y croire ou en douter,
201 v° | en disputer ou en rire.

Il y a une analogie assez curieuse à observer entre la fortune de deux hommes à système qui ont été en vogue l'un avant la Révolution l'autre de nos jours: Mesmer et Gall, tous deux médecins, et allemands, nés dans un pays où les têtes ne passent pas pour s'exalter aisément. Ils viennent électriser nos têtes françaises et s'y introduisent eux-mêmes comme des modes nouvelles. Ils ouvrent des cours publics dans la capitale et leur doctrine se propage dans le beau monde, devient le sujet de toutes les conversations sérieuses ou frivoles, des éloges les plus brillants et des critiques les plus mordantes. Le premier annonce qu'il va guérir tous les maux à l'aide du *magnétisme animal;* le second qu'il va apprendre à connaître tous les secrets et toutes les inclinations du cœur, toutes les dispositions et les facultés de l'esprit, à l'aide de certaines bosses ou protubérances du crâne qui sont infailliblement liées à ces inclinations et facultés. Tous deux produisent une sorte de révolution momentanée, tous deux attirent l'attention non seulement d'un monde frivole, mais encore du premier corps savant de l'Europe

[121] place

qui nomme des commissaires pour examiner la doctrine et en faire des rapports qui resteront quand les hypothèses auront passé et qui rappelleront toujours les noms chers aux sciences de Bailly et de Cuvier. Si l'enthousiasme paraît plus vif, plus animé pour Mesmer c'est que l'intérêt d'instinct pour ce qui tient à la vie et la santé,[122] rattachées par Mesmer et ses disciples à des directions et des communications secrètes d'un fluide ou agent invisible et mystérieux, cet intérêt, dis-je, sera toujours plus général et plus constant que celui qu'on met à l'art de connaître le caractère, les passions, et toutes les facultés des hommes sur qui l'on doit agir, au moyen de certaines bosses ou protubérances de la tête avec qui toutes les modifications intellectuelles et morales ont dans l'hypothèse de Gall des rapports non moins fantastiques et mystérieux.

[122] *Le membre de phrase qui suit, jusqu'à* d'un fluide, *est une transcription hasardeuse d'un texte presque indéchiffrable et raturé.*

Source : ms. 2133.

64 | OBSERVATIONS SUR LES DIVISIONS ORGANIQUES DU CERVEAU CONSIDÉRÉES COMME SIÈGES DES DIFFÉRENTES FACULTÉS INTELLECTUELLES ET MORALES ; DES RAPPORTS QU'ON PEUT ÉTABLIR ENTRE CETTE SORTE DE DIVISION ET L'ANALYSE DES FACULTÉS DE L'ENTENDEMENT : EXAMEN DU SYSTÈME DU DOCT[EU]R GALL A CE SUJET

Messieurs,

Il y a huit mois que l'on parlait, dans toute la France, du doct[eu]r Gall et de sa doctrine : nos journaux les plus savants comme les plus frivoles nous donnaient chaque jour un article de craniologie ; et la place intéressante, consacrée dans certains feuilletons aux modes du jour, était remplie par un exposé plus ou moins léger et divertissant des leçons du docteur allemand, qui était venu offrir lui-même son hypothèse comme une mode digne d'occuper la capitale. Cette mode est passée, et assurément, je n'ai pas l'intention de la ressusciter [123].

Les réflexions que j'offre ici à la société savante que j'ai l'honneur de présider, ne sont point particulièrement relatives au système du doct[eu]r Gall.

[123] *Tisserand continue ici par ce texte, mais qui est barré :* mais, comme j'avais eu l'occasion de connaître le système de Gall, assez longtemps avant qu'il en fût question dans les cercles de Paris, je puis bien m'en occuper encore à ma manière après qu'il a cessé d'être en vogue.

Le texte barré continue ainsi : Je porte à la société savante que j'ai l'honneur de présider le tribut de quelques observations et réflexions que m'a fait naître la lecture des exposés graves ou frivoles qui ont été faits successivement de l'hypothèse craniologique ; ces observations ont été faites sur les journaux mêmes à mesure qu'ils me sont parvenus et n'ont guère plus d'ordre que les articles ; je n'ai pas eu le temps, ni de les encadrer, ni d'en soigner la rédaction, ni même de les mettre au net ; je les livre pourtant avec confiance telles qu'elles sont à des juges éclairés et par là-même toujours indulgents sur les formes lorsque le fond des idées peut offrir quelque solidité.

Elles embrassent dans un commun point de vue toutes les hypothèses du même genre, qui tendent à rattacher les facultés de l'intelligence à des organes ou sièges séparés dans le cerveau : elles remontent au principe commun de ces hypothèses, en démontrent le vide, et préviennent leurs illusions. Sous ce rapport, je crois qu'elles sont utiles, sinon comme ouvrant [124] des routes nouvelles, ou portant la lumière dans des endroits ténébreux, du moins comme faisant l'office de garde-fous, ou de ces signaux placés à l'entrée des lieux escarpés, ou sur le bord des précipices, pour avertir le voyageur et l'empêcher de se perdre dans des abîmes.
65 | Ce petit travail, que le temps ne m'a pas permis de soigner et de préciser davantage, se présentera sans doute sous des formes trop abstraites, trop dépouillées de ces images qui donnent de l'intérêt et de l'attrait, surtout à une lecture publique ; mais la nature du sujet, et ma manière particulière de le considérer, éloignaient ces ornements que l'imagination répand sur tout ce qu'elle saisit, mais dont la réflexion, concentrée dans son champ propre, redoute et fuit le talisman.

Tout physiologiste, qui prétend diviser ou analyser organiquement des facultés de l'intelligence humaine, fait une excursion sur le terrain [125] de la métaphysique : il prend là nécessairement ses données, ses premières bases de division, et son point d'appui. Il se place donc sous la juridiction du métaphysicien, le reconnaît pour arbitre, et renonce à être exclusivement jugé par ses pairs. Si je profite ici des droits que me donne la science que je cultive plus particulièrement, je ne perdrai point de vue, Messieurs, les intérêts de la vôtre. Toujours attentif à saisir les points de contact qui nous unissent, je ne laisserai pas échapper une occasion de me rapprocher de vous, et de prouver à une société dont la bienveillance et l'estime me sont si chères, combien je suis pressé du désir et du besoin constant de m'occuper d'elle, de lui consacrer tous les moments que je puis dérober à mille autres travaux, et de diriger ma pensée vers l'objet important de ses études, savoir : la connaissance de l'homme intellectuel et moral, qui n'est pas séparé de l'homme physique.

L'analyse ou la division naturelle des facultés de l'homme comme être organisé, vivant, sensible et intelligent fut et sera toujours un des problèmes les plus importants et les plus difficiles dont la philosophie ait à s'occuper. On pourrait prouver aisément que c'est à cette analyse exacte et bien faite que vont se rattacher les divisions encyclopédiques des sciences et des arts, tous les objets divers d'étude ou de connaissance, les méthodes d'éducation et d'enseignement, toutes les questions particulières de psychologie, de morale et d'économie politique, toutes les règles de l'art qui apprend à connaître les hommes et à les diriger, et avant tout à se connaître soi-même pour remplir sa véritable destination, éclairer son esprit, régler sa conduite et ses mœurs, et se rendre par là plus sage, meilleur et plus heureux.

Plus, en effet, on médite profondément le précepte de l'oracle *nosce te ipsum,* plus on s'assure que tout est renfermé là ; mais plus on a lieu aussi de

[124] *Entre les lignes :* quelque
[125] *Entre les lignes :* dans [le] domaine

se convaincre qu'il n'est pas donné aux forces humaines de remplir le précepte dans toute son étendue. Mais si le plus haut période de la science consiste à se connaître parfaitement soi-même, c'est déjà une assez grande disposition à la sagesse que de diriger un œil attentif sur son être, sur sa nature, son but, ses moyens, ses dispositions et ses facultés. Homme,
66 prends l'homme pour | l'objet constant de ton étude. *Stude* au lieu de *nosce,* voilà le vrai précepte qui nous convienne ; celui aussi que cette société a choisi pour *épigraphe ;* il n'offre rien qui soit au-dessus de notre volonté constante, rien qui ne soit propre à exciter notre émulation et encourager nos efforts.

La condition première et essentielle à remplir pour atteindre à la connaissance tant soit peu exacte d'un objet *composé,* c'est de le diviser en parties subordonnées les unes aux autres ; mais la division faite, chaque partie séparée peut offrir un sujet d'étude assez vaste, pour remplir et surpasser même la capacité de l'esprit.

L'homme est un être mixte, infiniment composé, sujet multiforme, où se développent successivement ou à la fois plusieurs facultés de différents ordres. Chacun de ces ordres constitue une science particulière, et si riche en faits, en principes et en résultats, que les génies les plus étendus ne sauraient en épuiser la fécondité. Le 1er ordre qui embrasse les facultés de l'être organisé vivant et sentant, appartient à la physiologie ou à la dynamique des corps vivants ; le 2e appartient à la psychologie qui explique la génération des connaissances humaines, et, planant sur le vaste champ des idées, forme à elle seule la théorie de toutes les théories ; un 3e ordre de facultés appartient à la morale et à l'économie, sciences, ou plutôt arts pratiques et d'application, qui sont à la psychologie ou à la science spéculative des idées et des fonctions intellectuelles, ce que la médecine ou l'art de guérir les maladies et de conserver la santé est à la théorie des fonctions physiologiques des organes et instruments de la vie ou de la sensibilité.

Vous voyez, Messieurs, que cette division fondamentale des sciences, ou plutôt de la science unique qui a l'homme pour objet, se réfère à une première division calquée sur la nature même de cet être mixte, dont l'existence se compose de tant de phénomènes divers qui peuvent être étudiés ainsi séparément les uns des autres, dans chacun des ordres respectifs où l'analogie les a placés. Mais, descendant de cette première distribution générale dans les divisions particulières et propres à chacune des parties de la science de l'homme, nous trouvons encore une extrême variété dans les points de vue relatifs au même sujet, et une diversité proportionnée, dans les moyens,
67 les procédés et le but de | l'analyse, quand il s'agit d'observer les phénomènes de différents ordres, de les classer, d'en poser les lois, d'en assigner les causes.

Nous bornant ici aux deux sciences qui paraissent avoir entre elles un degré d'affinité que j'aimerais bien à reconnaître, puisqu'il forme le principal lien qui m'unit à vous, je veux dire à la science des fonctions organiques, et à celle des sensations et des *idées,* j'observerai d'abord que l'analyse physiologique des fonctions vitales n'a, ni ne peut avoir réellement presque rien de commun, dans son objet ou son but, dans ses procédés techniques, et dans les résultats qu'elle se propose, avec l'analyse psychologique des idées et des opérations de l'entendement humain. Cette différence ou ligne de démarcation bien tranchée, que Stahl et ses disciples ont vainement tenté d'effacer en transportant la métaphysique dans la médecine, en mettant au rang des opérations de l'âme du même sujet pensant les fonctions vitales de l'organisme le plus obscur, comme ces actes intellectuels que la conscience éclaire et s'approprie ; cette ligne de démarcation, dis-je, qui sépare les deux sortes d'analyses dont il s'agit, se fonde sur la différence et l'opposition même existante entre les deux facultés qui les dirigent respectivement, savoir : l'imagination, qui, représentant ce qui est hors de nous, s'attache exclusivement, dans la formation de ses tableaux, à ce qui peut se *voir,* se *toucher,* se décrire, et la réflexion qui, se concentrant sur ce qui est en nous, s'attache tout entière à ces modes les plus intimes, qui n'ont point, hors de la conscience, de signe de manifestation, ni d'objet ou d'image qui les mette dans un relief sensible. De là, donc, deux analyses ou deux méthodes de division essentiellement distinctes : la première *représentative* et descriptive, c'est celle qui est propre aux sciences anatomique et physiologique ; la seconde purement réflexive, qui doit être exclusivement employée dans la science propre des idées et des facultés du sujet pensant.

La première travaille sur un objet naturellement composé, et qui s'offre de lui-même aux sens externes, comme une machine dont on peut apercevoir séparément les pièces, les ressorts, ou imaginer les mouvements, le jeu et les produits. La seconde s'applique à un sujet essentiellement un et *simple,* qui n'offre aucune prise aux sens extérieurs, n'a aucune partie qui puisse se représenter à l'imagination. Ce sujet est une force *toute en dedans,* dont on ne peut que distinguer, énumérer les actes ou les modes sucessifs, sans aucune division possible.

L'analyse physiologique tend ainsi toujours à décomposer des fonctions considérées comme mouvements , et à les localiser dans les sièges ou organes particuliers, en qui et par qui seuls [126], elles peuvent être conçues ; l'analyse idéologique ou intellectuelle ne décompose jamais, à proprement parler : les phénomènes intérieurs à qui elle s'applique n'ont aucune analogie avec des *mouvements* conçus dans l'espace. Avec elle, tout tend essen-
68 tiellement à se simplifier, et s'individualiser ; | et l'idée de siège, de lieu, se trouve nécessairement exclue de toutes les notions sur qui elle peut s'exercer, comme de tous les résultats auxquels elle peut atteindre.

On peut donc voir déjà combien serait illusoire tout parallèle entre les divisions physiologiques des fonctions vitales ou de leurs sièges organiques et la division psychologique des [127] idées ou facultés intimes du sujet *pensant.* Aussi les physiologistes, qui ont hypothétiquement établi un tel parallèle, prenant l'inverse de la doctrine stahlienne, c'est-à-dire transportant la physiologie dans la métaphysique, ont dénaturé le sujet et le but de cette dernière science, l'ont entraînée dans une fausse direction, lui ont prêté une

[126] ces fonctions sont conçues.
[127] opérations

méthode et des instruments ou moyens d'analyse, qui lui sont tout à fait étrangers.

Arrêtons-nous à examiner les motifs et le fond de cette transformation réciproque des idées, et des méthodes propres à deux sciences faites pour s'entendre et non pour se confondre. Ainsi placés dans un point de vue assez élevé au-dessus de toutes les hypothèses particulières, nous pourrons juger la doctrine du docteur Gall, comme toutes celles qui ont pu lui servir de modèle, prévenir leurs écarts communs, et dissiper leurs prestiges.

[128][§ I]

C'est la nature même qui a fait le partage de nos sensations extérieures en cinq classes ou espèces relatives à autant d'instruments ou d'organes particuliers qui les reçoivent et les transmettent ; et par là aussi, elle semble bien avoir effectué et préparé à l'avance la sorte de décomposition ou d'analyse physiologique qu'on peut faire d'abord des modifications spécifiques et vraiment distinctes de notre sensibilité extérieure. Cette sorte d'analyse, que j'ai déjà appelée représentative ou objective, s'applique toute, en effet, au corps qui est objet externe par rapport au sujet individuel et *un* qui sent
69 et *perçoit*. Elle a aussi pour fondement unique | une circonstance palpable, matérielle, qui n'exige pas le moindre retour réfléchi sur les modifications mêmes, inhérentes au sujet sentant, modifications qui peuvent d'ailleurs être toutes différentes, ou opposées, quoique venant par le même organe ou ayant le même siège, suivant la nature diverse des causes externes ou internes qui les déterminent. Cette analyse a, en un mot, même base et aussi même *certitude* et même clarté que toutes les représentations qui ont pour objet immédiat et actuel l'étendue, le *lieu*. Aussi, pour le dire en passant, voyons-nous le chef d'une institution célèbre en Allemagne et dont les effets bienfaisants sont parvenus jusqu'à nous, Pestalozzi, commencer le développement des facultés d'intuition et de raison de l'enfance, par l'analyse descriptive de l'objet le plus près de nous, et aussi le plus intéressant à connaître : le corps humain (28). C'est en apprenant à distinguer et à nommer toutes ses parties extérieures, et avant tout, les organes séparés des sensations, que Pestalozzi donne à ses jeunes élèves les premières habitudes d'analyse et d'observation qui forment le caractère éminent de sa méthode.

Il n'y a point de doute, en effet, que l'espace et le lieu ne soient comme les formes naturelles de nos *représentations* primitives ; et que pour concevoir distinctement une idée, une modification quelconque, nous n'ayons besoin de la revêtir de l'une de ces formes sensibles, de la rapporter à quelque siège, de la *localiser,* enfin. C'est là ce qu'on appelle concevoir par l'imagination, et c'est à cette sorte de conception exclusivement propre à un certain ordre

[128] *Bertrand et Tisserand font commencer ici le premier paragraphe du Mémoire. Biran ne donne aucune indication à ce sujet; mais il y aura plus loin un* § 2, *sans qu'il y ait eu un* § *1.*

d'idées, que l'on a dû chercher, dans tous les temps, à ramener tous les systèmes de notions intellectuelles ou réflexives qui s'éloignent le plus de cette sphère. Puisqu'en effet, a-t-on dû dire, la nature nous offre une division [129] précise et tranchée de notre faculté extérieure de sentir en cinq domaines ou sièges séparés, qu'y a-t-il de plus simple, et de plus convenable, ce semble, que de suivre ces premières indications, et de continuer à suivre, d'après l'analogie, un plan de division semblable, en l'appliquant à un ordre de phénomènes où la lumière directe nous abandonne?

Puisque nous distinguons si nettement les odeurs, les saveurs, les sons, les couleurs et les qualités tactiles, lors même qu'elles nous affectent simultanément et qu'elles nous viennent d'un même objet et cela parce que nous les rapportons à autant d'organes extérieurs qui forment comme des districts séparés pour chaque *espèce* de sensations; puisque d'ailleurs il n'y a aucune difficulté pour la formation d'espèces, ou classes, de ces modifications, aucune divergence dans l'acception des signes imposés à chacune d'elles; pourquoi ne chercherions-nous pas à étendre les avantages de cette méthode de division naturelle à toutes les autres espèces de modes [130] et de facultés, soit passives de la sensibilité, soit actives de l'intelligence?

Partant de là et suivant l'analogie on a pu songer d'abord à étendre jusqu'aux sensations individuelles la division que la nature avait établie pour les espèces, et tel a été, en effet, le point de vue de Hartley et Bonnet, qui ont fondé toutes leurs analyses sur cette induction assez vraisemblable, que, comme il y a autant d'organes séparés que d'espèces de sensations, il doit y avoir aussi dans chaque organe commun, tel que l'odorat, la vue, etc., autant de fibres nerveuses distinctes qu'il y a d'impressions ou de sensations individuellement différentes; ou par exemple, l'odeur de la rose aurait sa fibre appropriée distincte de celle de l'odeur d'œillet; la couleur rouge en aurait une distincte de la couleur verte, et ainsi des autres (29).

70 | Ainsi, cet appareil nerveux, qu'on appelle l'organe commun d'un sens, se trouverait composé d'une multitude indéfinie de fibres et de fibrilles, ayant chacune une fonction particulière et différente. Mais celles-ci, s'offrant par une de leurs extrémités à l'action des objets ou corpuscules qui leur sont appropriés, vont aboutir de l'autre à un point quelconque dans l'intérieur du cerveau; il faudra donc rapporter à cette division cérébrale le rendez-vous commun de toutes les sensations spécifiques qui nous viennent par tel organe particulier. De plus, comme ces sensations extérieures, après que leur cause a cessé d'agir, donnent lieu à une suite de phénomènes tout intérieurs que l'on désigne sous les noms d'imagination, de mémoire et d'associations ou combinaisons d'idées, on sera bien fondé à rapporter aux diverses parties du cerveau, auxquelles ont été respectivement transmises les impressions de chaque sens externe, les phénomènes subséquents relatifs à la conservation, à la reproduction et comparaison des images qui cor-

[129] naturelle

[130] *Ici un fragment est collé sur le manuscrit; on peut lire à la suite de cette phrase :* **ou facultés passives et actives de la sensibilité comme de la pensée intérieure.** ***Ce qui suit est illisible et rayé.***

respondent à ces impressions; [131] de là, autant de sièges attribués dans l'intérieur du cerveau aux facultés *spéciales* de perception, d'imagination, de mémoire, de jugement, multipliés non seulement autant qu'il y a de sens, mais encore autant qu'il y a de modifications diverses dans chaque sens.

[132] Tel est, à peu près, le point de vue de Hartley dans son explication physique des sens et des idées ou dans la doctrine des associations, qu'il fait dépendre des vibrations correspondantes des fibres ou fibrilles du cerveau, à chacune desquelles il rattache séparément une sensation et une idée particulière (30). Telle est surtout la théorie de Ch. Bonnet, qui nous a donné sous le titre d'*Essai analytique de l'âme* une analyse presque entièrement physiologique des instruments infiniment variés et multipliés, auxquels il rattache les différentes idées, et les modifications ou opérations de l'âme, que l'observation intérieure peut découvrir et que la science proprement dite psychologie a pour but de distinguer, d'énumérer et de classer sous différents titres (31).

On voit par là que le nombre et la diversité de sièges hypothétiquement établis par le doct[eu]r Gall, ne s'approche pas, à beaucoup près, d'être égal à celui qu'ont admis, de la même manière, d'autres philosophes qui ont donné cette espèce de direction hypothétique ou symbolique à l'analyse de nos facultés sensitives et intellectuelles, puisque le docteur allemand admet seulement autant de facultés spéciales de perception, d'imagination, etc., et de sièges organiques qui leur correpondent dans le cerveau qu'il y a de sens externes, tandis que les deux analystes que je viens de citer admettent autant de ces facultés spéciales et de ces sièges cérébraux, qu'il y a de fibres nerveuses correspondantes chacune à telle impression ou modification particulière de ce sens. Gall n'a donc rien innové, en ce qui tient à la distinction des *facultés spéciales* et de leurs organes appropriés dans le centre cérébral, que certains journalistes lui ont attribuée cependant comme une grande découverte (32).

71 | Mais remontant à un point de vue plus général, pris encore dans l'imagination quoique plus rapproché en apparence de la réflexion, celui qui n'établit qu'un seul centre pour tous les modes ou opérations du sujet pensant, un siège unique, en un mot, pour une âme ou un *moi* unique et indivisible, on trouve déjà de grandes divergences sur la véritable place ou point du cerveau réellement affecté à ce siège. Les uns, comme Descartes, le placent dans la glande pinéale (33); d'autres, comme La Peyronie et Lancisi (34), l'attribuent au corps calleux, des anatomistes plus modernes, à cette espèce de collet qui unit la moelle allongée au cervelet (35) : toutes hypothèses qui,

[131] *En marge :* psysiologistes qui ont [ ] la division dont il s'agit sous un point de vue plus général par analogie avec les fonctions intérieures

[132] *En marge :* Gall n'a rien dit de nouveau sur ce sujet : ce qui caractérise sa doctrine ce sont les rapports particuliers qu'il établit entre la conformation extérieure ou telle bosse du crâne, et telle faculté. Camper s'était contenté d'établir un rapport général sans les détails particuliers qui sont la pierre d'achoppement des systèmes.

d'abord établies, ce semble, sur certains faits physiologiques, ont été renversées ensuite par d'autres faits d'anatomie comparée plus exactement observés. L'anatomie, écrivait Haller à Ch. Bonnet dans un temps où cette sorte de recherche était suivie avec le plus d'ardeur, est muette sur le propre siège de l'âme (36). Elle n'a pas parlé plus clairement, malgré les progrès réels qu'a faits la science, depuis l'époque de cet homme d'un génie si profond, si étendu et si sage.

Sans doute, la simplicité métaphysique du sujet pensant n'a point de rapport essentiel, ni même aucune analogie, avec cette sorte de simplicité physique attribuée à tel atome, tel point unique de la substance cérébrale, qu'on voudrait considérer comme le propre siège de l'âme, ou comme l'organe ou l'instrument immédiat au moyen duquel elle exerce toutes ses opérations diverses, perçoit, meut, juge ou se ressouvient, etc. Sans doute les bornes plus ou moins étroites, qu'on est conduit à attribuer physiologiquement à ce siège appelé vulgairement *sensorium commune,* ne sauraient nous éclairer en rien sur la liaison de l'âme et du corps pas plus que sur l'unité ou la divisibilité du siège affecté aux diverses opérations de l'entendement et de la volonté. La manière dont une organisation quelconque, toujours conçue ou imaginée comme étendue divisible et composée, peut être liée à un sujet pensant, à un *moi* réflexif, essentiellement un et simple, sera la pierre éternelle d'achoppement de toutes les philosophies, et si elles tentent de l'expliquer, c'est parce qu'elles n'ont pas su déduire de la nature même de nos facultés ou de nos moyens de connaître, le principe ou la raison de l'hétérogénéité absolue des deux espèces d'idées primitives essentiellement opposées sous lesquelles il nous est permis de concevoir, d'une part le sujet pensant et ses opérations, d'autre part les organes matériels, leur jeu et les objets auxquels ils s'appliquent : hétérogénéité d'idées telle qu'il demeurera toujours nécessairement entre elles une lacune impossible à remplir, et une sorte de hiatus que tous les efforts du génie ne sauraient franchir.

S'il a été impossible jusqu'à présent d'assigner, même anatomiquement, dans la masse encéphalique, un point où viennent précisément converger tous les nerfs qui ont pour fonction reconnue de transmettre jusqu'au cerveau les impressions diverses faites par les objets externes, un point unique où l'âme, avertie de ces impressions, exerce sur elles son activité de conscience, les perçoive, les compare, les juge et les rappelle ; il n'est sûrement pas moins impossible de dire s'il y a réellement tant de sièges séparés que d'opérations diverses, ni à plus forte raison, d'assigner précisément ces divers sièges dans le cerveau. Et comment saisirait-on mieux par la *dissémination* hypothétique des facultés dans divers centres ce qu'on n'a pu concevoir par concentration dans un sensorium unique ? Comment la multiplicité des sièges serait-elle plus aisée à prouver que l'unité de centre comme de sujet pensant ? Assurément, l'un de ces systèmes n'est pas mieux appuyé que l'autre sur les faits anatomiques, mais la supposition d'une convergence de tous les nerfs cérébraux dans un point unique, regardée comme nécessaire, quoique non prouvée par Haller et Bonnet (37), a l'avantage supérieur de représenter à l'imagination, comme indivisiblement unis dans un même centre, des modifications et actes que la réflexion con-

çoit nécessairement comme indivis entre eux, soit par rapport au même
72 sujet pensant. | Et comment d'ailleurs se faire une idée de ces facultés spéciales, diverses, qui, selon le doct[eu]r Gall, ne se rapportent à aucun centre ?[133] Comment allier avec l'unité du *moi* ces actes de perceptions, de souvenirs, de jugements, représentés comme *multiples* et répartis entre plusieurs divisions cérébrales sans rendez-vous commun ? Et ici, en ne prenant la division et le jeu de ces organes cérébraux que pour ce qu'ils sont, c'est-à-dire pour de simples représentations symboliques des opérations intellectuelles auxquelles on les fait correspondre, on perd absolument de vue l'espèce d'analogie qu'il pourrait y avoir entre le symbole ou le signe, et la chose représentée ou signifiée, entre des organes séparés qui tous sont dits percevoir, se souvenir, imaginer, juger, chacun à leur manière, et le sens univoque, individuel, précis qu'emporte dans le sens intime chacun des signes que la réflexion seule a pu attacher à nos actes intellectuels.[134]

Remarquez aussi en premier lieu que dans les hypothèses de Bonnet et de Hartley, quoique les diverses particules du centre cérébral qui est le propre siège de l'âme et que Bonnet considère comme un système nerveux en abrégé, comme une névrologie en miniature (38), quoique ces parties, dis-je, émues ou ébranlées chacune à sa manière par les impressions directes des sens externes qui y aboutissent, y laissent des traces, s'y conservent et s'y combinent et doivent sous ce rapport être considérées comme autant d'organes distincts de perceptions, de souvenirs et d'*images,* il n'en est pas moins vrai qu'au moyen du concours essentiel de toutes les impressions et opérations dans le même organe central, tel qu'il est toujours établi par les hypothèses dont il s'agit, il y a moins de difficulté à concevoir comment tant de modifications ou d'impressions diverses peuvent se rapporter au même sujet individuel qui sent et agit avec la conscience de sa simplicité permanente dans la multiplicité des impressions, comme de son activité et de sa causalité unique dans la variété des mouvements qu'il détermine et qu'il produit.

Remarquez[135] pourtant que cette supposition d'un centre unique pour toutes les modifications ou opérations qui ne peuvent être rapportées qu'au même sujet sensible et moteur, est tellement accommodée pour ainsi dire au principe métaphysique de la simplicité et identité du *moi,* tellement appropriée au témoignage même du sens intime, que les esprits sages, ou tant soit peu difficiles sur les inductions des faits, ou la probabilité des hypothèses, se sont toujours accordés à reléguer au rang des conjectures dénuées de vraisemblance et opposées même à nos connaissances les plus certaines les tentatives qui ont été souvent hasardées avant le docteur Gall, pour disséminer ou circonscrire dans divers sièges cérébraux, plus ou moins multipliés, les organes de ces facultés, métaphoriquement distinguées entre elles. Ainsi, lorsque Willis, prétendant assigner dans le cerveau des domaines séparés à diverses opérations intellectuelles, logea le sens commun dans le

[133] *Voir appendice IX.*
[134] *Voir appendice X.*
[135] en second lieu

corps cannelé, l'imagination dans le corps calleux, la mémoire dans la substance corticale (39), il eut également contre lui les physiologistes et les métaphysiciens de son temps. Les premiers purent lui répondre comme le plus savant et le plus réservé de nos anatomistes, M. Cuvier, a répondu au doct[eu]r Gall, que tant s'en faut qu'on soit en état d'établir ou de démontrer quelque relation entre les fonctions du cerveau ou des [136] diverses parties
73 dont | il se compose, et les perceptions, sentiments ou actes intellectuels et moraux, c'est qu'on est même très éloigné de pouvoir assigner quelque rapport certain entre la structure de ce viscère et ses fonctions purement physiques ou organiques : c'est que le scalpel, travaillant sur cette masse molle et pulpeuse, a bien de la peine à y démêler des organes vraiment distincts, qu'on ignore probalement l'existence de la plupart de ses parties, et qu'un voile obscur enveloppe l'usage auquel la nature a destiné plusieurs même de celles qu'on connaît ; que toute découverte réelle sur l'anatomie du cerveau se borne donc à déterminer quelque circonstance nouvelle, dans les [137] formes, les connexions et le tissu de certaines parties qui pouvaient avoir échappé aux anatomistes précédents, et que toutes les fois qu'on croit aller plus loin, on ne fait qu'intercaler entre tel mode de structure découverte et les effets connus quelque hypothèse que repoussent tous les esprits raisonnables (40).

Ces objections que les physiologistes ont opposées contre une division de sièges cérébraux conçus à la manière de Willis, etc., affectés à des facultés générales, telles que la perception, l'imagination, la mémoire et le jugement, s'appliquent encore avec plus de force à la division hypothétique des organes cérébraux considérés comme sièges de facultés *spéciales* à la manière de Gall, c'est-à-dire par exemple, des facultés de percevoir, de rappeler et de comparer les couleurs, respectivement distinctes d'autres facultés de percevoir, rappeler et comparer les sons ; d'où la distinction d'un organe de la peinture, d'un organe de la musique, d'un autre pour la mémoire des choses, d'un quatrième pour la mémoire des mots, etc., hypothèses dont nous avons déjà prouvé l'incompatibilité avec les faits du sens intime, et avec la signification vraie que la réflexion peut attacher aux termes perception, mémoire, jugement.

Remarquez, en 2e lieu, que l'observateur des fonctions physiologiques n'étudie les effets et ne cherche à les rapporter à leurs [138] causes naturelles

[136] *Biran ajoute à tort :* ses. *Nous corrigeons.*

[137] *En marge :* Remarquez aussi et en 3e lieu que Gall n'a point cherché à lier sa doctrine psychologique avec ses découvertes en anatomie, comme il aurait dû chercher à le faire. L'exposé rapide de ces découvertes [ ] au contraire d'une méthode empirique, pour trouver les signes apparents de ces facultés diverses. Rapport de sa doctrine avec celle de Camper. On voit pourquoi Gall a voulu disséminer les facultés pour leur trouver autant de signes distincts et pourquoi aussi il les a réunies dans le cerveau pour faciliter l'application de ces signes de reconnaissance. *Voir Appendice XI.*

[138] *En marge :* Aussi, et c'est là le sujet de ma dernière et la plus importante réflexion sur cet article, il est bien remarquable que Gall n'a [ ] aucune explication dans

qu'autant qu'il considère ces effets et ces causes comme étant d'une même nature. C'est toujours un mouvement réel et apparent qui est censé produit par un autre mouvement intérieur, que l'on suppose caché dans les profondeurs de l'organisation. Ainsi, c'est le mouvement du cœur qui produit celui de la circulation ; c'est la compression lente des parois du tissu de l'estomac qui contribue à transformer les aliments en chyle : et ainsi de toutes les fonctions sécrétoires, où les effets organiques produits sont toujours homogènes avec leur cause réelle ou hypothétique, et sont pris dans le même point de vue objectif, quoique, sans sortir de cet ordre uniforme de phénomènes, on ignore le plus souvent le comment de leur liaison ou production réciproque (41)... Mais quelle espèce de liaison, de rapport de causalité, de ressemblance ou d'analogie peut-on concevoir entre des
74 phénomènes d'une | nature aussi différente et pris dans deux points de vue aussi essentiellement opposés que le sont les fonctions physiologiques attribuées à diverses parties de l'organe cérébral, le mouvement, par exemple l'ébranlement réel ou supposé produit dans un centre du système nerveux, et telle modification sensible, tel acte intellectuel ou moral qui est censé en résulter dans la conscience ? Car, si l'on prétendait ici faire un rapprochement contradictoire et absurde dans l'expression même qui le consacre, en comparant la pensée à une sécrétion organique (42), nous demanderions à voir ou à pouvoir nous représenter à l'aide de quelqu'un de nos sens externes, le produit matériel d'une telle sécrétion. Qu'on nous montre comment l'impression reçue se transforme en perception, souvenir, image, jugement, de même qu'on nous montre physiologiquement la pâte alimentaire successivement transformée en chyle, en sang, et en différentes humeurs secrétoires, qui restent toujours accessibles aux sens dans leurs diverses métamorphoses.

Aussi, et c'est là mon observation la plus importante, est-il bien remarquable que le doct[eu]r Gall n'a pu déduire son système craniologique de la théorie nouvelle anatomique ou physiologique, exposée dans son mémoire à l'Institut. Si le système eût été réellement déduit de la théorie, de telle manière qu'il eût fallu nécessairement étudier l'une pour arriver à l'autre, il est à croire que la craniologie aurait été moins en vogue et moins à la mode, parmi notre gent spirituelle et frivole. Mais tout au contraire, la craniologie ou l'art de reconnaître par certaines protubérances du crâne, les disposi-

l'anatomie du système nerveux et du cerveau. Il part d'un rapport occulte et dont il prétend seulement prouver la réalité ; puis diverses observations empiriques entre telle protubérance et telle faculté intellectuelle ou disposition morale. Ce rapport indépendant des faits physiologiques à l'aide desquels on pourrait tenter de l'expliquer, est à peu près du même ordre que celui que prétend déduire Pinel des effets de l'aliénation mentale ou de diverses vésanies dans lesquelles on voit certaines facultés comme la mémoire ou le jugement tout à fait oblitérées, pendant que d'autres, comme l'attention, l'imagination, sont en pleine activité. Ce rapport est aussi du même ordre que celui établi par Camper entre l'inclinaison de la ligne faciale ; rapport qui peut s'attester comme fait d'observation, mais qu'il y a loin etc.

tions morales et les facultés de l'esprit, est tout à fait indépendante de la théorie physiologique du même auteur sur les divisions et fonctions du système nerveux et du cerveau. L'une subsiste sans l'autre, et, bien plus, c'est qu'elles paraissent opposées entre elles, comme je m'engage à le faire voir dans un autre article.

La manière dont le doct[eu]r Gall a exposé son système dans les cours publics faits à Paris, et celle dont il annonce lui-même qu'il est parvenu à l'établir, consiste dans une sorte d'observation purement empirique, qui ne s'étaye absolument d'aucun principe théorique ou positif (43). En examinant les crânes d'une certaine quantité d'hommes doués de telles facultés ou qualités morales, sujets à tel penchant ou telle passion, ayant tel caractère, adonnés à tel vice ; comparant ces divers crânes, soit entre eux, soit à ceux des animaux en qui se manifestaient des facultés ou dispositions correspondantes, le doct[eu]r Gall prétend avoir constamment trouvé que chacune de ces facultés intellectuelles ou affectives se marquait au dehors par une bosse ou protubérance située dans un point fixe et déterminé de la surface du crâne. Tous les individus, hommes ou animaux, qui sont doués de la même disposition, ont une saillie apparente dans le même endroit [139] de la boîte osseuse ; tous ceux qui n'ont pas cette faculté ou qui en ont une opposée se distinguent par un petit enfoncement ou applatissement dans la même partie du crâne. Voilà un fait qui est vrai ou qui ne l'est pas : un rapport d'association avec les facultés morales, qui est fondé sur une loi réelle et constante de la nature, ou qui n'est qu'une pure hypothèse, basée sur quelques observations vagues, illusoires et précipitamment généralisées ; c'est l'un ou l'autre. Si le rapport dont il s'agit est réel et constant, ou si les observations
75 directes dont on prétend l'appuyer ont | été assez multipliées, assez répétées, et constamment vérifiées dans un nombre indéfini de cas et de circonstances diverses, la craniologie, l'art de connaître les hommes par l'inspection ou l'attouchement du crâne est véritable quoique prouvé seulement d'une manière *empirique,* et lors même qu'il serait de toute impossibilité de concevoir ou d'expliquer ce rapport, qui pourrait ainsi demeurer toujours au nombre des phénomènes *occultes* quant à leur cause, mais qui n'en sont pas moins empiriquement certains. C'est ainsi que le baromètre annonce le temps sec ou pluvieux, quoiqu'on ne soit pas bien fixé sur la cause qui le fait monter et descendre. Ainsi l'apparition de Sirius annonce à l'antique Égypte, depuis des milliers de siècles, les inondations fécondantes du fleuve qui l'arrose, quoiqu'on n'ait connu que de nos jours la cause de ces débordements périodiques. L'astronomie, science si certaine et si exacte aujourd'hui, n'a guère été depuis les Chaldéens jusqu'au XVIe siècle, qu'un recueil d'observations empiriques et de rapports vraiment occultes ; plusieurs branches de la physique ne nous offrent encore même rien de plus. Que dirons-nous, Messieurs, de l'art si beau et si utile que vous professez, et quoique vous soyez initiés dans les plus profonds secrets de sa théorie, en combien d'occasions n'êtes-vous pas obligés, par la nature même des

[139] du crâne

choses, de vous laisser aller à un véritable empirisme, qui, pour n'être pas raisonné, n'en est peut-être que plus sûr ? Il n'y a qu'à connaître un peu les fondements de la séméiotique et de la thérapeutique, deux principales branches de votre art, pour sentir la vérité de cette remarque. Comme, en effet, en lisant les signes actuels ou précurseurs de certaines maladies dans tels caractères de la physionomie, telle couleur ou forme des traits du visage, telle habitude du corps, vous prononcez avec assurance sur l'invasion ou les suites prochaines de la maladie, et déterminez le remède préservatif ou curatif, sans pouvoir dire, ni avoir besoin de connaître explicitement l'espèce de rapport qu'il peut y avoir entre telles apparences extérieures du corps, et tels désordres cachés des organes internes : de même, si une expérience aussi constante ou également fondée sur une loi de cette nature, qui nous dérobe ses moyens et ne nous montre que des résultats, avait sanctionné le prétendu rapport découvert par le doct[eu]r Gall entre telle protubérance craniologique et la disposition secrète de l'esprit ou du cœur dont elle est le signe, on pourrait parvenir à lire ces dispositions dans leurs signes apparents, institués par la nature même, sans qu'il fût besoin d'autre explication, ni de théorie scientifique pour motiver la confiance.

Il est vrai que le docteur allemand a ainsi d'abord naïvement présenté au public français le fondement de son hypothèse, comme offrant une suite de moyens pratiques ou symboliques de parvenir à connaître, à l'aide des protubérances, les secrets de l'esprit et du cœur, du tempérament et du caractère. Mais il ne s'en est pas tenu strictement à cette vue expérimentale ; les justes prétentions qu'il peut avoir au titre de novateur éclairé dans les sciences anatomiques et physiologiques ne lui permettaient pas tant de réserve et de modestie en présence du monde savant où il savait qu'il aurait des juges. Entre telle protubérance extérieure marquée sur la boîte osseuse du crâne et la disposition intellectuelle et morale qu'elle annonce, ou
76 entre le signe et la chose signifiée, | il y a une suite d'intermédiaires ou un enchaînement d'effets et de causes, qu'une méthode empirique et le sentiment d'une ignorance invincible ne tenteraient pas même de démêler, mais que le dogmatisme de la science ne permet pas de laisser à l'écart. La conformation générale et extérieure du crâne solide étant absolument calquée sur la figure intérieure de la masse cérébrale pulpeuse qui [y] est logée comme dans une boîte, tous les détails de forme ou de figure de la substance contenue doivent correspondre exactement à ceux de la boîte contenante. Autant il y a donc de petites bosses solides marquées sur le crâne, autant il y a de petits appendices ou de saillies répandus sur la surface hémisphérique du cerveau, et auxquels ces petites bosses servent d'étuis. C'est ainsi que la substance molle et organisée des coraux, des madrépores et des polypes est logée dans ces ramifications solides et écailleuses qui nous représentent les zoophytes sous l'apparence d'une véritable végétation. Mais pour suivre cette dernière comparaison, qui me paraît exprimer assez bien le point de vue du doct[eu]r Gall, comme chaque bras du polype, ou chaque branche du polypier total, est une petite machine organisée complète, qui, étant séparée ou détachée de la souche commune, vit ou fonctionne à part, croît,

se nourrit, se propage, etc., de même chacune des petites protubérances cérébrales, dont la place est marquée par la bosse du crâne qui lui sert d'*étui*, est un organe particulier, qui fonctionne à sa manière, donne lieu à une certaine espèce de modifications ou d'opérations *spéciales* de l'être sensible et intelligent. Celles-ci peuvent donc être étudiées, observées dans l'exercice prédominant de leurs organes, séparément des produits ou opérations spécifiques de tous les autres organes, qui ont aussi leurs protubérances distinctes (44).

On voit ici comment le doct[eu]r Gall, conduit par une première analogie fondée sur la distinction et séparation des cinq organes de nos sens externes, a pu d'abord former le projet d'établir une division semblable entre les facultés intellectuelles ou morales qui se rapportent originairement à leur exercice, comment en s'emparant des titres nominaux de perception, [140] mémoire, imagination, jugement, passions, etc., sans en scruter la valeur, sans constater par l'emploi du véritable critérium le nombre précis des modifications ou des facultés [141] réellement distinctes, il a cru pouvoir ainsi *ex abrupto* assigner dans telle ou telle protubérance un siège réel, distinct et séparé à chacune de ces facultés nominales dont un signe abstrait ou conventionnel forme le plus souvent toute l'essence.

On conçoit aussi comment il a pu rallier son système de division ou de dissémination des facultés intellectuelles et affectives dans divers sièges cérébraux à sa doctrine scientifique des divisions et fonctions du système
77 nerveux, | ou comment, peut-être, en fondant cette dernière, il songeait déjà à l'hypothèse craniologique qui devait s'y raccorder. Telle est du moins l'idée qui se présente quand on lit attentivement [142] l'exposé fait à l'Institut par M. Cuvier, de la théorie anatomique et physiologique du doct[eu]r Gall sur le système nerveux et le cerveau. Sans entrer ici, sur cette théorie, dans des détails qui seront mieux placés ailleurs, je crois qu'il serait aisé d'indiquer et de suivre le fil continu des idées systématiques du docteur allemand, depuis l'origine de ses recherches savantes sur l'anatomie des nerfs et du cerveau, jusqu'à ce résultat pratique auquel il paraît tendre, comme au principal mobile de l'intérêt commun et de la curiosité que peut inspirer sa doctrine, à part toute spéculation scientifique, et, par suite, comme au moyen le plus sûr de la *populariser*.

Mais, considérée sous ce dernier rapport purement empirique, ou comme offrant une espèce particulière de signes extérieurs, propres à distinguer et

[140] souvenir

[141] *En marge :* paire de nerfs, dont les fonctions sont ainsi distinctes entre elles, et conduisent ainsi à considérer les organes qui s'y rapportent comme isolés les uns des autres dans le même composé organique vivant, et donnent lieu à autant de phénomènes distincts, sui generis, à autant de facultés spéciales indépendantes, qu'il y a de ces organes. On conçoit, dis-je, comment la division physiologique se rallie à celle des phénomènes psychologiques et de leurs signes pris dans l'organisation extérieure ; signe que l'auteur avait surtout en vue pour populariser sa doctrine en lui donnant un but pratique.

[142] le rapport

reconnaître les facultés diverses, ou les modifications variées de la sensibilité et de l'intelligence humaines, l'hypothèse du doct[eu]r Gall est loin de pouvoir passer pour nouvelle, et dans ce point de vue particulier, comme dans ceux sous lesquels nous l'avons précédemment envisagée, nous trouvons plusieurs autres hypothèses de la même espèce, dont il est intéressant de la rapprocher. Et d'abord, tout le monde connaît le système physiognomonique du fameux Lavater (45), qui n'emploie pas, il est vrai, les protubérances du crâne comme moyens de connaître les facultés de l'esprit et du cœur, mais qui voulut faire servir à cette connaissance tous les signes qu'il est possible de tirer de la conformation et de l'expression des traits du visage, considérés séparément et un à un, ou dans leur ensemble ; en quoi il établit une suite de rapports vagues, mystérieux et tout à fait occultes, étrangers aussi à toute théorie physiologique, mais auxquels il ne manque, comme à ceux du docteur moderne, que d'être sanctionnés par une expérience générale, constante et irrécusable, pour être aussi empiriquement prouvés; car il n'est pas probable qu'on démontre jamais d'une autre manière l'espèce de liaison qu'il peut y avoir entre telle conformation du nez, de la bouche, etc., et telle faculté de l'âme, pas plus qu'avec la science réunie de tous les docteurs allemands on n'expliquera jamais le rapport qui peut exister entre ces mêmes facultés et les protubérances qui leur cor-
78 respondent. | Si jamais un rapport de cette espèce a présenté les caractères de généralité et de fixité qui peuvent motiver une confiance raisonnable dans les choses qui sont uniquement du ressort de l'empirisme, et non pas de celui de la science, c'est le rapport ou la proportion de grandeur que Camper a saisi et révélé le premier, en comparant le cerveau de l'homme à celui des diverses espèces d'animaux où l'on voit successivement l'industrie décroître, à mesure que l'angle facial qui est formé par deux lignes tirées, l'une de l'extrémité supérieure du front jusqu'à la mâchoire inférieure, l'autre du coin de l'oreille jusqu'à cette même mâchoire, à mesure, dis-je, que cet angle devient aigu, et que par suite la cavité cérébrale se rétrécit (46). Voilà en effet un terme de rapport constant et fixe ; il est susceptible d'être apprécié, avec une exactitude suffisante, par les lumières directes de l'anatomie comparée, et l'observation des mœurs ou de l'industrie des diverses classes d'animaux, depuis l'huître et les poissons, jusqu'à l'homme. On peut encore le vérifier par les comparaisons faites entre des hommes le plus inégalement doués des facultés de l'esprit, où le rétrécissement de la cavité cérébrale et le degré d'ouverture de l'angle facial offrent aussi les différences les plus notables. Ici, le signe physiognomonique a, pour ainsi dire, une grande étendue d'acception ; il repose sur une base large, sur une division bien tranchée, et facile à saisir comme à vérifier ; car si l'on ne s'entend ni sur le nombre, ni sur la nomenclature des diverses facultés de l'esprit, des sentiments de l'âme, des modifications ou nuances de caractère qui donnent lieu à telles passions, à telles dispositions morales, à telles habitudes, soit vertueuses, soit vicieuses ; s'il entre enfin beaucoup d'arbitraire dans ces classifications [143] artificielles, et beaucoup de vague dans le langage qui

[143] conventionnelles

s'y rapporte, si enfin la plupart de ces facultés nominales ne sont que des abstractions de l'esprit, de purs êtres de raison, et sous ce rapport ne peuvent évidemment être *localisées* dans un siège cérébral réel, il n'en est pas de même lorsqu'on cherche seulement à établir un rapport général entre tel signe constant pris dans l'organisation, et le degré de raison, d'esprit ou d'intelligence attribué à divers hommes, comme les degrés d'industrie attribués aux diverses espèces d'animaux. Ici tout le monde s'entend parce qu'on a la latitude nécessaire pour comparer et juger; là, au contraire, ou dans l'hypothèse de Gall, les comparaisons reposent sur des points exigus, sujets à discussion, à exception, à mille incertitudes dans les signes et dans leurs applications variées. Disons donc que Camper paraît avoir trouvé la véritable craniologie, ou le vrai signe naturel qui peut nous conduire empiriquement de la conformation générale du cerveau aux degrés d'intelligence qui peuvent s'y rapporter. En décomposant ce rapport général, ou fractionnant les signes matériels de l'intelligence, pour en rattacher un particulier à chaque faculté spéciale, le doct[eu]r Gall s'est perdu dans un dédale de subdivisions contraires aux lois de la saine psychologie, et que la physiologie même est loin de pouvoir avouer. Il n'a pas craint de risquer le sort de son hypothèse, en l'appliquant à une multitude de faits, de détails qui sont comme les pierres de touche et presque toujours les pierres d'achoppement des systèmes, et la craniologie ne pouvait résister à cette épreuve. Mais son exemple vient à l'appui d'une vérité bien justifiée par l'histoire de la philosophie et les révolutions des opinions humaines : c'est que les systèmes les plus absurdes doivent leur origine à l'abus de quelques observations incontestables, et que les erreurs les plus grossières sont le résultat de certaines vérités auxquelles on donne une extension forcée, ou dont on fait une mauvaise application.

79 | Sans doute, s'il était donné à l'homme de soulever un coin du voile qui couvre la partie la plus noble de son être, ce serait dans des comparaisons prises des points extrêmes de l'échelle où sont répartis les divers degrés de sensibilité et d'intelligence, ce serait surtout dans ces anomalies ou dans ces grandes aberrations de la nature sentante et intelligente, que nous pourrions, ce semble, nous attendre à trouver quelque lumière ; car rien ne nous éclaire comme les contrastes, et c'est dans ces écarts, et ces digressions, hors de l'état ordinaire et habituel, que la nature nous révèle ses secrets, nous excite à l'étudier et nous apprend à la connaître.

Aussi les signes indicateurs d'une division ou d'une séparation réelle des sièges cérébraux, affectés à des facultés diverses, ont-ils paru à certains philosophes même très judicieux, et très circonspects dans leurs assertions, pouvoir être induits avec un assez haut degré de certitude, des états de délire, de manie, et de vésanies partielles, où l'on a cru s'apercevoir que certaines facultés, désignées sous tel titre nominal et conventionnel, étaient absolument oblitérées, pendant que d'autres facultés, distinguées de la même manière, continuaient à s'exercer et semblaient prendre même un
80 surcroît d'énergie. Le savant et sage Pinel conclut de plusieurs | cas semblables, qu'il a été à portée d'observer, que cet être abstrait et complexe appelé entendement dans la langue psychologique est réellement multiple,

divisible, et actuellement divisé en diverses facultés telles qu'attention, mémoire, imagination, jugement, affectées chacune à un siège particulier, ou à une division cérébrale, dont à la vérité, moins hardi que le doct[eu]r Gall, il ne se permet pas d'assigner la place (47). Le même auteur reproduit une assertion semblable, dans sa *Nosographie philosophique,* où, parlant encore des vésanies partielles, il dit que l'action nerveuse n'a point un centre unique dans le cerveau, mais qu'il y a divers départements, où une même cause irritante peut porter séparément atteinte à diverses fonctions, altérer ou abolir tour à tour et encore séparément, tantôt les fonctions des sens et des mouvements volontaires, tantôt telles autres fonctions organiques ou vitales, etc. (48).

Je ferai quelques observations sur ces faits, émanés d'une autorité infiniment respectable ; et mes remarques s'appliqueront à plus forte raison à l'hypothèse de Gall.

1° On peut bien admettre la dernière assertion relative aux divers effets produits par une même cause irritante, qui, se portant tour à tour sur différents points cérébraux, altère séparément les fonctions sensitives ou organiques qui y ont respectivement leur siège ou leur foyer ; mais ce fait, bien vérifié et constaté qu'il soit, ne peut prouver autre chose qu'une division ou séparation réelle de fonctions physiologiques ; et on ne peut en tirer aucune induction légitime pour une autre division, supposée parallèle, des facultés ou opérations de conscience, qui tiennent à la même âme, au même *moi* indivisible, dont les modifications et les actes divers ne peuvent être ainsi conçus par représentation, ni par dissémination dans des sièges cérébraux particuliers.

2° Avant d'affirmer que tel maniaque ou aliéné exerce actuellement une faculté partielle, telle que l'attention ou la contemplation, pendant que d'autres opérations intellectuelles, comme le jugement ou la mémoire demeurent sans exercice, à cause d'une altération ou lésion organique de leur siège, il faudrait bien fixer d'abord le sens psychologique qu'il est permis d'attacher à ces termes : faculté ou opération *intellectuelle,* d'attention ou de jugement, etc., car le sens propre et réel de tels termes, se référant toujours à la conception réflexive d'un sujet individuel, ou d'un *moi* qui exerce actuellement avec conscience l'acte désigné par cela même sous le titre d'intellectuel, il implique contradiction d'attribuer une faculté ou une action quelconque de cette espèce à l'être qui, poursuivi et absolument dominé par quelques fantômes, se trouve dénué de la première condition essentielle de l'intelligence, savoir : du *conscium* ou du *compos sui.* Ainsi des termes tels qu'attention, contemplation, ne pourraient donc trouver absolument aucune application dans les cas cités : et comment aller chercher les signes et les caractères propres d'une division des phénomènes ou actes intellectuels, dans l'état qui exclut précisément la condition fondamentale et vraiment caractéristique de l'intelligence ou de la pensée ?

3° On voit que la division de cet être abstrait qu'on nomme entendement, [144] [pour] nous servir de l'expression de M. Pinel, en plusieurs facul-

[144] *Bertrand et Tisserand impriment :* pour. *Le manuscrit porte nettement :* sans. *Mais peut-être faut-il en effet corriger.*

tés distinctes rattachées à divers sièges cérébraux, se réfère à un système idéologique particulier ou à une classification arbitraire des phénomènes de la sensibilité et de l'intelligence, [145] [dont]on ne peut s'empêcher de discuter les bases avant d'entreprendre de la raccorder avec les phénomènes physiologiques dont la division est conçue sur un autre plan et dans un autre point de vue. Par exemple, M. Pinel n'a pu transporter à l'état d'aliénation mentale, partielle ou complète, que les signes conventionnels de certaines
81 facultés nominales, | prises, pour ainsi dire, en dedans de la sensation, qui est dite se transformer pour les produire; tandis que dans une acception plus vraie, les facultés ou actes intellectuels sont des phénomènes hypersensibles qui sont en dehors de toute sensation, supérieurs à elle comme l'ouvrier est supérieur à la matière qu'il emploie. En un mot la division hypothétique de M. Pinel et plus encore celle du doct[eu]r Gall ne peuvent se concilier qu'avec le système idéologique de Condillac, tel que ce métaphysicien l'a si ingénieusement déduit de la supposition d'une statue *animée* dont il ouvre successivement les sens. Mais avant de partir de ce système, ou avant d'adopter les définitions, classifications et divisions qui s'y rattachent, ne fallait-il pas examiner si les facultés attribuées au fantôme hypothétique de Condillac sont précisément égales ou identiques en nature, en espèce ou en nombre à celles dont l'homme seul peut reconnaître en lui le modèle intérieur et acquérir les idées vraies, par une réflexion concentrée sur les propres actes de sa sensibilité et de sa pensée?

Rien ne peut donc dispenser de recourir à cette analyse première du sens intime qui, seule, nous apprend à connaître ce que nous sommes, et ce que nous faisons et sentons; et c'est dans cette source que doivent être puisés les signes propres et véritables d'une division des phénomènes intellectuels. Mais cette analyse fondamentale pouvant être établie d'abord indépendamment de toute considération physiologique sur les instruments unis ou séparés, au moyen desquels nos diverses facultés s'exercent, si on vient ensuite à rapprocher ces deux sortes de divisions et à employer celle-ci comme preuve ou terme d'explication de celle-là, on ne pourra que tomber dans une sorte de cercle vicieux et arriver à l'une des alternatives suivantes: ou la division des phénomènes intellectuels est déjà bien confirmée, en effet, et complètement *vérifiée* par son critère approprié, la réflexion et le sens *intime*, ou bien elle n'est qu'arbitraire, conventionnelle et provisoire.

Dans le premier cas, la diversité, ultérieurement prouvée, des sièges organiques auxquels on pourrait rapporter chacune à chacun les facultés psychologiquement distinctes, n'ajouterait rien à la réalité et à la vérité de cette distinction prise à sa véritable source. On y gagnerait seulement de pouvoir établir un parallélisme et un accord satisfaisant entre deux sortes de connaissances qui ne doivent jamais être confondues, savoir: la connaissance objective des moyens ou instruments organiques par lesquels nos facultés intellectuelles peuvent s'exercer, et la connaissance intérieure ou réflexive de cet exercice, ou de ses résultats positifs.

[145] *Le mot* dont *est rayé, mais non remplacé.*

Dans le second cas, celui où la division des phénomènes intellectuels, n'étant pas encore arrêtée et fixée sur une base réelle et naturelle, se réduirait à une classification arbitraire, la division physiologique dont il s'agit pourrait fournir, il est vrai, des signes naturels à cette première classification, éclairer l'analyse philosophique, rectifier et préciser la nomenclature en réduisant le nombre des facultés et celui de leurs titres nominaux au nombre précis de sièges organiques réellement distincts, comme cela a lieu pour les sens externes, et les cinq classes de modifications sensibles qui s'y rapportent ; mais il faudrait alors que la division physiologique fût établie sur des faits positifs de cet ordre, et indépendamment des données conventionnelles empruntées de la métaphysique et de la logique ; au lieu que ce sont au contraire ces données arbitraires, telles, par exemple, que la division généralement admise par les métaphysiciens en entendement et volonté, puis les subdivisions étendues par les uns, abrégées par les autres, [de]l'entendement en perception, attention, mémoire, imagination, comparaison, jugement, raisonnement, etc. ; ce sont, dis-je, de telles classifica-
82 tions, aveuglément admises | par les physiologistes, qui leur servent de départ, quand il s'agit de résoudre la question de savoir si les facultés intellectuelles ont différents sièges organiques, et quels peuvent être ces sièges dans le cerveau. D'où il suit que, si l'idéologiste ou logicien dont on adopte le système a été déterminé dans certaines vues systématiques à multiplier ses signes de division arbitraire, le physiologiste croira avoir occasion de chercher et se croira peut-être suffisamment autorisé à assigner dans quelque division cérébrale le siège fictif de la nouvelle modification intellectuelle ou faculté prétendue élémentaire. Ainsi sans doute, si le doct[eu]r Gall eût été conduit d'avance à adopter le système métaphysique de son compatriote Kant, le nouveau chef de l'école allemande, il eût porté le nombre des organes cérébraux à l'égal de cette multitude de *formes* sensibles et pures, de *catégories,* dont le métaphysicien a surchargé sa nomenclature et hérissé sa doctrine critique (49). Mais on voit bien alors que l'hypothèse physiologique, ainsi entée sur telle hypothèse métaphysique d'un autre ordre, ne contribuerait pas beaucoup à éclairer l'analyse de nos facultés, ni à étendre le champ de la science. Ne semblerait-il pas en effet, que la nature, simple dans ses moyens comme dans son but, a dû proportionner la division des organes cérébraux à la multiplicité et à la variété des nuances et des distinctions artificielles qu'il a plu à certains philosophes d'établir dans leur langage conventionnel, en considérant un sujet identique sous différents points de vue abstraits, ou une même disposition de l'esprit et du cœur, par rapport à tels résultats extérieurs, telles conséquences fortuites auxquelles l'ordre éventuel des sociétés a pu seul donner une valeur et faire attacher de l'importance ? N'est-ce pas, par exemple, une disposition toute artificielle que cette coquetterie qui ne naît dans la femme qu'au moment où elle tend à échapper à sa destination naturelle, à changer l'ordre de l'attaque et de la défense, à feindre la résistance quand elle aspire à la défaite, et l'intention de se rendre quand elle en est le plus éloignée ? Pourquoi donc accuserait-on la nature d'avoir fait à certaines femmes une nécessité de cet artifice, en leur donnant l'organe de la coquetterie? Et comment ce prétendu organe se

trouverait-il distinct de celui de la *ruse,* de celui de la vanité, de celui de l'orgueil, car il y a aussi des organes pour toutes ces dispositions, qui ont cependant tant de rapports entre elles, qui ne [sont] guère que des nuances ou des empreintes d'un même type fondamental? L'organe de la coquetterie se trouve-t-il donc aussi chez les femmes des Hurons, des Iroquois et des Hottentots? L'organe du vol existait-il chez les Spartiates qui ne connaissaient point la propriété, ni la différence du tien et du mien? Est-ce donc enfin que la nature a dû varier les formes du cerveau et les protubérances du crâne, suivant les mœurs et les usages des différents peuples, suivant les degrés de civilisation, suivant les conventions et les lois de la société?

Ceci nous donne lieu de répondre à un argument dont le doct[eu]r Gall prétend tirer grand parti pour appuyer sa division des organes cérébraux. Les animaux, dit-il, ont les mêmes organes que nous, relativement aux sensations extérieures. La plupart même d'entre eux ont quelques-uns de ces organes plus fins et plus déliés que nous; pourquoi donc n'ont-ils pas les mêmes facultés intellectuelles ou morales, si ce n'est parce qu'il y a dans l'intérieur du cerveau des organes particuliers que nous avons et dont ils sont dénués (50)?

83 Cet argument très fondé en tant qu'on | l'emploie comme preuve de fait, et pour établir un rapport général tel que celui que Camper a fondé sur l'ouverture de l'angle facial et le rétrécissement de la cavité cérébrale, cet argument, dis-je, ne prouve rien en faveur de la division hypothétique de Gall et peut être même rétorqué avantageusement contre son système. On pourrait lui dire en effet: l'homme ayant plusieurs facultés que l'animal n'a pas, il s'ensuit, selon vous, que l'organisation commune du cerveau humain doit [146] comprendre diverses parties qui sont étrangères au cerveau de l'animal; mais les hommes de tous les pays, de tous les siècles, doivent et ont dû avoir ces organes dont vous parlez, et, bien certainement, le même homme les a en tout temps; pourquoi donc y a-t-il une si prodigieuse différence entre les individus de notre espèce qui sont soumis à des circonstances accidentelles diverses de sol, de climat, d'institution? Comment se fait-il surtout, si la supériorité des facultés tient uniquement à la multiplicité des organes cérébraux, que tel homme se trouve si différent de lui-même, suivant les climats, les saisons, les températures, etc.?

Mais pourquoi, Messieurs, m'arrêterais-je à combattre ici la nouvelle hypothèse du doct[eu]r allemand en la prenant dans ces détails singuliers, qui ont déjà donné des prises si faciles à la critique, tant prêté à rire aux esprits frivoles, et fourni aux *singes* de la littérature une si belle occasion de mordre jusqu'au sang en ayant l'air de se jouer?

J'aurais pu trouver aussi dans la doctrine craniologique des sujets de m'égayer avec vous; j'ai cru qu'il convenait mieux à une assemblée aussi grave, d'y chercher de nouveaux moyens de s'instruire et de se prémunir contre l'illusion commune à toutes les hypothèses du même genre.

J'ai cherché à creuser jusqu'aux racines de l'arbre, laissant à d'autres le soin de courir aux branches. J'ai voulu montrer que toute division physio-

[146] renfermer

logique de sièges cérébraux, auxquels on prétendrait rapporter des facultés diverses, par analogie avec les organes séparés relatifs aux sensations extérieures, ne peut être fondée que sur une espèce de rapport *occulte,* et purement empirique, étranger à toute observation anatomique directe, comme aux inductions légitimes et sages qui peuvent s'en tirer. A cette occasion, j'ai fait voir que la craniologie du doct[eu]r Gall était tout à fait indépendante de son exposition anatomique des fonctions des nerfs et du cerveau. Je me suis attaché à prouver que la multiplicité des sièges attribués à des actes intellectuels qui tiennent au *moi* ou à l'unité essentielle du sujet pensant, par confusion avec des impressions purement sensitives et passives qui n'ont point la même relation essentielle avec cette unité de principe, était absolument contraire aux premières lois de la psychologie et aux vérités immédiates du sens intime.

J'ai démontré que toute division de sièges cérébraux affectés à diverses facultés, supposait une division antérieure, et psychologiquement établie, de ces mêmes facultés, mais qu'au lieu de servir à donner à celle-ci une base plus solide, en la calquant sur la nature organique, elle tendait à plier au contraire cette nature même à des systèmes logiques, à des classifications arbitraires et conventionnelles.

J'ai conclu de là qu'un pareil abus, étant inhérent à toutes les hypothèses de l'espèce de celle qu'a présentée le doct[eu]r Gall, devait éloigner les bons esprits de ces prestiges et les empêcher de se livrer à des recherches qui ont été et seront éternellement sans succès, comme il est démontré par l'expé-
84 rience de tous ceux | qui, depuis Démocrite jusqu'au doct[eu]r Gall, ont étudié et disséqué, morcelé le cerveau de toutes les manières, dans le vain espoir d'y trouver le siège de l'âme, et les instruments immédiats de ses opérations.

Je n'ai pas cru devoir présenter de suite dans l'ordre des idées que je viens d'exposer d'une manière générale, tout ce qui pourrait avoir rapport à une division organique du système intellectuel proprement dit. Comme on convient généralement que le cerveau est l'organe ou l'instrument essentiel de l'intelligence, quoi qu'on soit loin de s'accorder sur la manière dont cet organe fonctionne dans les opérations de la sensibilité et de la pensée, et qu'il n'y ait à cet égard, comme nous l'avons assez vu, que des conjectures ou des hypothèses peu propres à satisfaire les esprits sages, le physiologiste pourtant qui prétend avoir découvert quels sont dans le cerveau les sièges ou les instruments propres des facultés de l'ordre intellectuel, telles que la perception, le jugement, la mémoire, ne paraît pas du moins choquer le bon sens ni se mettre en lutte avec l'opinion commune.

Il n'en est pas de même pour ce qui a rapport aux facultés *affectives* telles que les déterminations de l'instinct, les appétits, les penchants, et en général les *affections* de l'être purement sensitif, comme aussi les passions développées, les inclinations et les sentiments de l'agent moral. Ici, [147] on est loin de convenir généralement que les organes divers de ces affections et passions

[147] on ne tombe point d'accord sur les sièges divers de ces affections et passions.

soient concentrés dans le cerveau et exclusivement rattachés à des divisions partielles de ce siège de l'intelligence.

L'opinion des philosophes de l'antiquité jusqu'à nos jours, appuyée, ce semble, du propre témoignage du sens intime, a placé dans les organes précordiaux ou dans ceux de la vie intérieure qui sont les plus éloignés et paraissent les plus indépendants du cerveau les sièges de nos plus vives émotions, de nos passions les plus entraînantes ; et quand le doct[eu]r Gall élève la voix contre ces autorités, il lui faudrait pour les combattre des armes plus puissantes et des preuves autrement fortes que celles qu'on trouve dans son hypothèse craniologique.

Ici surtout, il paraît bien que toutes les assertions dogmatiques du doct[eu]r Gall sur les sièges cérébraux attribués aux facultés affectives et aux passions comme aux facultés et actes intellectuels, ont été établies, non d'après les faits, mais uniquement en vue de parvenir à un résultat pratique [148] arrêté d'avance pour éblouir et entraîner la multitude curieuse. Il faut, a dû se dire ce doct[eu]r en commençant, que je mette tout l'homme intérieur en une sorte de relief, tel qu'on puisse le connaître d'abord à l'inspection ou à l'attouchement des bosses du crâne. Mais la pensée et l'intelligence ne sont pas tout l'homme, et quoique ce soit la partie la plus noble de son être, ce n'est pas celle qui offre le plus d'intérêt, ni qu'il importe le plus de connaître, pour les usages pratiques de la vie sociale. L'homme agit et influe sur ses semblables, sur la société entière par ses passions et ses affections qui tiennent à son caractère ou à son tempérament. Ces passions ont sans doute leurs signes naturels de manifestation extérieure et leur carac-
85 tère | physiognomonique, mais ces caractères sont variables, mobiles et fugitifs, comme les affections mêmes qu'ils dénotent. Il s'agit de les rattacher à des signes fixes et permanents. Or rien, en effet, de plus fixe et de plus solide, que les protubérances du crâne. Il faut donc absolument trouver des protubérances pour les passions. Mais d'un autre côté les bosses solides ne sont que les enveloppes des organes cérébraux qui font saillie en dessous. Il y aura donc, par une suite nécessaire, des organes dans le cerveau affectés aux passions ; il faut que cela soit ainsi pour compléter l'hypothèse, en dépit des observations physiologiques et même de la nouvelle manière de voir de l'auteur sur les fonctions du système nerveux et du cerveau, en dépit surtout des preuves contraires tirées du sens intime (51).

C'est ici le côté le plus faible du système craniologique et d'après tout ce qui précède, je croirais inutile de [149] m'y arrêter si je n'y trouvais l'occasion de faire quelques autres rapprochements intéressants et de préciser quelques idées encore vagues, même chez nos meilleurs physiologistes, sur ce qui tient aux passions ou aux diverses facultés affectives comme à leurs sièges.

[148] convenu
[149] le combattre

§ II

Des sièges des passions dans la doctrine de Gall comparée à celle de Bichat.

Nous connaissons très bien la nouvelle théorie anatomique et physiologique du doct[eu]r Gall sur les fonctions des nerfs et du cerveau, et dire que nous en tenons l'exposé de M. Cuvier, c'est [150] bien annoncer que cet exposé a toute l'étendue, la précision et l'exactitude désirables. Mais ce savant naturaliste, s'adressant à la classe de l'Institut qui s'occupe exclusivement de sciences exactes et de faits positifs, s'impose, dans son rapport sur la nouvelle théorie des fonctions du système nerveux et du cerveau, l'obligation stricte de mettre à l'écart tout ce qui était relatif à l'hypothèse craniologique. D'un autre côté, divers journaux nous ont offert également dans les premiers mois de cette année des extraits assez étendus et assez complets [151] du cours public fait à Paris par le doct[eu]r, pour que nous ayons pu acquérir une idée assez exacte de cette hypothèse. Mais les rédacteurs de ces journaux, étant pour la plupart étrangers aux sciences anatomiques et physiologiques, ont dû laisser absolument de côté tout ce qui, dans les leçons publiques, pouvait se rapporter à une théorie savante.

Ce qui nous manque donc pour connaître à fond le système du doct[eu]r Gall, c'est un rapprochement ou une comparaison exacte de sa nouvelle théorie des fonctions des nerfs et du cerveau, avec les détails de son hypothèse craniologique ; rapprochement tel qu'on puisse concevoir nettement comment cette dernière se déduit de l'autre, s'y rapporte ou s'y coordonne. J'ignore si un semblable travail a été entrepris jusqu'à présent, mais l'exécution m'en paraît d'autant plus difficile, qu'en lisant séparément le rapport de M. Cuvier, et l'extrait des leçons craniologiques du doct[eu]r allemand, j'avoue que non seulement il m'a été impossible d'y saisir [152] un véritable rapport de déduction et d'analogie, mais que j'ai cru trouver une opposition remarquable entre la théorie anatomique d'une part et la craniologie de l'autre.

Le résultat qui attire d'abord particulièrement notre attention dans ce
86 nouveau système anatomique, c'est le déplacement de l'origine | des nerfs que presque tous les physiologistes, jusqu'à Bichat exclusivement, se sont accordés à faire sortir du cerveau, considéré comme la souche ou la matrice commune, avec cette différence pourtant, que les nerfs spécialement nommés *cérébraux* sont censés émaner de cette souche d'une manière directe et immédiate, pendant que les nerfs dits spinaux, et tous ceux qui, placés dans les régions intérieures du corps, le thorax, l'abdomen, y servent aux fonctions de la vie organique ou nutritive, ne se rapportent au cerveau que d'une manière médiate par l'entremise de la moelle épinière ou de quelque partie

[150] *Biran a écrit successivement :* trouver, et assez dire

[151] des leçons publiques

[152] quelque

du système cérébral auquel ils s'abouchent (52). Bichat, génie destiné, ce semble, à faire une révolution dans la science et à en changer la face, mais qu'un sort funeste et à jamais déplorable moissonna dès l'ouverture de sa carrière, avant qu'il eût pu consolider le grand œuvre de la réformation physiologique et féconder tous les germes précieux qu'on trouve répandus dans ces pages écrites avec la précipitation d'un jeune homme qui, plein du feu sacré, semble pressentir confusément que la mort est là et qu'il n'aura pas le temps de tout dire, Bichat apporta un changement notable dans la doctrine des physiologistes qui l'avaient précédé, sur l'origine du système général des nerfs ou leur dérivation commune du cerveau (53).

On peut voir dans ses recherches immortelles sur la vie et la mort et dans son anatomie physiologique comment il établit une division nette et précise fondée sur les observations les plus approfondies, entre le système nerveux de la vie animale dont il laisse l'origine dans le cerveau considéré toujours comme le centre unique des fonctions de cette vie et le système nerveux de la vie organique ou nutritive qu'il prouve n'avoir point de connexion directe et nécessaire avec le cerveau, mais prendre son origine dans divers centres nerveux, qui sont les ganglions. Et ces ganglions sont répandus dans les différentes régions du corps; chacun est un foyer particulier d'action nerveuse, irradiée de là par plusieurs ramifications, vers les organes qui sont en rapport avec lui. Ainsi, comme le terme de la sensibilité animale et l'origine de la contractilité de même espèce se trouvent toujours dans le *cerveau,* de même le terme de la sensibilité organique et l'origine de la contractilité correspondante se rapportent au ganglion dont chaque organe interne reçoit ses nerfs. Voilà une division physiologique bien tranchée et on peut voir déjà comment viennent s'y coordonner naturellement, d'une part les facultés perceptives ou intellectuelles qui ont le même centre ou même siège *(un)* que les fonctions de la vie animale, et d'autre part les facultés affectives ou passives qui, étant liées aux fonctions de la vie organique, doivent avoir aussi les mêmes centres ou sièges intérieurs, variés et multiples.

Le doct[eu]r Gall est venu armé de nouveaux faits anatomiques qu'il prétend avoir découverts, et surtout armé d'une hypothèse qu'il veut mettre en vogue dans le monde.

Il commence à faire pour le système nerveux cérébral ce que Bichat avait déjà fait pour le système nerveux de la vie organique. D'abord, il semble soustraire en effet à l'empire du cerveau les fonctions de l'une comme de l'autre vie. Il ramène également ces deux classes de fonctions à celles d'un seul système nerveux commun, subdivisé en plusieurs systèmes et semblable à un réseau dont les portions séparées participent selon leur volume à
87 l'organisation et aux | fonctions de l'ensemble plutôt qu'à un arbre qui, n'ayant qu'une souche unique, se distribuerait en branches et en rameaux à la manière du système artériel, par exemple (54). Le doct[eu]r Gall appuie cette manière de voir, sur les dissections qu'il a faites des nerfs et du cerveau, en commençant par les couches inférieures et où il prétend avoir constamment observé que les nerfs dits cérébraux qui sortent de dessous l'encéphale et principalement de la *moelle allongée* ne viennent pas plus du cerveau que les nerfs vulgairement appelés *spinaux;* qu'en suivant séparé-

ment les racines de ces nerfs prétendus cérébraux jusque dans l'épaisseur de la moelle allongée, on les voit directement remonter de celle-ci vers le point du cerveau où ils aboutissent, et non pas, comme on l'avait cru généralement, descendre du cerveau pour traverser la moelle. C'est donc à cette moelle allongée, dont l'épinière n'est que la prolongation, et qui forme avec elle le grand cordon médullaire, que se rattachent toutes les parties du réseau nerveux (55). C'est là que gît le véritable lieu de communication de toutes ces parties. Le doct[eu]r Gall prétend en effet, et c'est là la partie vraiment neuve de son système, avoir observé le long de ce cordon médullaire une suite de *renflements* ou de tubercules ou protubérances, d'où sortent autant de paires de nerfs formant chacune un système particulier, dont les fonctions sont indépendantes jusqu'à un certain point, quoique concourant à celles du même tout *vivant* (56). Le cerveau lui-même et le cervelet ne sont autre chose qu'un de ces renflements, plus gros et plus considérable, qui a aussi ses tubercules ou protubérances partielles : c'est ainsi qu'on voit sortir du bourrelet d'un arbre greffé plusieurs branches séparées et jusqu'à un certain point indépendantes du tronc, quoique vivant avec lui d'une vie commune[153]. De cet exposé, il suit que le cerveau, dans le système de Gall, ne joue guère que le rôle d'un ganglion nerveux dans le système de Bichat, avec cette différence, néanmoins, que suivant le physiologiste français, les ganglions servent d'origine ou de matrice aux nerfs de la vie organique comme le cerveau, centre unique, donne naissance aux nerfs de la vie animale, tandis que suivant le doct[eu]r allemand, les nerfs de ces deux vies tirent également leur origine de la moelle épinière ou allongée (57) ; d'où il[154] paraît que la grande division de Bichat n'aurait presque plus de fondement, et qu'il n'y aurait pas plus de centre unique et essentiel pour les fonctions de la vie animale qu'il n'y en a pour celles de la vie organique, mais que dans l'une

[153] *Le texte que nous donnons, jusqu'à :* Tout cela posé, *vient d'une feuille collée sur le manuscrit, avec un signe de renvoi de la même encre que le reste, et qui se raccorde bien avec ce qui suit. On peut lire, dessous, cette première version :* On voit par là que les fonctions du cerveau se trouvent ici assimilées à celles que remplissent les ganglions dans le système précédent, avec cette différence pourtant que Gall semble accorder moins de prépondérance au cerveau que Bichat n'en attribue au moindre des ganglions, puisque ce dernier considère les ganglions comme servant de matrice aux nerfs qui sont censés en partir, tandis que Gall ne voit dans le cerveau qu'une émanation ou une dépendance de la mœlle allongée d'où il est censé tirer son origine. Ce sont donc plutôt les tubercules ou renflements partiels situés le long du cordon médullaire [*à partir d'ici le texte est barré*] qui remplissent dans le système de Gall les fonctions qu'exercent les ganglions dans celui de Bichat ; mais à cette différence près on peut appliquer indistinctement [aux] systèmes nerveux des deux vies, dans le point de vue du doct[eu]r allemand, tous les principes et les résultats que le physiologiste français avait spécialement et exclusivement affectés aux fonctions du système nerveux de la vie
88 organique, savoir, que les unes comme les autres fonctions n'ont | point de centre unique et essentiel, mais qu'il y a dans les deux vies plusieurs centres d'action perceptive et divers foyers d'action nerveuse indépendants du cerveau et isolés à un certain point les uns des autres. Tout cela posé *etc.*

[154] résulte

comme dans l'autre vie, il existerait divers foyers d'action nerveuse et sensitive situés dans les protubérances ou renflements du cordon médullaire, par conséquent ne dépendant pas essentiellem[en]t du cerveau et exerçant leurs
88 fonctions[155] aussi indépendamment. Tout cela posé | on voit très bien comment s'explique, dans le système de Gall, le double jeu des sensations et des mouvements dans les êtres acéphales comme dans ceux où le cerveau, qui est essentiel et prédominant dans les animaux placés au haut de l'échelle, n'est en effet qu'un petit appendice ou un renflement très peu considérable de la moelle épinière. On voit aussi comment dans des êtres ainsi organisés les fonctions de la vie, du mouvement et de la sensibilité, peuvent se répartir ou se disséminer entre divers centres qui vivent et fonctionnent séparément les uns des autres, ainsi que cela a lieu dans les vers de terre, les naïdes et plusieurs espèces de chenilles. Mais ce qui ne s'explique pas à beaucoup près aussi bien dans la même doctrine, et qui paraît même être en contradiction avec elle, c'est qu'en considérant le cerveau comme un organe subordonné au grand cordon médullaire dont il est censé tirer son origine et n'être qu'un simple appendice, on nous le représente d'un autre côté comme s'il était le véritable centre des fonctions des deux vies, puisqu'on y établit les sièges respectifs de toutes les facultés spéciales de différents ordres, les organes ou instruments nécessaires des affections de l'instinct et des passions de l'être sensitif, comme des idées et des volontés libres de l'être intelligent. Pourquoi donc cette concentration de tant de facultés diverses dans un seul organe qui ne joue pourtant, dit-on, qu'un rôle accessoire et dépendant dans l'organisation générale? Pourquoi un simple appendice de la moelle allongée jouit-il du privilège exclusif de réunir en lui les sièges de toutes les facultés, et comment se fait-il que tant d'autres renflements partiels qui donnent naissance à des paires de nerfs, formant autant de systèmes qui ont leurs fonctions propres et distinctes, n'entrent d'aucune manière en partage de ce privilège[156]? Quand nous accorderions présentement la concentration des facultés intellectuelles dans le cerveau et leur dissémination physiologiquement possible dans les diverses portions de cet organe (et nous avons assez vu ce qu'il fallait penser des preuves de cette dissémination prétendue), du moins nous sommes en droit de demander par quels motifs on veut encore borner exclusivement au cerveau les sièges divers des instincts, des appétits, des affections et des passions (58). Docteur inconcevable, pourrions-nous dire, mettez-vous donc une fois d'accord avec vous-même et avec vos propres observations. Vous avez d'abord voulu, ce semble, ravir au cerveau l'empire que tout le monde lui accordait sur les fonctions de la vie animale. Pourquoi voulez-vous maintenant lui attribuer une influence générale et exclusive qu'aucun observateur n'avait admise avant vous? Vous poussez un peu trop loin l'esprit de contradiction. Quand nous disons que tout ce qui tient à l'intelligence et à la vie de relation se rapporte dans le cerveau à un centre unique, vous prétendez

[155] séparément les uns des autres
[156] *Voir appendice XII.*

nous montrer qu'il y a autant de centres et de sièges physiquement séparés que de facultés ou de manières d'être et d'agir du même sujet, psychologiquement distinctes : quand nous disons au contraire que la vie intérieure et toutes les affections ou passions qui y prennent leur source ou y portent
89 | leur influence ont[157] [autant] de centres ou de sièges séparés et comme indépendants dans l'organisation, vous nous assurez qu'elles sont concentrées dans le même organe cérébral.

Ainsi, ce que le sens intime et[158] l'expérience réunissent, vous le divisez, ce qu'ils divisent, vous le réunissez, et cela sans autre preuves que certaines observations empiriques particulières sur lesquelles il faut s'en rapporter à vous,[159] mais dont, sans blesser la politesse due à un étranger aussi [160] [distingué], nous pourrions bien au moins vous contester la généralité. Mais dites-nous, grave docteur qui placez[161] le siège d'une passion telle que l'amour physique dans la nuque, en allant ainsi directement contre les droits bien légitimes du 6e sens, vous qui expliquez si bien les fonctions vitales sensitives des êtres qui n'ont point de cerveau, apprenez-nous quel sera le siège de cette affection dans des acéphales qui n'ont pas été tellement maltraités par la nature, qu'ils ne jouissent pourtant, à leur manière, des douceurs de l'amour (59) ? Où sont aussi dans les mêmes êtres les sièges des appétits et des affections[162] diverses qu'ils manifestent, et comment conciliez-vous en effet le cercle de fonctions assez étendu que parcourent tant d'êtres organisés, qui sentent, se meuvent, se nourrissent, se reproduisent sans cerveau, avec l'opinion qui assigne exclusivement dans ce siège les organes de toutes les facultés ?[163]

90 | Ici, la contradiction est tellement manifeste, que je m'étonne vraiment qu'elle n'ait pas frappé d'abord tous les critiques du système de Gall. Sans avoir besoin d'y insister plus longuement, nous continuerons le parallèle de ce système avec celui de Bichat sur les sièges des passions, en levant à cet égard quelques équivoques et cherchant à éclaircir quelques doutes.

Toute espèce de sensations, dit Bichat, a son centre dans le cerveau, car là où l'action de cet organe est suspendue, toute sensation cesse. Au

[157] *Entre les lignes :* divers ; autant *a été rayé.*
[158] observation
[159] et
[160] distingué *est barré.*
[161] l'organe
[162] *Entre les lignes :* diverses
[163] *Après un passage rayé, et d'une autre encre, Biran ajoute cette remarque :* Le doct[eu]r Ackermann a fait, contre la doctrine de Gall, en ce qui est relatif aux organes des passions, des objections qui me paraissent très bien fondées et auxquelles l'élève de Gall a fort mal répondu (voyez les pages 278 et 279 de la *Cranologie*[). «] A l'idée des passions, dit le docteur anti-galliste, appartiennent non seulement les changements qui s'opèrent dans le cerveau, mais aussi principalement l'action de l'imagination qui s'exerce sur le nerf *sympathique* et à l'aide de celui-ci sur les opérations de la vie organique ». Gall n'a tenu aucun compte de cet effet caractéristique des passions.

contraire, le cerveau n'est jamais affecté dans les passions, les organes de la vie interne en sont le *siège unique.* A l'appui de ce principe, l'ingénieux auteur du *Traité de la vie et de la mort* cite une multitude de faits qui tendent à prouver que l'effet de toute passion, constamment étranger à la vie animale, est de faire naître un changement, une altération quelconque dans la vie organique, ou dans les fonctions diverses dont elle se compose, savoir : la circulation, la respiration, les sécrétions, etc. (60).

Ici, tous les faits semblent concorder parfaitement avec la théorie ; la division des facultés affectives et des facultés intellectuelles, justifiée en quelque sorte par la réflexion intérieure, paraît l'être encore par les divisions anatomiques et physiologiques qui sont d'ailleurs fondées sur un tout autre ordre d'*observations.* Qu'oppose le doct[eu]r Gall à ces faits ? Rien qu'un système d'observations empiriques, étrangères, contraires même au sens intime comme à ses propres divisions d'anatomie ou de physiologie.

On avait toujours pensé, lui fait dire un des journalistes qui ont exposé sa doctrine, que les facultés intellectuelles seules avaient leur siège dans le cerveau, tandis que celui des affections, des passions et des penchants était dans les organes intérieurs. Cette opinion est contredite en ce que les organes internes ont tous leurs fonctions bien *connues,* et qu'il est impossible de concevoir comment le cœur, par exemple, qui n'est qu'un muscle, pourrait engendrer des actes *moraux.*

Le doct[eu]r conçoit-il bien mieux que la pulpe cérébrale, avec toutes les protubér[ance]s possibles, soit plus propre que le cœur à engendrer des actes *moraux* ? On connaît bien, dit Gall, toutes les fonctions des organes internes ; et c'est pour cela qu'il répugne à leur en attribuer de relatives à telles affections ou passions ? [164] Mais, quand bien même il serait vrai que nous connussions parfaitement toutes les fonctions physiologiques des organes internes, qu'est-ce que cette connaissance aurait de commun avec celle de l'espèce d'impressions ou d'affections immédiates qui peuvent naître de ces fonctions ou qui s'y rapportent ? C'est ici une confusion bien étrange de deux espèces de connaissances ou d'idées que nous nous sommes tant attachés à distinguer : celles qui naissent exclusivement du sens intime, et qui ne se représentent point au dehors, et celles qui ont au contraire tout leur mobile dans l'observation extérieure.

91 | Y a-t-il quelque rapport, en effet, entre la connaissance des fonctions physiologiques du cœur ou de l'estomac, et une affection gastrique, une cardialgie, etc. ? Remarquez, en outre, l'abus que le doct[eu]r Gall fait du mot *organe,* et la restriction qu'il donne à ce terme pour appuyer son hypothèse. Un sentiment intime, et qui paraît bien immédiat, nous fait rapporter telle [165] impression ou modification de notre sensibilité à tel siège particulier dans l'intérieur du corps ou à sa surface, et nous disons que cette partie où nous sommes naturellement entraînés à localiser l'impression en est l'organe ou le siège corporel. La langue savante, d'accord avec la langue vulgaire, a consacré cette acception.

[164] *Voir Appendice XIII*
[165] affection

Maintenant, quoique nous sachions par la théorie et l'expérience physiologique, que l'impression doit être transmise jusqu'au cerveau ou à un foyer nerveux principal pour être ce que nous appelons perçue ou sentie par le *moi,* néanmoins, quand on admettrait dans le cerveau même autant de divisions et de points où chaque impression spécifique individuelle devrait aboutir pour être ainsi perçue, jamais pourtant on ne serait fondé à regarder ce point cérébral comme le véritable et l'unique organe de ces sensations diverses; car ainsi, ceux qui n'admettent qu'un siège unique de l'âme seraient fondés à n'admettre qu'un *organe* de sentiment ou de perception. Il est de fait que nous ne sentons rien dans les points du cerveau dont il s'agit; nous ignorons même, en ne regardant qu'en nous, s'il existe de pareils centres, tandis que nous sentons bien réellement l'impression agréable ou douloureuse dans le lieu physique où nous la rapportons et nous ne la sentons que là; et quel motif aurait-on d'appeler organe la partie où l'impression aboutit, à l'exclusion de la partie qui la transmet? Comme tout cet appareil nerveux et membraneux qui forme le nez sera toujours dit avec raison être l'organe de l'odorat, parce que nous y rapportons les odeurs, et également pour les appareils externes visuels, auditifs, etc., de même, les viscères internes, auxquels nous rapportons certaines affections immédiates produites par une cause quelconque physique ou morale, sont bien proprement nommés les sièges ou les organes de ces affections. Je demande ici, par exemple, pourquoi le doct[eu]r Gall n'a pas placé dans le cerveau les organes de la faim, de la soif, comme il y place celui de l'amour physique? Et s'il ne croit pas devoir admettre pour ces premiers appétits d'autres sièges que ceux auxquels le sens intime les rapporte, pourquoi va-t-il en chercher de différents pour l'appétit vénérien, l'instinct maternel, etc. Pourquoi? C'est qu'il fallait que l'amour dont le nom seul s'empare si vivement de notre imagination eût sa protubérance marquée; mais je ne puis voir là que le *signe* d'un rapport empiriquement établi et non point l'organe vrai d'une passion ou d'un appétit naturel. Eh! Comment peut-on confondre ainsi le signe que l'homme imagine ou découvre avec l'organe que la nature attribue à telle fonction? Des physiologistes plus exacts ont bien trouvé aussi un rapport entre la largeur de la poitrine ou l'étendue de l'appareil de la sanguification et la force génératrice; s'ensuit-il que l'organe de cette force soit dans la protubérance de la poitrine? Le docteur allemand comme tous les faiseurs d'hypothèses connaît bien tout l'ascendant de certains mots et les illusions qu'on peut produire par leur moyen. Mettons-nous à l'abri de semblables prestiges par une analyse exacte des *faits* et des idées qui se trouvent renfermés sous ce terme: *passion.*

92 | 1° Les impressions immédiates passives que le sens intime seul nous [166][fait] localiser dans certains organes intérieurs, comme la faim, la soif, une douleur de colique, un mal d'estomac, ont bien pour sièges les parties mêmes auxquelles nous les rapportons et il n'y a point de motif pour leur chercher d'autres organes.

[166] *Mot barré.*

2° Mais il y a une autre espèce d'affections immédiates qui ne se localisent pas ainsi directem[ent]. Le sens intime ne les rapporte à aucun siège particulier au-dedans du corps ; on peut savoir physiologiquement qu'elles naissent toujours à la suite de telle lésion organique, ou qu'elles accompagnent tel mode d'altération de certaines fonctions essentielles à la vie, etc. Mais l'individu ne les sent point réellement dans les organes lésés, pas plus, ou précisément par la même raison qu'il ne sent ou ne perçoit point les impressions et mouvements constitutifs des fonctions vitales de ces organes. Le propre des affections dont il s'agit est d'influer directement sur le sentiment général de notre existence, de nous rendre immédiatement heureux ou malheureux sans que nous connaissions la cause interne du bonheur ou du malheur et que nous puissions dire ce qui nous fait souffrir ou jouir, quelle est la partie de nous-même qui s'affecte en bien ou en mal. Aussi n'est-il pas étonnant que nous allions toujours chercher les causes de ces affections dans les objets externes perçus, à l'exclusion des causes vraies qui ne sont autre chose que ces impressions internes immédiates, obscures pour la conscience et sur lesquelles tout retour nous est interdit.

Les affections, par exemple d'hilarité ou de tristesse, de calme ou d'anxiété, de courage ou de timidité, de confiance ou méfiance en ses forces, et tant d'autres semblables qui n'ont point de nom et sont vraiment ineffables, tiennent bien sûrement à tel mode d'exercice des fonctions vitales du foie, du poumon, du cœur, de la rate, etc., et aux impressions organiques immédiates qui leur correspondent ; impressions ou passions [167] [proprement] dites qui affectent l'être sensitif par *consensus* et en masse. Elles ne se localisent ou ne se distinguent point dans des sièges particuliers, comme les sensations extérieures, parce qu'ainsi que le prouve la physiologie, il n'y a point de connexion directe essentielle entre le centre cérébral et les organes où elles sont reçues. Aussi la volonté, la force motrice de l'âme, ne peut rien pour les exciter, les faire naître, les suspendre et les élever au rang de véritables perceptions.

Rien ne peut donc, ici, favoriser l'hypothèse qui tendrait à déplacer le siège organique interne des affections et passions dont il s'agit pour le rapporter à quelque division cérébrale fixe et déterminée ; toutes les observations sont contraires, et encore un coup, le système anatomique et physiologique de Gall lui-même s'y oppose. Et vraiment, s'il y avait un organe, un siège fixe dans le cerveau pour chaque espèce d'affections, chaque disposition de la sensibilité, ou chacune de ces modifications du tempérament et du *caractère* dont le médecin expérimenté ne peut lire les signes que dans l'ensemble de l'organisation, dans la prédominance reconnue de tel organe interne, s'il y avait, dis-je, tel siège cérébral fixe pour chaque passion comme pour chaque ordre de perceptions, d'où pourraient venir ces variations continuelles que chacun de nous éprouve incessamment dans ses affections ou dispositions sensitives ? Celui qui a dans la tête l'organe du
93 courage, | par exemple, ne devrait-il pas toujours se sentir à peu près égale-

[167] *Mot barré.*

ment fort et courageux, comme celui qui a les sens de la vue et de l'ouïe bien constitués voit et entend toujours à peu près également bien? Pourquoi donc la protubérance affectée à un tel sentiment, ou telle passion particulière restant la même, y a-t-il tant et de si continuelles vicissitudes dans l'affection ou disposition sensitive correspondante? Si l'amour physique ou appétit vénérien a son siège organique dans une protubérance située derrière la tête, pourquoi l'intermittence, les variations, les degrés d'énergie ou l'affaiblissement d'une telle passion se proportionnent-ils toujours à l'état d'irritation ou d'atonie d'un foyer particulier de sensibilité ou de cet appareil nerveux dont l'influence est assez connue? Et si c'est la prédominance d'un tel foyer, son excitation actuelle par le fluide séminal qui l'impressionne et l'irrite, qui détermine l'appétit et fait naître la passion physique de l'amour, pourquoi ne serait-ce pas là aussi qu'elle aurait son organe ou son siège propre? Il en est de même sans doute, de l'amour des mères pour leur progéniture, considéré dans ce qu'il a d'instinctif ou de vraiment *animal,* et abstraction faite de toutes les idées ou habitudes morales qui viennent s'y rattacher. S'il est prouvé par les observations les plus constantes, que cette affection immédiate tient essentiellement aux dispositions de la matrice ou de l'utérus, de l'organe sécréteur du fluide nourricier, d'où naît le besoin de l'allaitement et l'impression agréable qui l'accompagne, comment peut-on transporter ailleurs et dans une division cérébrale particulière le siège d'une semblable affection? C'est donc bien à cette classe d'affections ou de passions immédiates, naturelles et simples que s'applique complètement le principe de Bichat opposé à l'hypothèse craniologique, savoir, que toute passion a son siège déterminé dans quelque organe de la vie intérieure, que c'est là le terme où aboutissent et le centre d'où partent toutes les *passions,* résultat bien prouvé, non seulement en ce que les passions portent essentiellement sur les fonctions organiques en affectant leurs viscères d'une manière spéciale, mais de plus, en ce que l'état de ces viscères, leurs lésions, les variations de leurs forces concourent d'une manière très marquée à produire telle espèce de passions, comme la joie, la tristesse, le courage ou la timidité, la colère impétueuse ou froide, et l'apathie. Nous pouvons donc affirmer encore avec assurance, d'après les observations de tout ordre, qu'aucune des impressions passives ou de[s] facultés affectives de l'espèce que nous venons de considérer, n'a de siège ou d'organe proprement dit dans aucune division cérébrale particulière, à moins qu'on n'abuse étrangement de ces mots siège et organe, et qu'on ne mette de côté tous les faits et les principes sur lesquels le doct[eu]r Gall lui-même a basé ses propres divisions physiologiques.

3° Considérons maintenant les passions, dans un autre ordre de phénomènes plus relevés, auxquels donnent lieu le développement complet de la vie morale, le mélange et la succession continuelle de sentiments et d'idées qui s'excitent et se produisent les uns par les autres, et tendent de plus en plus à compliquer la valeur réel[le] du terme *passion* et par suite l'analyse de tout ce que ce terme résonne.

94 | Ici, le point de vue sous lequel on peut envisager le phénomène mixte appelé *passion,* est vraiment double ; on peut, en effet, avoir égard surtout à

la partie purement intellectuelle du phénomène, c'est-à-dire à la production des diverses idées, jugements de l'esprit, qui se rapportent à l'*objet* d'une passion ; on peut n'avoir égard aussi qu'aux sentiments affectifs qui constituent proprement cette passion et à tous ses effets organiques, comme le trouble ou le désordre et quelquefois le surcroît d'énergie que prennent certaines fonctions dans ces mouvements ou ces violentes tempêtes de l'âme sensitive.

Sous le premier rapport, ou en ne considérant que *la cause* qui produit et détermine la passion ou la fixe sur un objet particulier, on peut lui attribuer même siège, même organe ou mêmes instruments qu'à l'imagination, la mémoire ou le jugement, et en général aux phénomènes intellectuels qui interviennent dans sa production et qu'elle sert à exalter à son tour. [168] Mais, dans ce cas, il n'y aurait pas lieu à rattacher les facultés affectives à des sièges cérébraux distincts de ceux qu'on attribue aux facultés de perception ou de représentation ; par exemple, l'idée ou l'image qui me représente un monceau d'or est la même dans mon cerveau que dans celui de l'avare ; c'est toujours à la même division cérébrale qu'elle doit se rapporter par l'hypothèse. La seule différence consiste dans une affection particulière, une tendance, un attrait très énergique qui se joint à cette image dans l'avare et qui en est séparée dans la représentation indifférentc quc jc puis mc faire du monceau d'or. Il est vrai que cette espèce d'affection détermine dans le premier cas un surcroît d'activité, de persistance et de force dans les phénomènes de l'imagination ; mais cela ne fait rien au siège de l'idée fondamentale relative à l'*objet* de la passion auquel seul on paraît avoir égard, dans le point de vue dont il s'agit. Prenons encore par exemple, les effets de cette disposition tendre qu'on appelle complexion amoureuse, dans cet âge où le sang s'allume, où toutes les facultés organiques et morales acquièrent une vie nouvelle par l'influence et l'irradiation puissante d'un nouveau centre de sensibilité ; l'amour constitue alors la modification intime habituelle de l'existence et l'existence même tout entière ; l'être sensible trouve partout des sujets d'aimer, partout les objets de la plus douce sympathie. C'est alors que tout dans la nature, comme l'a dit un grand observateur (Cabanis), devient l'objet d'une sorte de culte, et qu'on est porté à adorer les puissances invisibles, comme on aimerait ou parce qu'on a besoin d'adorer une maîtresse (61). Et remarquons ici en passant, contre Gall, que l'amour physique et celui de la théosophie ou de l'amour divin [169] paraissent bien alors fondés dans la même disposition sensitive et non point disséminés dans des organes séparés. Mais le siège de l'imagination, qui conserve et reproduit sans cesse les images voluptueuses pour le jeune
95 homme plein de vie et d'amour, | sera le même encore quand l'âge aura tout desséché, tout glacé, et que les mêmes formes purement idéales se reproduiront nues et dépouillées dans l'organe central de l'imagination.

D'où il faut conclure qu'en considérant les passions dans l'ordre moral

[168] *Ce passage, jusqu'à* représentation, *est dans la marge.*
[169] sont bien fondés

où ces phénomènes se composent de sentiments et d'idées, des produits de l'imagination et de ceux de l'affectibilité intérieure, mais en ayant égard seulement au travail intellectuel qui se joint à l'appétit et aux affections immédiates de la sensibilité, soit que ces affections éveillent la pensée et lui impriment sa direction, ou qu'elles ne lui soient que consécutives et naissent de son exercice, il y a lieu en effet à contredire le principe absolu et général de Bichat, que toute passion a son siège exclusif dans les organes de la vie intérieure ; mais il faudra nier en même temps que les passions aient dans quelques [170] divisions du cervɾ au un siège différent de celui des idées qui représentent leur objet ou des opérations intellectuelles relatives au même objet, ce qui n'est pas moins contraire à l'hypothèse de Gall.

Mais pourquoi, dans les phénomènes mixtes dont il s'agit, s'attacherait-on exclusivement à la partie intellectuelle et à l'œuvre de l'imagination, en laissant absolument à l'écart toute la partie affective et toutes ces impressions ressenties dans les organes de la vie intérieure, tous les changements opérés dans l'ordre de leurs mouvements et fonctions ? N'est-[ce] pas là vraiment la partie la plus notable du phénomène, n'est-ce pas là ce qui caractérise véritablement la passion et qui la distingue des scènes muettes, calmes et réfléchies, qui se passent uniquement dans la froide intelligence ? Ce n'est point en effet quant à la production des idées que nous pouvons être dits passifs ou éprouver une *passion ;* bien [au] contraire, c'est dans le champ des idées intellectuelles, dépouillées de tout ce qui tient aux affections, que s'exerce toute l'activité de l'*âme* pensante.

Or, elle est bien nulle en effet, cette activité, sous l'empire exclusif ou la prédominance d'une nature simplement affective, *simplex in vitalitate* (62), qui ne connaît point de régulateur, ou de contrepoids dans l'entraînement de la passion proprement dite. Le cerveau, considéré [171] comme le centre unique de la perception et de la volonté, ne fait plus que réagir sympathiquement sous les impressions des organes intérieurs qui prennent sur ses fonctions propres l'initiative et la prédominance. On connaît bien les produits de cette réaction sympathique et passive au caractère brusque et tumultueux des mouvements, à la succession irrégulière et spontanée des fantômes, à la vivacité des images, aux couleurs sensibles dont elles se revêtent, à leur opiniâtre persistance, que la volonté enchaînée ne peut interrompre ni distraire.

96 | Quelle que soit donc l'origine ou la *cause déterminante* du phénomène proprement caractérisé *passion,* que ce soit un appétit instinctif dont le siège ne saurait être douteux, comme dans les passions naturelles et simples, ou une idée produite d'abord par le libre exercice de l'imagination et des facultés perceptives, comme dans les passions artificielles et composées qu'on pourrait appeler aussi *intellectuelles,* une fois que telle affection est

[170] partie

[171] *Ici une croix renvoie peut-être à cette indication (partiellement barrée) en marge :* et comme une passion quelconque ne devient jamais *telle* sans avoir planté ses racines dans la vie organique, il est vrai de dire que c'est là le propre siège des passions.

devenue prédominante, et qu'elle a acquis par l'habitude le pouvoir de réveiller les séries d'images qui lui sont associées, elle a déjà planté des racines plus ou moins profondes dans la vie organique, et c'est alors que, transformée en tempérament, identifiée pour ainsi dire avec les fonctions de cette vie intérieure, elle revêt les caractères d'une véritable *passion:* résultat général qui, s'appliquant aux diverses classes de phénomènes compris sous le même *titre,* justifie sans doute les principes de Bichat sur le siège réel des passions, autant qu'il contredit l'hypothèse craniologique et toutes les observations empiriques du doct[eu]r Gall. Et comment, dans ce dernier système, pourrait-on expliquer l'*homo duplex* qui ressort, avec une si grande force de conviction, du témoignage même du sens intime bien consulté? Si les facultés affectives ont leur siège dans le cerveau comme les facultés intellectuelles, d'où vient donc cette opposition et cette lutte que nous sentons en nous-mêmes entre deux principes de mouvements et de déterminations, cette puissance de vouloir, véritable force motrice, tantôt dominante sur celle des passions, des instincts et des appétits qui tirent en sens contraire, comme dans le sage stoïque, tantôt en équilibre avec elle comme dans les affections raisonnables, tantôt subjuguée comme dans ces passions vraiment malheureuses où l'on se sent entraîné par une sorte de *fatum?*

Si tout est également sous la dépendance du même centre cérébral et de ses divisions multiples, comment se fait-il que divers mouvements des muscles, comme différentes espèces d'idées ou d'images, se trouvent excités par des causes physiques dont l'influence se porte d'abord tout entière sur des organes intérieurs, tels que le cœur, le foie, le poumon, ainsi qu'on en trouve tant d'exemples dans la pratique de l'art de guérir appliqué particulièrement aux vésanies et aux différentes espèces d'aliénations mentales? [172] Que devient enfin, dans ce système, la belle division établie par Bichat entre les phénomènes des deux vies, et ceux des passions considérées par rapport à l'une et à l'autre, division qui peut seule nous donner l'explication et la clef d'un des phénomènes les plus remarquables de l'action et réaction du physique sur le moral, d'où aussi le médecin éclairé tire l'un des plus profonds et des plus utiles secrets de son art, celui de remédier aux [173] altérations organiques, en influant sur le moral et aux désordres moraux, en agissant sur le physique?

97 Concluons donc enfin avec le célèbre | auteur du *Traité de la vie et de la mort,* qu'il n'y a point pour les passions un centre fixe et constant, comme il y en a un pour les sensations extérieures et les facultés perceptives qui s'y rattachent.

Camper, dit Bichat, en déterminant l'angle facial, a donné de lumineuses considérations sur l'intelligence respective des animaux. Il paraît que les fonctions du cerveau et toutes celles de la vie animale, qui y trouvent leur centre commun, ont cet angle pour mesure de leur perfection. Il serait bien

[172] *Voir Appendice XIV.*
[173] désordres

curieux d'indiquer aussi une mesure qui, prise dans les parties servant à la vie organique, pût fixer le rang de chaque espèce sous le rapport des passions (63).

Ce que Bichat désirait, mais dont il paraît bien avoir senti toutes les difficultés, le doct[eu]r Gall a voulu l'exécuter sans sortir de l'enceinte des divisions cérébrales et des protubérances du crâne. Il n'a fait ainsi que décomposer ou fractionner le rapport unique trouvé par Camper, entre les degrés de l'angle facial et ceux de l'intelligence et en a déduit hypothétiquement divers signes pour les passions comme pour les idées, pour les facultés affectives comme pour celles de l'entendement. Mais les véritables signes naturels ont échappé à cet esprit systématique, et le problème proposé par Bichat restera encore un long temps sans doute indéterminé.

Source : ms. 2124.

NOUVELLES CONSIDÉRATIONS SUR LE SOMMEIL, LES SONGES ET LE SOMNAMBULISME

21 [174] | Les nouvelles considérations sur le sommeil, les songes et le somnambulisme que j'offre aujourd'hui à cette société rentrent complètement dans le cercle des phénomènes dont l'exploration appartient en propre à la physiologie, et je ne pouvais en choisir un qui fût plus propre soit à établir les points de contact de deux sciences en faisant ressortir la distinction des deux classes de facultés actives et passives, soit à faire connaître par l'expérience ce qu'est la dernière classe de ces facultés séparées du concours de l'autre, soit enfin à jeter un plus grand jour sur la nature de ces produits nus des sens et de l'imagination, dans l'absence ou la suspension de la volonté, et à révéler tout ce que cette puissance y ajoute en les appropriant au *moi* et [en] les élevant à la hauteur de la pensée.

CHAP[ITRE] I

Du sommeil et de ses causes, de l'état du corps dans cette fonction ; comment elle s'allie avec la suspension de la volonté.

Si nous pouvions nous étonner des phénomènes que l'habitude nous a
22 rendus les plus | familiers, comment n'éprouverions-nous pas une surprise mêlée d'effroi en réfléchissant à cette différence si prodigieuse entre deux modes alternatifs d'existence, dans l'un desquels nous vivons, sentons, et agissons avec la conscience ou le sentiment intime de notre existence, de nos impressions, et de nos actes, tandis que dans l'autre nous vivons, sentons et agissons, [175] souvent par les mêmes organes, et en apparence de la

[174] *Voir Appendices XVI et XVII.*
[175] aussi avec

même manière, sans conscience, sans *moi,* sans souvenir, et en demeurant comme étrangers dans l'un de ces états ou modes d'existence, à tout ce que nous avons éprouvé, senti, imaginé ou fait dans l'autre ? Sans doute le phénomène du sommeil a dû faire naître de bonne heure dans l'esprit de l'homme, avec l'idée de la mort ou d'un sommeil éternel, celle d'une survivance ou d'une vie qui ne fait que changer de forme quand elle semble cesser d'être...

Dans un monologue admirable par la sublimité de l'expression autant que par la profondeur des pensées, l'immortel Buffon fait dire au premier
23 homme, quand il se rend compte à lui-même des | effets de ses nouvelles impressions, et au sujet du sommeil dont il goûte les douceurs pour la première fois : « Tout fut effacé, tout disparut : la trame de mes pensées fut interrompue ; je perdis le sentiment de mon existence. Ce sommeil fut profond. Mon réveil ne fut qu'une seconde naissance, et *je sentis seulement que j'avais cessé d'être.* Cet anéantissement que je venais d'éprouver me donna quelque idée de crainte, et me *fit sentir que je ne devais pas exister toujours.* J'essayai de nouveau mes sens : je cherchai à me reconnaître et à m'assurer que mon existence m'était demeurée tout entière, car je craignais d'avoir laissé dans le sommeil quelque partie de moi-même » (64). Qu'il se rassure, cet homme naissant au monde des phénomènes, il n'a rien [176] perdu dans le sommeil, et il retrouve toute son existence, son moi tout entier, dès qu'il recommence à agir et vouloir.

Le sommeil n'est autre chose en effet que la suspension momentanée de la volonté ou puissance d'effort, et tous les phénomènes qui l'accompagnent peuvent s'expliquer par ce seul principe ; généralisation qui, si elle est fondée, serait un pas de plus fait dans la science de l'homme, qui doit comme toutes les autres tendre toujours à remonter des faits de détail aux lois les plus générales.

24 | § 1. Les physiologistes qui ont [177] le plus approfondi les causes et les circonstances de l'état de sommeil, ne me semblent pas avoir saisi ou suffisamment noté le caractère essentiel de cette fonction périodique.

Bichat qui a porté le coup d'œil du génie dans presque tous les sujets qu'il a traités, a considéré celui-ci sous un point de vue trop particulier et trop exclusivement relatif à sa division des deux vies : « Le sommeil général, dit-il, est l'ensemble des sommeils particuliers des organes ; il dérive de cette loi de la vie animale qui enchaîne constamment dans ses fonctions des temps d'intermittence aux périodes d'activité, loi qui la distingue d'une manière spéciale de la vie organique, qui ne s'interrompt jamais, et sur laquelle aussi le sommeil n'exerce qu'une influence indirecte. De nombreuses variétés se remarquent dans cet état périodique ; tantôt toute la vie externe et l'ensemble des facultés qui s'y rapportent sont entièrement suspendues, tantôt il n'y a qu'un *organe isolé* qui sommeille. Dans le sommeil

[176] laissé
[177] considéré

agité par les rêves, qui ne sont qu'une portion de la *vie animale* échappée à l'engourdissement où l'autre partie est plongée, l'imagination, la mémoire
25 et | le jugement, la locomotion même et la voix restent en exercice ; il n'y a que les sensations et la perception de suspendues. Quelquefois même, comme dans le somnambulisme, une partie des sens, tels que l'*ouïe* et le *tact* conservent leurs communications avec les objets extérieurs, pendant que d'autres [178] [les] ont perdue [s]. Ainsi nous dormons à peine deux fois de suite de la même manière, et une foule de causes modifient le sommeil, en appliquant à une portion plus ou moins grande de la vie animale la loi générale de l'intermittence d'action » (65).

Nous verrons par la suite combien sont inexactes et dénuées de fondement la plupart de ces assertions ; contentons-nous pour l'instant de reprendre le vague et l'incertitude qu'elles jettent sur le caractère et les causes réelles du sommeil proprement dit... Cet état n'est point caractérisé dans son rapport avec l'âme, ni même avec le corps, quand on le fait consister dans l'engourdissement où tombent tels organes partiels isolément considérés. Les fonctions de la vie, tant intérieure qu'extérieure, ont chacune leur période d'activité et de [179] rémittence ; et quelqu'une ou plusieurs mêmes de ces fonctions peuvent être momentanément suspendues, sans que pour cela il y ait sommeil proprement dit et dans le sens de l'idée que nous attachons ordinairement à ce mot. Au contraire, les organes des deux vies peuvent être dans l'état de pleine activité et sans lésion apparente,
26 | pendant qu'a lieu le véritable sommeil, celui où il y a privation ou suspension complète de *moi,* quoique la sensibilité et l'imagination s'exercent alors d'une manière animale, il est vrai, hors de leur type ou de leurs habitudes ordinaires. C'est ici ce qu'on peut observer dans les phénomènes du délire, de la manie et des vapeurs d'une espèce particulière, qui ont comme nous le verrons une analogie parfaite avec ceux des songes et du somnambulisme.

Il est à mon avis très inexact de distinguer les modes d'un sommeil général ou partiel, de dire que dans le dernier cas, où une portion de la vie animale échappe à l'engourdissement où l'autre est plongée, l'imagination, la mémoire et le jugement et une partie des sens peuvent rester en exercice, etc.

Car 1°, dans l'état dont il s'agit, ou il y a un moi qui a la conscience plus ou moins vive des impressions et des images, ou bien il n'y a pas de conscience et de *compos sui.* Dans le premier cas ce n'est pas un sommeil vrai ni même incomplet, dans le second c'est un véritable sommeil complet, quand même tous les organes seraient en exercice chacun de leur côté. J'emploie ici de préférence cette locution, sommeil complet et incomplet, au lieu de *général* et *partiel,* qui, à mon avis, présente un contre-sens, car si
27 la fonction du sommeil est | caractérisée surtout par [180] l'absence ou la suspension de la conscience du moi avec celle de la volonté, il ne peut y avoir de

[178] *Biran écrit :* l'ont perdue
[179] d'engourdissement
[180] la privation

sommeil partiel, comme il n'y a point de *moi* partiel, et le sommeil général ou complet n'est pas plus la somme des sommeils particuliers des organes que le *moi* un et indivisible n'est la somme des parties sentantes.

2e Il n'est pas plus exact de dire que l'imagination, la mémoire et le jugement sont en exercice avec une partie des sens externes dans ce mode de sommeil qu'on appelle partiel. Il est bien vrai que l'imagination, considérée comme la faculté de recevoir ou de produire spontanément des images ou des intuitions simples, subsiste dans l'absence complète du moi, ou dans cette suspension absolue de la volonté qui constitue le sommeil parfait; mais comment admettre un exercice quelconque des facultés actives et proprement dites intellectuelles, exercice qui se réfère uniquement à celui d'une volonté jouissant de sa pleine puissance, et au développement le plus complet de la conscience, de l'attention, de la réflexion; comment associer ces facultés supérieures de l'intelligence avec un état qui exclut par sa nature la condition première et fondamentale de toute intelligence, celle du
28 *conscium* et du *compos sui?* | En quoi les rêves ou les images du sommeil, les mouvements et les actes mêmes les mieux déterminés du somnambulisme peuvent-ils différer des idées et des actions de la veille, si ce n'est précisément par cette absence de tout jugement, de toute réflexion ou attention commandée qui, plaçant aussi ces images et ces actes aveugles du somnambule hors de la portée de tous ses souvenirs, ne laisse aucune prise à la mémoire ou au retour sur le passé, et en fait une portion d'existence tout à fait détachée ou séparée de la personne? Ces contradictions et cette inexactitude dans la manière d'envisager la fonction propre du sommeil et ses principaux phénomènes, tien[nen]t à ce que l'illustre auteur du livre sur la vie et la mort n'est pas remonté jusqu'au caractère essentiel qui constitue cet état particulier de l'âme et du corps, et avant tout, de ce que, prévenu pour sa division systématique des deux vies, il a prétendu faire rentrer la puissance de volonté avec toutes les facultés qui lui sont subordonnées, dans les fonctions de la vie animale, en fractionnant pour ainsi dire l'unité du *vouloir* et du *moi,* en les disséminant dans les organes de cette vie: point de vue que je regarde comme absolument opposé à celui qui doit servir de fondement à la science de l'homme intelligent et moral.

29 | § 2. Les phénomènes du sommeil, ses causes et ses circonstances principales, devaient aussi entrer dans le vaste plan de l'auteur des nouveaux éléments de la science de l'homme, le célèbre Barthez, et ne pouvaient entièrement échapper à sa profonde sagacité (66). C'est en réunissant les vues que ce grand homme a exposées dans son style concis, serré, mais toujours plein, avec les considérations lumineuses et plus détaillées que mon honorable ami feu M. Cabanis, a renfermées dans son livre immortel sur le physique et le moral de l'homme, article du sommeil et du délire (67), qu'on pourrait parvenir, je pense, à établir [181] [la] théorie la plus exacte et la plus complète possible sur la partie purement physiologique des phénomènes du

[181] la *est rayé, et remplacé par:* une. *Nous corrigeons.*

sommeil. Je dois dire pourtant qu'en réunissant les aperçus de ces deux grands hommes, il y manquerait encore l'unité de principe ou de cause [182] [à
30 laquelle] on peut enchaîner cet ensemble de phénomènes et de manière | à remplir à la fois l'objet du métaphysicien qui s'occupe surtout à déterminer l'état de l'âme ou du principe pensant dans le sommeil, et du physiologiste qui ne cherche qu'à [183] déterminer l'état du corps ou les fonctions du principe de la vie qui correspondent au sommeil ou qui peuvent le produire dans certains intervalles périodiques. Voyons s'il n'est pas possible de trouver un principe commun, propre à réunir en partie ces deux [184] [points] de vue.

Je saisis d'abord une idée principale dans la théorie de Barthez à ce sujet. L'état de sommeil est caractérisé suivant cet auteur par une concentration du principe de la vie et de la sensibilité dans chacun des organes particuliers que ce principe anime, et entre lesquels aussi il établit une véritable solidarité, une sympathie réciproque, plus ou moins [185] intime dans l'état de veille. Or cette sympathie, cette solidarité doivent être suspendues par l'ef-
31 fet | de la concentration du principe vital dans chaque organe séparé qui demeure ainsi livré à son mode de vie ou de sensibilité particulier, sans communiquer, du moins aussi intimement, avec les autres, sans s'aider de leur concours dans les fonctions qui lui sont dévolues par sa nature propre. De là résulte aussi suivant le même auteur un affaiblissement ou un ralentissement remarquable pendant le sommeil de toutes les fonctions même de la vie intérieure, telles que la sanguification, la circulation, la calorification, la digestion, les sécrétions diverses, l'absorption et l'exhalation (68). Je me permettrai d'observer ici contre Barthez, et en me servant de ses propres principes, que les forces radicales des organes de la vie intérieure, qui [ne sont] point susceptibles d'intermittence, peuvent bien prendre réellement un surcroît d'activité par l'effet même de la concentration dont il s'agit, pendant que leurs forces effectives, n'étant point aidées alors par le concours ou la synergie des autres organes, semblent être tombées au-dessous du ton
32 | [186] [naturel] et relatif qu'elles ont dans l'état d'activité soutenue de toutes les parties qui sympathisent pendant la veille, de manière à se communiquer et à échanger pour ainsi dire les degrés d'activité et de force vitale dont chacune jouit en particulier. Or l'augmentation de cette force radicale dans
33 l'organe, où sa concentration est déterminée, semble bien | se manifester dans beaucoup de cas observés par les naturalistes et les médecins, et qui sans cela seraient inexplicables. Tels sont ceux où le sommeil, pris aussitôt après le repas, facilite et accélère le travail complet de la digestion : cas analogue, peut-être, à celui où la conception parait devenir plus facile et plus assurée dans certains temps par l'isolation ou la concentration des forces sensitives de l'utérus, qui conserve et élabore d'autant mieux l'esprit sémi-

[182] *Biran écrit :* auquel
[183] reconnaître
[184] points *est barré.*
[185] étroite
[186] naturel *est barré.*

nal dont il vient d'être imprégné qu'il est plus froid, plus calme, moins distrait par des émotions enivrantes, des impressions trop vives faites dans d'autres organes sympathisants qui attirent à eux une portion de la sensibilité.

Comment expliquer autrement que par un accroissement de forces radicales des organes intérieurs livrés à leur vie propre par le même effet de concentration, ces phénomènes si curieux et encore si peu connus dans leurs causes, du long sommeil ou de l'engourdissement profond où demeurent plongées pendant tout l'hiver plusieurs espèces d'animaux qui restent
34 enfouis sous la neige, ou au fond | des marais en conservant toujours une température égale et bien supérieure à celle du milieu où ils continuent à vivre organiquement ? Avec quelle ténacité leur principe de vie, qui les anime encore, ne doit-il pas adhérer à chacun des organes intérieurs, pour résister à tant de causes de destruction dont la sensibilité et la motilité extérieure ne peuvent plus les garantir.

Mais j'abandonne des sujets si intéressants à la physiologie pure ou à la dynamique des corps vivants à laquelle ils appartiennent, et je me hâte d'entrer dans le fond de l'objet particulier de ce Mémoire.

Je crois avoir démontré ailleurs, autant du moins que les matières de physiologie sont susceptibles de démonstration, que l'état de veille n'était autre qu'un état d'effort exercé par la volonté une ou force hyper-organique sur l'ensemble des organes qui lui sont directement soumis, effort qui
35 constitue aussi le *moi*, ou le rend présent à lui-même, à ses sensations et | à ses actes, tant qu'il persiste ou tant que la veille dure.

De là il suit immédiatement :

1° que le sommeil ne peut consister que dans cette suspension de l'état d'effort, c'est-à-dire de l'action présente d'une volonté ou force motrice sur des organes résistants ou inertes qui lui sont soumis ;

2° que toutes les causes secondaires capables de produire le sommeil ne sont autres que celles qui peuvent interrompre cet effort, empêcher ou suspendre l'action de la volonté en portant leur influence, soit sur l'instrument ou l'organe immédiat par lequel cette force s'exerce, soit sur les parties mobiles subordonnées à son action, ou en interceptant les communications directes qui lient la force motrice avec les organes mobiles ;

3° que toutes les circonstances accessoires du sommeil, tous les phénomènes qu'il présente, ne peuvent qu'être déduits de cette interruption ou du commun principe de la suspension de l'effort et des facultés volontaires ;

36 4° que la cause du | [sommeil] ne saurait partir immédiatement de la vie organique, ni porter son influence directe sur les organes de cette vie qui, se trouvant placés hors de toute dépendance absolue de la volonté, ne sont point affectés d'une manière directe de sa suspension, quoi qu'ils puissent l'être d'une manière indirecte, comme nous aurons peut-être [l]'occasion de le faire voir.

Tâchons de développer et de confirmer ces premiers résultats de la théorie.

§ 3. Si nous analysons les diverses [187] causes les plus capables de provoquer ou d'entraîner le sommeil, nous verrons d'abord que ce sont les mêmes qui empêchent l'action *continuée* de la volonté, ou qui sont propres à suspendre son libre exercice.

Parmi ces causes, j'en distinguerai de passives et d'actives, c'est-à-dire qui sont prises dans la volonté même ou hors de la volonté.

37 | 1° Les causes passives tiennent soit à l'influence délétère que portent dans l'économie et particulièrement sur le système nerveux, diverses substances, telles que les narcotiques, certains poisons et miasmes contagieux, les liqueurs fermentées. L'effet de ces somnifères paraît être de déterminer une concentration des forces sensitives et motrices dans l'organe cérébral, concentration qui tend à affaiblir peu à peu les communications sympathiques de ce centre avec les parties qui lui sont soumises, à ôter ainsi au centre moteur son empire et aux organes mobiles leurs moyens d'obéissance. Les périodes successives de l'ivresse occasionnée par l'opium ou le vin nous mettent à portée de suivre les progrès de cette espèce d'asservissement de la puissance du vouloir et de l'effort, depuis les premiers degrés d'exaltation du cerveau qui en font jaillir des images et intuitions vives, et de ces traits |
38 d'autant plus heureux ou réjouissants pour la folie qu'ils sont plus propres à endormir la raison, jusqu'au moment où les organes de la locomotion, de la voix, commencent à chanceler, à hésiter, où tous les signes extérieurs annoncent que la capacité de l'effort a diminué, que la volonté est incertaine, les membres indociles, jusqu'à ce qu'enfin, cette puissance étant totalement suspendue dans son exercice, il n'y a[it] plus d'effort, plus de mouvement, plus de *moi ;* le corps n'étant plus soutenu par cette puissance dont l'exercice constitue l'état de veille, obéit alors, comme un grave ordinaire, à la force mécanique de la pesanteur, et déjà tout est au sommeil.

Observez que, dans la gradation de ces phénomènes, la même cause qui, poussée à l'excès, amène un sommeil complet, produit dans un degré moindre l'exaltation et le délire. Ces deux sortes de phénomènes sont donc bien connexes puisqu'ils peuvent tenir aux mêmes causes, et qu'ils se manifestent ou se caractérisent par la même circonstance essentielle : la suspension des facultés volontaires et du *moi* qui s'y rattache.

Je vous livre, Messieurs, l'examen de plusieurs autres causes passives de ce phénomène, telles que les différentes maladies soporeuses, les affections ou dispositions apoplectiques des fièvres ataxiques, etc., qui s'offrent journellement à votre pratique éclairée. Dans tous ces cas il y a oppression ou
39 concentration des forces sensitives et motrices. | Le centre cérébral affecté ne réagit plus que faiblement ; tout annonce que la volonté a perdu une partie de son empire ; les muscles ne se contractent plus sous ses ordres, ou les contractions irrégulières et violentes, qu'ils peuvent exécuter alors par leur irritabilité propre, ne servent qu'à annoncer que les liens sympathiques

[187] *En marge :* les causes passives sont la lassitude, l'ivresse, les poisons, les maladies qui portent sur le système nerveux.

sont rompus, et que le sommeil lié à ces mouvements devenus involontaires, sera bientôt le sommeil de la mort.

Mais je ne veux ni ne puis, Messieurs, entrer plus avant dans des considérations et des exemples que vous êtes bien mieux que moi à portée de vérifier et d'approfondir. Je passe aux causes actives du sommeil.

2° Ces causes, comme je l'ai dit, tiennent à l'exercice de la volonté elle-même, et c'est sous ce rapport surtout que l'on peut considérer avec des
40 grands maîtres le sommeil comme une fonction | active, du moins quant au principe qui la détermine.

L'état de veille prolongé amène nécessairement le sommeil à sa suite, et la succession de ces deux états alternatifs paraît être une loi de la nature, de même que celle des jours et des nuits à laquelle elle est liée ; tandis que l'intervalle plus ou moins long qui sépare les retours périodiques de ces deux fonctions semble être plutôt une loi de l'habitude.

Le principe de l'effort constitutif de l'état de veille, quoiqu'il ne puisse être conçu que comme hyper-organique ou supérieur aux organes dans sa libre détermination, n'en est pas moins pourtant enchaîné jusqu'à un certain point aux lois et aux dispositions de ces organes sur lesquels il agit. [188] Pour que la volonté puisse continuer, ou peut-être même, commencer à s'exercer sur les organes du mouvement placés dans sa sphère d'activité, il faut : 1° que les liens de communication directe qui unissent ceux-ci au cen-
41 tre d'où part la | détermination motrice initiale, subsistent dans leur intégrité afin que cette détermination soit transmise ou effectuée aussitôt que conçue ou voulue par le *moi*. Il faut en second lieu que, suivant une loi générale de la nature, la réaction invariable et constante dans tous les ordres de phénomènes de la partie mobile corresponde à l'action de la force motrice et lui soit proportionnée. Sans cette réaction, d'où dépend le sentiment de la résistance et de l'inertie du corps, l'effort de la volonté ou du moi ne saurait commencer à naître. Comment en effet y aurait-il originellement volonté de mouvoir telle partie du corps, s'il n'existait en même temps quelque sentiment ou idée confuse de l'existence de cette partie, et comment un tel sentiment aurait-il lieu si la partie mûe ne réagissait pas sur le centre du mouvem[en]t ? Cette vue théorique me paraît bien confirmée par des exemples d'hémiplégie, où l'on voit que les parties du corps paralysées, ayant
42 perdu avec leur | force ou disposition contractile la capacité de réagir sur le centre moteur et de résister à l'effort, sortent par là même du domaine de la volonté, n'avertissent plus [189] l'âme de leur existence, et quoi qu'elles jouissent encore d'une vie absolue, quoiqu'elles puissent même entretenir une sorte de vie de relation avec les objets par la conservation de leur sensibilité extérieure, elles n'en ont pas moins perdu toute relation intérieure avec le *moi* en perdant leur motilité. Ne pourrait-on pas considérer un tel état comme un véritable sommeil des parties paralysées, et n'est-ce pas bien là en effet une image de ce qui se passe dans cette fonction naturelle, qui n'a

[188] *En marge :* conditions nécessaires de la part des organes pour que la volonté puisse continuer à s'y appliquer [ ] Paralyt[ique] de Régis.

[189] le *moi* [*souligné par Biran*]

lieu réellement que pour les organes soumis à la volonté pendant la veille, et lorsque ceux-ci, cessant de réagir sur le centre de l'effort, ne répondent plus à temps à l'impulsion de la force motrice, qui n'a plus lieu de s'exercer, et demeure elle-même dans l'inaction?

Vous savez aussi, Messieurs, quelle étroite analogie il y a entre les dispositions apoplectiques et la tendance habituelle au sommeil : cette tendance et ces dispositions reconnaissent en effet le même principe, ou peuvent se
43 rapporter à une origine semblable. | C'est toujours une cause qui agit en opprimant ou suspendant momentanément l'action de la volonté sur les organes qui lui sont soumis, soit que l'influence délétère porte sur le centre moteur lui-même, en y concentrant des forces vicieusement cumulées, soit qu'elle agisse sur les nerfs intermédiaires qui transmettent aux muscles le principe de leur contraction, en isolant ainsi les parties mobiles ou rompant leurs liens de communication directe ou sympathique avec le centre moteur, soit enfin qu'elle frappe directement sur ces muscles même dont elle altère la disposition contractile ou la capacité d'obéir en résistant à l'effort de l'âme ou du *moi*.

En nous bornant aux phénomènes du sommeil naturel — le seul qui doive actuellement nous occuper — celui qui résulte immédiatement des fatigues de la veille prolongée, il paraît que les trois causes dont nous venons de parler prennent chacune respectivement une part plus ou moins grande à cette fonction, suivant l'espèce des organes qui ont été plus particulièrement
44 exercés pendant la veille. | Et d'abord, si ce sont les organes des sens ou de l'imagination passive qui ont été seuls en exercice, ceux du mouvement ayant demeuré dans l'inaction, la concentration modérée des forces sensitives dans ces organes et dans le cerveau avec lequel ils entretiennent des rapports intimes et constants, peut éloigner de beaucoup le besoin de sommeil qui n'est guère alors amené que par la loi de l'habitude, laquelle peut même demeurer sans effet, si l'agitation des sens persévère avec un certain degré de vivacité. C'est alors que la volonté, ne trouvant point hors d'elle de cause passive qui tende à suspendre immédiatement un effort trop prolongé, cherche elle-même les moyens de repos et dirige son activité contre le principe de cette activité même... Elle ferme d'abord les sens dont elle dispose aux impressions [190] qui pourraient encore les provoquer ; elle place le corps dans une attitude telle qu'il n'ait plus besoin d'effort pour être soutenu, et que les muscles relâchés n'aient plus à supporter, comme dans la
45 veille, le travail de la station ou de l'assiette fixe du corps. | Enfin la volonté suspendant toutes les fonctions qui sont de son ressort, et travaillant pour ainsi dire à se rendre inutile ou nulle, amène le sommeil en reproduisant par son absence la condition essentielle à laquelle il se lie.

Il résulte de ce que nous venons d'observer, que les organes des sens externes, quoique soumis en partie à l'action de la volonté pendant la veille, ne sont pas ceux dont l'exercice même le plus prolongé peut produire cette

[190] *En marge :* elle interdit l'accès, autant qu'il est en elle, à toutes les images qui tendraient à occuper l'esprit.

espèce de sentiment que nous exprimons par les termes de *fatigue* ou *lassitude*. La concentration même des forces sensitives dans le cerveau, les forces motrices demeurant dans le même état, semble même plus propre à
46 éloigner qu'à amener | le sommeil, par le travail et l'exaltation qu'elle donne aux facultés passives d'imagination ou d'intuition, et lorsqu'un sommeil forcé [survient], soit par la volonté même, soit par la lassitude de sentir, ou l'espèce d'hébètement des sens qui survient enfin après un exercice trop prolongé, soit enfin dans le *collapsus* ou la succession nécessaire de la chute des forces sensitives à leur excitation, ce sommeil ainsi déterminé est ordinairement agité et troublé par les songes les plus vifs et les plus incohérents.

La même chose n'a pas lieu, ainsi que nous le dirons à sa place, lorsque le temps de la veille, au lieu d'avoir été rempli par un exercice continu et tumultueux des sens et de l'imagination, l'a été surtout par une contention forte et régulière de la pensée ou de la volonté appliquée, même dans l'inaction du corps, à diriger les opérations de l'esprit qui sont soumises à son empire. C'est alors qu'il paraît y avoir, pour ainsi dire, dépense de forces motrices sans mouvement réel opéré dans les muscles, et que la concentration produite dans l'organe immédiat de l'âme ou dans le centre même de l'effort, amène une lassitude réelle dans la tête et une sorte d'affaiblissement
47 dans les organes du mouvement privés du principe actif de leurs | contractions. De là le besoin de sommeil, amené naturellement par un effort trop prolongé, et à peu près comme il l'est à la suite d'un exercice des forces musculaires, avec cette différence que la cause active du sommeil ou de la suspension de la volonté, paraît porter son influence directe sur le cerveau seul dans le premier cas, et sur les organes mêmes du mouvement dans le second, ainsi que nous allons le voir. Remarquons aussi que le sommeil des hommes occupés, pendant la veille, des travaux qui exigent une méditation sérieuse et suivie, ou l'effort le plus énergique de la pensée ou de la volonté, est bien moins sujet à être troublé par les rêves ; et c'est là un nouveau rapport d'analogie entre les deux cas que nous venons de comparer, comme de dissemblance avec celui dont nous avons parlé plus haut.

Si nous examinons maintenant l'influence que peut avoir, sur l'invasion et les circonstances du sommeil, un exercice prolongé et plus ou moins vio-
48 lent des forces musculaires, nous verrons encore mieux | l'accord de cette cause particulière avec le fait de la suspension de la volonté, et avec toutes les circonstances qui s'y rapportent.

Rappelons ici ce que nous avons observé plus haut des conditions requises de la part des organes du mouvement, pour que l'action de la volonté qui s'y applique devienne efficace, et que l'effort moteur puisse même s'entretenir ou se produire. Il y a un certain degré d'énergie naturelle ou acquise, dans la disposition ou la force contractile de chaque muscle soumis à la volonté, qui le rend propre à obéir à l'action de cette puissance, en lui offrant tel degré d'inertie ou de résistance à vaincre ; résistance sans laquelle le sentiment de l'effort ne saurait avoir lieu, et sans laquelle par conséquent la volonté, toujours devancée, n'aurait pas le temps de naître ;
49 et c'est peut-être là, pour le dire en passant, | ce qui soustrait à l'empire de la

volonté, comme à la perception de la conscience, les divers mouvements de la vie organique ou intérieure dont les muscles peuvent être doués par eux-mêmes d'une irritabilité assez forte, ou d'une contractilité assez prompte, pour n'avoir pas besoin d'être mis en jeu ou sollicités dans leurs fonctions par une force motrice supérieure ou par une cause placée hors d'eux.

Quoiqu'il en soit de cette conjecture, à laquelle les dernières expériences de Bichat sur la contractilité relative des muscles des deux vies me semblent donner quelque degré de probabilité (169), je crois qu'il est permis de supposer que [191] l'exercice prolongé des organes du mouvement volontaire peut mettre ces parties dans un état à peu près semblable à celui où se trouvent naturellement les muscles de la *vie animale,* c'est-à-dire augmenter par la contraction ou l'accumulation des forces motrices dans ces organes particuliers, leur irritabilité ou leur contractilité effective propre, de
50 manière à ce qu'il n'y ait plus lieu | à la reproduction de l'effort, et que la volonté, retirant peu à peu son action, perde enfin avec le sentiment interrompu de sa force motrice ou d'elle-même, la possibilité de s'exercer ou de recommencer de nouvelles contractions dans des organes que leur nouvelle disposition a presque entièrement séparés de son domaine. Or, de cette solution momentanée des organes du mouvement, doit résulter d'abord la lassitude ; car la somme des forces effectives inhérentes aux organes mûs est nécessairement limitée, et elle se dissipe toujours de plus en plus sans moyens de réparation, puisque la communication sympathique avec le centre moteur se trouve interceptée en partie par le fait même de l'exercice trop prolongé. De là aussi le sommeil qui se lie directement à l'affaiblissement progressif de l'effort, et enfin à sa nullité complète, comme à la condition
51 essentielle d'où il dépend. Il me semble que ces explications | sont assez bien déduites du principe et tendent à le confirmer. Citons encore quelques exemples à l'appui de ce qui vient d'être dit.

La concentration des forces motrices dans des organes continûment ou fréquemment exercés, et l'effet qu'a cette concentration pour accroître l'irritabilité propre de l'organe en le rendant indépendant de l'action du centre moteur ou de la direction de la volonté, me semblent prouvés par l'exemple que Perrault rapporte d'un tronc de vipère qui, après l'amputation de la tête, rampait encore droit vers le trou d'un mur assez éloigné où ce reptile avait coutume de se retirer (70). Le même exemple a été vérifié sur divers animaux à qui l'on a fait sauter la tête pendant qu'ils courraient vers un but déterminé, et dont le corps a continué suivant l'impulsion donnée.

Lorsque nous sommes fatigués par une marche forcée, nous sentons très
52 bien que nos jambes fatiguées continuent | d'elles-mêmes les mouvements si souvent répétés, et nous portent, comme on dit, machinalement, sans qu'il y ait presque aucun effort de la volonté ; il n'y a pas d'état [192] plus voisin du sommeil que celui-là. Si le marcheur, disposé de cette manière, s'arrête un moment, il s'endort ; et on en a vu souvent dormir même en

[191] l'action
[192] *Biran écrit :* aussi plus voisin

marchant. Combien de mouvements même très compliqués, que nous faisons aussi par le seul effet de la répétition habituelle ou d'une disposition acquise par les organes, sans intention, sans volonté, sans effort, sans *moi*. Ces mouvements s'allient aussi très bien avec l'état de sommeil, et s'ils viennent à s'associer alors avec une faculté d'imagination toute passive, qui subsiste aussi dans cet état, ils donnent lieu aux phénomènes du somnambulisme dont nous parlerons dans la suite. Lorsque les forces musculaires ont été trop fortement et trop longtemps exercées, une fatigue
53 excessive peut quelquefois rendre le sommeil impossible. | Les organes du
mouvement, vicieusement excités, continuent à se contracter d'une manière convulsive, et à produire ces soubresauts si fatigants qui empêchent le sommeil de naître ou de continuer ; phénomène très propre, ce me semble, à prouver ce que nous avons dit sur la concentration des forces motrices, l'exaltation d'irritabilité et l'indépendance des organes où elles sont ainsi cumulées.

Remarquons encore en finissant ce chapitre, une analogie qui existe entre l'effet des mouvements continus, et celui des impressions sensibles uniformément prolongées dans des sens soumis en partie à la volonté. L'effet de celles-ci est, de même, de déterminer une concentration des forces sensitives dans l'organe qui se trouve ainsi assujetti à reproduire les mêmes impressions dans l'absence des objets qui l'excitaient ; or cette permanence de la même impression uniforme et passive produit le relâchement de toutes
54 les facultés actives, endort l'attention et par là amène le sommeil. | Donc
l'effet qu'ont les sensations uniformes pour provoquer le sommeil, tient encore en partie à la suspension de la volonté qui en est un résultat pour ainsi dire.

Je crois en avoir assez dit pour faire voir comment toutes les causes du sommeil peuvent être ramenées à ce commun principe, ou s'en déduire d'une manière médiate ou immédiate. Nous allons voir maintenant comment les différentes facultés de l'esprit, qui subsistent pendant le sommeil et donnent lieu aux divers phénomènes des songes, s'accordent également avec le fait d'une suspension dans l'exercice de toutes les facultés volontaires.

CHAP[ITRE] II

Des facultés qui subsistent dans le sommeil, et des songes.

Pour traiter à fond le sujet que je me propose dans ce chapitre, il faudrait
55 revenir sur des analyses longues et approfondies que | j'ai données dans les
deux Mémoires où j'ai traité *ex professo* de l'analyse des facultés intellectuelles et où je prétends démontrer :

1° que si, selon l'ancienne maxime d'Aristote, rajeunie par Locke et

Condillac, tout ce qui est dans l'entendement humain a été d'abord dans les sens, ce n'est point dans les sens soumis d'une manière passive aux impressions des objets extérieurs, mais bien dans les sens activés par la volonté ;

2° que sans l'*attention,* faculté mère de l'entendement qui n'est qu'un mode d'exercice de la volonté ou plutôt qui est la volonté même, présente aux phénomènes des sens ou à ses propres actes et à leurs résultats, sans l'attention, dis-je, le jugement le plus simple ne saurait naître ; la mémoire ou le rappel des sensations et des idées et la réminiscence qui s'y joint n'auraient
56 pas lieu ; | par suite point de comparaison, de raisonnement ni de réflexion. Quelles sont donc les facultés qui restent après avoir séparé la volonté et tout ce qui vient d'elle dans l'entendement ? Il ne reste plus d'entendement ni de *moi,* mais seulement une faculté passive de sentir ou de recevoir des impressions et d'en être affecté, d'éprouver, par suite des dispositions [193] naturelles ou acquises des organes, certains appétits et penchants, d'avoir les intuitions ou les images des objets relatifs à ces appétits, de réaliser ces images au dehors, de se les représenter dans un certain ordre d'association nécessaire ou accidentel : telles sont les facultés qui subsistent dans l'absence de la volonté, et si nous montrons que ce sont les seules qui se concilient avec l'état de sommeil, les seules d'où l'on puisse déduire tous les
57 phénomènes des songes, nous aurons aussi prouvé | le principe de l'identité de l'état dont il s'agit avec le fait unique de la suspension de la volonté. Tel est l'objet de ce chapitre.

L'existence de deux principes de mouvement et d'action, auxquels l'homme est soumis dans la succession des phénomènes qui constitue la veille, surtout l'opposition et l'espèce d'antagonisme qui règne entre ces deux principes, se manifeste[nt] bien clairement dans ces états de lutte où un appétit, une affection, une passion entrainante est aux prises avec une volonté forte et énergique qui tend à réprimer son impulsion. [194] Si cette puissance règne, les mouvements brusques, tumultueux, irréguliers sont arrêtés, modifiés ou changés dans le principe même de leur détermination, et passent sous l'empire d'une autre [195] force, qui leur imprime un caractère
58 tout nouveau. Les images | opiniâtres qui captivaient l'esprit et le remplissaient d'illusions plus séduisantes, plus fortes que la réalité même éclipsée devant elles, disparaissent à leur tour comme de vaines ombres ; une croyance aveugle toute fondée sur les affections qui se créent des objets fantastiques d'amour ou de haine, d'espérance ou de crainte, [196] [fait] place à une raison sévère qui ne croit plus uniquement à ce qui est senti ou imaginé, mais bien à ce qui est perçu, connu par elle, pesé à sa balance ou ramené dans le cercle de son activité. Mais supposez que la passion triomphe, et finisse par régner seule : vous aurez alors dans la veille même de l'homme

[193] organiques

[194] *Biran a d'abord écrit :* Tant que cette volonté subsiste. *Il n'a pas barré ce début, mais il a ajouté en marge :* Si cette puissance règne

[195] puissance

[196] *Biran écrit :* font

passionné, dont la volonté est entièrement subjuguée, presque tous les phé-
59 nomènes des songes et d'un véritable somnambulisme. | L'imagination sen-
sitive qui dirige en ce cas tous les phénomènes, alors même que les sens externes sont éveillés, est en effet cette faculté passive, entièrement subordonnée dans l'apparition des fantômes ou des images qu'elle enfante aux impressions purement affectives des organes intérieurs avec qui elle est liée par une véritable sympathie. [197] Or ce sont sur ces organes que porte d'abord tout l'effet des passions, c'est en eux seuls que les affections et les appétits sont conçus. A chaque espèce d'affection résultante de la position actuelle de chacun de ces organes, correspond une image ou une suite d'images, qui persistent ou se succèdent sans sortir pourtant du même cercle, tant que dure la même disposition organique, et qui changent aussi brusquement avec elles.

60 | Il n'y a point de doute que, dans l'état de veille même le plus complet, les
impressions passives et immédiates d'une sensibilité intérieure avec laquelle l'imagination tend toujours à se mettre dans une sorte d'équilibre, n'exercent une influence plus réelle et constante sur la direction des idées, les intuitions spontanées de l'esprit, le mouvement des passions, en un mot sur toute l'existence physique et morale. Il n'y a qu'à détourner l'attention des objets externes, cesser de réagir sur soi-même et se laisser aller à cet état qu'on appelle rêverie, et qui est plus marqué surtout dans certaines dispositions de la sensibilité, pour reconnaître tout l'ascendant de cette puissance aveugle et qui s'ignore complètement, lors même que ses inspirations sont les plus heureuses. Si nous méconnaissons ses produits, si nous sommes presque toujours conduits à les confondre avec ceux des sens ou des facultés expressément dirigées par une volonté consciente, c'est que ces derniers seuls ont pu fixer l'attention de l'esprit, et que les autres échappent souvent sans laisser aucune trace. Toutes les fois que la force active du vouloir n'a pris en effet aucune part à une impression sensible, une image ou une intuition, celles-ci, se trouvant entièrement hors de la conscience actuelle, sont
61 | à jamais perdues pour le *moi,* et n'ayant point reçu la première empreinte
de la pensée, ne peuvent se reproduire par suite sous la forme intellectuelle de la réminiscence ou d'un souvenir proprement dit, lors même qu'elles viennent à rentrer pour la seconde fois dans la sphère de l'imagination sensitive.

Il peut arriver en effet qu'en vertu de certaines lois périodiques, trop peu étudiées quant à leur source et leurs résultats, le centre organique de l'imagination se trouve ramené, au bout de certains intervalles fixes et proportionnés à ceux d'autres fonctions également périodiques, dans le cercle des mêmes images, sans que l'individu puisse s'en apercevoir ni reconnaître ces images comme l'ayant déjà frappé, [198] [en] y associant un acte exprès de réminiscence, quoiqu'il puisse avoir le sentiment confus d'un mode antérieur d'existence à qui elles se rapportent. Plusieurs phénomènes de la vie

[197] *Depuis :* Or ce sont *jusqu'à* sont conçus, *dans la marge.*
[198] *Jusqu'à :* se rapportent *dans la marge.*

sensitive me semblent venir à l'appui de l'existence réelle de ces lois ; tel est celui de cette sorte de rajeunissement de l'imagination des vieillards, qui fait revivre après un si grand intervalle les impressions et les tableaux du premier âge, et les rend comme présents, lorsque [199] toutes les idées, tous les
62 souvenirs de l'âge intermédiaire les plus rapprochés | sont effacés et ont disparu sans retour. Tels sont encore ces états singuliers de l'imagination où nous ne pouvons nous rendre compte à nous-mêmes si [200] certaines intuitions qui nous frappent actuellement [201] d'une manière particulière, ne sont pas des retours de quelques images confuses qui s'enfoncent pour ainsi dire dans les profondeurs du temps, et se perdent dans le vague de l'existence passée. Tel est le caractère des songes, produits uniques de cette imagination spontanée et indépendante de l'exercice de toutes nos facultés actives.

[199] *Dans la marge :* 1er caractère des songes ; nullité de souvenir ; 2e c[aractère] : spontanéité d'association.

[200] ce que nous voyons ou pensons

[201] *Le passage qui suit, jusqu'à :* toutes nos facultés actives *remplace un long texte relatif aux songes prophétiques :* Ce dernier phénomène me conduit à faire en passant une observation que je crois neuve et qui eût été assez importante dans le temps où l'on croyait aux prophéties: c'est qu'il est dans l'ordre naturel, et qu'il arrive souvent en effet, que l'imagination exaltée dans l'état de sommeil où la volonté et le moi sont complètement suspendus, ne prennent aucune part, que cette imagination, dis-je, crée fortuitement certaines associations d'images ou certains tableaux d'événements qui, frappant comme réels l'esprit qui en a l'intuition actuelle, viennent ensuite s'intercaler vraiment dans l'ordre des réalités exté-
63 rieures. | Si l'individu qui a eu ces sortes de prénotions du futur avait pu écrire son rêve dans le moment où son imagination en était préoccupée, il serait regardé comme prophète après l'événement par ceux qui étant témoins de celui-ci pourraient comparer les circonstances de l'événement avec celles du songe antérieur. Mais le prétendu prophète n'en aurait pas plus été tel pour lui-même ou dans le for intérieur, au moment où il racontait ses visions imaginaires, ce qu'il voit ou ce qu'il croit voir. D'où il suit 1° que les prétendus miracles de divination ou de prophétie peuvent s'expliquer clairement par l'emploi des facultés communes et naturelles de l'homme ; 2° qu'une faculté de *présagition* telle que l'ont supposée certains philosophes comme Maupertuis, Meister, ou autrement la faculté de prévoir les événements de l'avenir comme de rappeler ceux du passé, est absolument inconciliable avec la nature de l'imagination, qui réalise comme présent et entend tout ce qu'elle conçoit ou crée spontanément. Revenons à notre sujet après cette digres-
64 sion qui n'était pas tout à fait inutile, et reconnaissons d'abord que | le caractère des produits d'une imagination spontanée étant d'abord d'exclure l'activité de l'attention, consiste par suite à devenir étrangers à la mémoire ou au rappel, et à rester hors du champ des souvenirs que la volonté peut faire revivre. Or il n'est pas difficile de montrer que ce caractère est celui qui convient toujours aux songes, quelque diversifiée que soit leur espèce. D'où il suit que ces phénomènes étant au nombre des produits dont il s'agit, se rallient uniquement à l'exercice spontané d'un sens interne passif qui, étant en rapport avec la vie organique, n'est pas plus sujet qu'elle à s'endormir, pendant qu'ils supposent en même temps l'absence momentanée de la volonté assujettie par la nature même à une loi d'intermittence périodique.

64 | [202] [1] Je dis d'abord en effet que les songes excluent tout exercice actif de
la faculté d'attention. La preuve de ce fait se déduit évidemment de l'extra-
vagance de la plupart des songes, des contradictions ou des bizarreries
qu'ils présentent : il nous arrive en efffet de confondre en rêvant les temps et
les lieux séparés par de grands intervalles ; dans le cours d'un même rêve,
65 | le même objet se trouve représenté à notre imagination comme existant en
différentes parties du monde ; nous nous entretenons avec des personnes
mortes, sans songer qu'elles sont mortes, quoique leur perte même récente
nous ait affectés vivement, etc. Tout prouve donc bien alors qu'un tel état
exclut absolument tout pouvoir volontaire d'attention et de rappel, pour
comparer entre elles et à la réalité les différentes parties de nos rêves, pour
juger si tout y est d'accord ou même possible. Ces caractères prouvent donc
bien que les espèces d'intuitions vives qui remplissent alors nos imagina-
tions, prennent naissance spontanément et s'enchaînent entre elles au
hasard, suivant les dispositions organiques qui les produisent, sans que la
volonté contribue en rien, soit pour les produire, soit pour les conserver ou
les distraire, soit pour les associer ou les lier entre elles et en former des
66 séries moins irrégulières. | Remarquez en effet, que dans certains songes
auxquels sont particulièrement sujets les penseurs les plus profonds, il se
présente quelquefois des intuitions profondes, des aperçus tout à fait nou-
veaux, auxquels l'exercice régulier de nos facultés intellectuelles n'aurait
jamais pu atteindre. Mais tous ceux qui ont éprouvé de tels états savent par
expérience, que de tels aperçus ou de telles suites d'intuitions naissent sans
aucune action de la volonté, et avec si peu d'effort senti que, comme l'a
remarqué Addison dans une des feuilles du *Spectateur,* l'opération de l'es-
prit la plus relevée, la plus pénible même pendant la veille, celle d'invention,
peut s'exercer alors sans que l'individu s'en aperçoive (71). Il nous arrive en
effet de croire lire ou entendre en rêvant des choses sublimes, que notre
imagination crée actuellement et qui nous frappent comme la composition
ou l'ouvrage d'autrui ; ce ne sont donc pas les mêmes facultés qui s'exercent
dans l'état de sommeil et dans celui de veille, ou du moins ce n'est pas le
même principe d'action, la même puissance d'effort qui les met en jeu. C'est
dans ces inspirations spontanées et subites ou dans cet heureux instinct
d'une tête bien faite ou bien disposée, que Socrate croyait entendre la voix
67 de son démon familier ; c'est là aussi ce qui souvent | fait attribuer les
songes à l'influence immédiate de certains esprits sur notre âme.

En effet, cette circonstance d'un état complètement passif de l'âme dans le sommeil et les rêves est bien celle qui a dû le plus frapper d'abord tous ceux qui ont eu occasion de réfléchir sur ce sujet ; et on a dû se convaincre bientôt, et au premier exemen, que si la volonté conservait sur nos songes la moindre partie de l'empire qu'elle a sur la succession de nos idées de la veille, et hors des cas d'exaltation sensitive extraordinaire, cette puissance tendrait nécessairement à bannir les images qui nous troublent et à retenir celles qui sont agréables. Mais tant s'en faut qu'un tel pouvoir s'exerce,

[202] *Biran introduit plus loin un* 2 *(page 70 du manuscrit) ; nous ajoutons ici un* 1.

qu'au contraire nous demeurons livrés sans effort, sans réaction, aux images qui nous poursuivent et nous affectent de la manière la plus pénible.

Si nous examinons maintenant quelles sont les facultés d'association qui forment ou dirigent les suites plus ou moins irrégulières des images qui
68 entrent dans un | même songe, nous nous assurerons que ce sont uniquement celles qui peuvent se concilier avec une absence de tout effort intellectuel, de toute faculté d'attention volontaire. Observons en effet que, dans l'état même de veille il y a certaines lois générales d'association qui dirigent la suite des images spontanées de notre esprit, ou déterminent les compositions ou agrégats qui s'en font dans nos têtes ; agrégats d'autant plus rebelles aux moyens de l'analyse, et d'autant plus inaccessibles à la réflexion, qu'ils se sont formés d'eux-mêmes ou suivant les dispositions fortuites du cerveau, sans aucune intervention des facultés actives ou de la puissance du vouloir. C'est ainsi que les produits d'une faculté d'association spontanée ou passive, qui paraît être une dépendance de la nature purement sensible ou animale, constituent des séries déterminées d'intuitions et de modes ou d'états transitoires, dont l'un quelconque a, comme le dit Leibniz, sa raison suffisante dans celui qui le précède, et que, si l'on pou-
69 vait ainsi remonter | le pas de cette chaîne d'états passifs jusqu'au premier rudiment de l'être sensitif, on tiendrait la loi physique du développement de cette sorte d'automate organisé et tout le secret de son existence. Mais n'y a-t-il pas dans l'homme éveillé et *compos sui* une puissance capable de résister à cet entraînement et de rompre la chaîne du destin, *quod fati foedera rumpat* (72) ? Dans le cours de ces rêveries de la veille, où nous laissons nos idées obéir ainsi à la force aveugle qui les entraîne et suivre sans aucun effort les lois générales d'une association spontanée, qui se proportionnent à des rapports purement sensibles, fortuits ou accidentels, que de bizarreries, que de châteaux en Espagne, que de rêves d'un cerveau délirant, *velut aegri somnia !* Mais la volonté n'a qu'à intervenir alors pour arrêter une suite qui sans cela aurait passé rapidement, ou pour détourner le cours des images de leur pente naturelle et leur donner une nouvelle direction... Sans doute la volonté qui s'empare ainsi de la direction des idées, au moyen des signes d'institution dont elle dispose, doit s'aider souvent des lois[203] auxquelles
70 l'association | est soumise. Mais il n'est pas moins vrai qu'elle a aussi le pouvoir de modifier ces suites, et de les rendre fort différentes de ce qu'elles seraient, si les lois mécaniques agissaient seules et sans son concours. Or les séries d'images qui forment les songes, ne sont autres que celles qui résultent nécessairement des lois de l'association spontanée, lorsque aucune puissance d'effort n'intervient pour les changer. Donc, les phénomènes sont tels qu'ils doivent être dans la suspension de cette puissance, et confirment le fait de son absence pendant la durée de l'état auquel ils se rapportent. Remarquez aussi que les associations formées pendant la veille de la manière la plus passive, sont celles qui se reproduisent le plus fréquemment dans les songes de ceux qui n'exercent jamais aucun empire sur leur imagination et dont toute la vie n'est guère autre chose qu'un rêve continuel.

203 *Biran répète :* auxquelles l'association

2. J'ai dit en second lieu que la nullité de souvenir ou l'impossibilité du rappel est un autre caractère des songes, qui suivait nécessairement de l'absence de l'attention volontaire ou active dans la première production de ces phénomènes. Ce caractère est encore un fait confirmé par l'expérience de tous les somnambules qui ne se rappellent en aucune manière de tout ce
71 qu'ils ont fait, dit ou senti pendant l'accès, quoique | leurs actions, leurs mouvements et leurs paroles annoncent qu'ils sont occupés d'idées ou d'intuitions très vives, très claires, et que la suite de leurs démarches, quelquefois très régulières, très conséquentes et dirigées vers un but déterminé, porte tous les signes apparents mais trompeurs d'une intelligence et d'une volonté éclairée.

Le même fait résulte encore plus simplement de l'expérience de chacun de nous ; on ne saurait en douter, si on observe combien est petit le nombre des rêves dont nous conservons quelque souvenir confus, fondé même sur quelques circonstances étrangères au sommeil ou relatives à un sommeil imparfait. Cependant il est très probable qu'il n'y a point de sommeil sans songes, et s'il n'est pas exact de dire, comme les cartésiens, que l'*âme pense toujours,* puisque la pensée proprement dite suppose la conscience d'un moi, comme cette conscience se réfère à l'état d'effort qui fait la veille, et que l'effort est périodique[ment] suspendu dans le sommeil, on peut du
72 moins conjecturer avec beaucoup de vraisemblance que cette faculté | que nous avons nommée *imagination passive,* en tant que son exercice dépend de la sensibilité physique, n'est pas plus sujette qu'elle aux intermittences. Or, comme la vie organique ne consiste que dans une suite d'impressions reçues immédiatement par les organes intérieurs qui veillent pendant le sommeil des sens externes, et que chacune de ces impressions peut ébranler sympathiquement le cerveau et y réveiller une image proportionnée à la nature de l'affection ou du sentiment excitateur, on voit bien que l'intervalle de chaque [204] [sommeil] doit être rempli de songes et que les personnes qui affirment qu'elles ne sont point sujettes à rêver ne veulent dire autre chose sinon qu'elles ne conservent au réveil aucun souvenir de leurs songes ;
73 ce qui doit arriver et arrive en effet à tout le monde, | même aux rêveurs les plus décidés quand le sommeil a été profond et complet ou destitué de tout sentiment de *moi,* de tout exercice de la volonté, quand même l'imagination aurait été constamment en exercice. Il ne faut donc plus demander pourquoi nous ne conservons pas le souvenir de tous nos rêves, mais bien comment il arrive que nous en rappelions quelques-uns. En effet on peut dire, et cette objection m'a été déjà faite par un métaphysicien profond, qui connaissait les bases de la théorie que je développe aujourd'hui pour la première fois : sans l'action de la volonté, point d'effort d'attention ; sans quelque effort d'attention, point de souvenir ; or si dans le sommeil l'action de la volonté est suspendue, comment reste-t-il quelque souvenir de certains songes ?

Je réponds d'abord par l'observation précédente que dans un sommeil

[204] sommeil *est barré.*

complet, il n'y a nul souvenir, et que là où il y a souvenir, le sommeil n'était pas parfait.

74 | Je réponds en second lieu en appliquant à ce sujet un principe bien fécond en conséquences dans la philosophie de l'esprit humain, savoir: « qu'une perception ou une image qui passe par l'esprit sans laisser aucune trace dans la mémoire peut servir néanmoins à introduire d'autres idées qui sont liées avec elles par les lois de l'association » (73).

Il suit de ce principe que si quelqu'une des circonstances les plus remarquables d'un songe tombe par hasard dans le cercle des images qui se présentent spontanément pendant la veille, cette circonstance pourra réveiller toute la suite des idées associées qui ont composé le songe entier, sans qu'il y ait là plus de rappel volontaire qu'il n'y a eu d'effort d'*attention* dans le songe même. Nous n'attachons point non plus de souvenir proprement dit ni de réminiscence expresse à ce dernier. Mais nous sommes conduits à rap-
75 porter l'origine de la suite d'idées associées, que l'imagination | reproduit actuellement, à l'intervalle de temps rempli par le sommeil, uniquement parce que nous nous trouvons dans l'impossibilité de l'unir à aucun temps ou à aucun lieu qui ait été occupé par nos propres actions ou par les faits dont se compose l'histoire de notre vie passée de relation ou de conscience. C'est donc par une sorte d'exclusion de souvenir plutôt que par un souvenir proprement dit, que nous reconnaissons les images du sommeil pour avoir été de véritables songes; aussi est-il remarquable que lorsqu'il nous tombe ainsi dans l'esprit l'idée de quelque événement que nous ne pouvons rapporter clairement à aucune portion déterminée de l'espace ou du temps, nous nous demandons à l'instant: est-ce que je l'ai rêvé?

Ajoutons pour dernière observation que l'effort volontaire que fait l'esprit pour rappeler une idée est un acte de veille complète, absolument étranger au sommeil: il doit donc mettre l'âme dans une disposition tout à fait contraire à celle où elle doit rester pour que le sommeil continue.

76 | Aussi, si comme il arrive quelquefois, mais assez rarement, on s'occupe en rêvant des signes de quelque idée, et que ceux-ci demandent quelque effort pour être rappelés, aussitôt que l'effort se déploie et que le signe se présente, le réveil s'ensuit à l'instant: tant l'état de sommeil est incompatible avec le [205] plus léger exercice de la volonté, tant il suppose son absence complète. Je me suis attaché particulièrement à développer cet article parce qu'il est fondamental dans la théorie que je prétends établir et qu'il a fait la matière de longues discussions métaphysiques qui me paraissent terminées dès à présent. J'analyserai maintenant avec plus de brièveté les autres caractères de nos songes, qui se rapportent toujours au même principe, savoir à la suspension des facultés actives.

3. Un caractère très marquant, qui distingue les images du sommeil de celles de la veille, est d'être toujours unies à une affection particulière de la sensibilité [206] actuellement dominante, et de se teindre pour ainsi dire de sa

[205] moindre

[206] *En marge, jusqu'à:* couleur propre.

77 couleur propre. | C'est là encore ce qui rend ces images sensibles particulièrement rebelles à tout acte de rappel volontaire; car on sait bien que le renouvellement des modifications du plaisir et de la douleur, comme des causes qui les font naître, [est] hors de toute la puissance du vouloir. De ce caractère résultent aussi :

1° la mobilité, l'inconstance des songes, quand ils suivent surtout les perturbations ou les changements brusques qui ont lieu plus particulièrement alors dans les impressions et les fonctions de la vie organique;

2° le retour des images liées à des affections primitives et qui ont jeté des racines anciennes et profondes dans la vie sensitive[207] et sont incorporées avec toutes ses habitudes. C'est ainsi que les souvenirs ou les tableaux de la première jeunesse se retracent souvent dans nos songes, avec toute la vivacité et la réalité du sentiment qui les accompagne et qui y rattache tant de charme. Nous pouvons observer à ce sujet que le sentiment excitateur des
78 images forme aussi leur lien le plus fort et le plus intime. | Aussi les associations d'ïdées du premier âge sont-elles toujours les plus durables, et celles qui rentrent avec le plus de spontanéité et de promptitude dans la sphère de l'imagination passive. C'est ainsi qu'à mesure que déclinent l'énergie de la volonté et l'activité de la pensée, le vieillard aime à revenir comme par une espèce de songe sur tous les événements de son enfance, sur ses affections, les plaisirs et les petites peines de cet âge heureux; tandis que tout ce qui lui est arrivé dans des temps plus rapprochés, n'ayant pu s'associer avec aucun sentiment vif dans une organisation flétrie, est anéanti et comme mort[208] [au regard] de l'imagination.

3° De là aussi l'empire irrésistible et sans contrepoids, que telles affections dominantes pendant le sommeil exercent sur la réalisation[209] forcée des images qui leur sont liées, et dont elles déterminent la production, la croyance ferme et la foi aveugle de l'homme qui[210] est incapable d'élever le moindre doute sur tout ce que son imagination lui représente alors comme
79 objet de crainte ou d'espérance,[211] d'attrait ou d'aversion, de | joie ou de tristesse, d'admiration ou d'effroi.

Il est essentiel de remarquer en général, comme le phénomène le plus constamment approprié à l'état de songe, et qui se rapporte bien évidemment à la suspension de la volonté comme à la condition essentielle du sommeil, il est, dis-je, essentiel de remarquer que les intuitions ou images sensibles qui s'offrent alors à notre esprit sont toujours accompagnées de la persuasion de l'existence réelle des objets qu'elles représentent, absolument de même que dans la perception des objets réels qui frappent nos sens pendant la veille. J'ai développé ailleurs le fondement de cette *croyance* ou persuasion intime de l'existence réelle indépendante et séparée des objets qui

[207] *En marge, jusqu'à :* habitudes
[208] *Les deux mots sont barrés.*
[209] nécessaire
[210] rêve
[211] ou de crainte

affectent nos sens pendant la veille, en faisant voir que tout ce qui résiste à
la volonté ou à l'effort du *moi* est nécessairement distinct et séparé de ce
moi et doit être jugé ou cru hors de lui. Ce premier de tous les jugements
80 étant une fois formé et devenu profondément | habituel par sa répétition de
tous les instants, l'individu est nécessairement assujetti à juger ou à croire
que toutes les causes d'impressions, sur qui sa volonté n'a aucune prise, qui
viennent le modifier dans quelque partie de son organisation sans aucun
effort de sa part, et sous lesquelles enfin il est ou se sent complètement pas-
sif, que ces causes, dis-je, existent réellement et permanemment hors de lui.
Quand j'ouvre les yeux par exemple, je ne puis pas faire que je ne voie point
les objets qui sont devant moi, et je leur attribue une existence séparée et
fixe, toute relative à l'indépendance où ils sont de ma volonté et à l'impres-
sion qu'ils m'occasionnent malgré cette volonté ou sans son concours. Au
contraire, tous les modes actifs ou les idées, qui sont des produits ou des
créations passagères de notre puissance d'effort, étant des attributs du *moi,*
n'ont d'existence qu'en lui, et ne sauraient s'objectiver ou se représenter
81 comme des êtres permanents au dehors. Cela posé, toutes | les images sensi-
bles qui se représentent d'elles-mêmes à notre esprit avec une certaine viva-
cité et sans aucun effort de [212] la volonté pendant la veille, entraînent bien la
persuasion momentanée d'une existence réelle ; et l'on sait combien les
hommes doués de cette imagination vive qui touche à la folie, sont sujets à
réaliser ainsi quelquefois les produits de leur tête exaltée, quand ils se lient
surtout à l'objet de quelque passion dominante. Mais, dans l'état ordinaire,
la persuasion momentanée qu'entraînent ces fantômes de l'imagination, se
trouve continuellement détruite par les impressions plus vives des objets
réels, qui les effacent comme la lumière du jour efface celle d'une lampe.
Nous sentons surtout qu'il dépend de notre volonté de les écarter et de les
faire disparaître et dès lors elles sortent du cercle des réalités et reprennent
leur place parmi les créations de notre fantaisie. Mais dans le sommeil pro-
fond, où la volonté est complètement suspendue, les images spontanément
naissantes prennent d'abord ce surcroît de vivacité que leur donnent à la
fois l'absence de toutes les impressions directes des sens extérieurs et sur-
tout la concentration des forces sensitives dans l'organe [213] immédiat de
l'imagination, ou dans les organes intérieurs avec qui il est en rapport ; elles
pourraient donc avoir, par là même, tout l'éclat des perceptions de la veille,
82 et motiver la même croyance. | Mais de plus, la suspension de la volonté fai-
sant que l'individu ne peut se soustraire aux fantômes qui l'assiègent, les
écarter, les arrêter ni les modifier d'aucune manière, il doit en être frappé
comme il le serait absolument par les objets qui frapperaient ses yeux dans
la vision passive. On voit ici comment, avec quelque simplicité, ce phéno-
mène général ou commun à tous les songes, se déduit du principe théorique
que nous avons avancé d'abord.

Mais la réalisation des images vives du sommeil, ou la persuasion de leur

[212] notre part
[213] *En marge, jusqu'à :* rapport ;

existence fixe, séparée et indépendante, n'est jamais plus entière, plus complète et plus invincible que lorsque les fantômes sont sous l'empire d'une affection dominante qui provoque leur apparition et détermine leur persistance. C'est alors que le centre organique de l'imagination, absolument régi par les impressions des organes internes avec qui il est en rapport sympathique, ne peut sortir du cercle des images analogues à l'espèce de l'affection
83 provoquante. | C'est alors aussi que les jugements mécaniques, qui ont pour objet unique les relations de ces images avec la disposition organique ou sensitive actuelle qui les produit, et la croyance en leur réalité, ont un ascendant exclusif et un degré d'opiniâtreté que rien ne peut contrebalancer ou détruire. Si par exemple, la disposition organique qui détermine le rêve, ou le jeu spontané de l'imagination, est celle qui est relative à l'affection de la crainte, l'homme le plus éclairé, le plus habituellement supérieur aux préjugés, aux vaines terreurs et aux croyances puériles de la superstition, verra en songe des fantômes hideux, des lutins, des revenants, des sorciers, des diables prêts à s'emparer de lui ; et il croira d'autant plus fermement à l'existence réelle de ces fantômes que l'affection de la crainte sera plus marquée, plus dominante. Dans une semblable disposition, le guerrier le plus intré-
84 pide, celui qu'aucun danger réel ne | saurait effrayer, celui que l'honneur, le sentiment du devoir, l'énergie de la volonté, en un mot, le courage de la réflexion, font voler au-devant des périls et de la mort même, tremble comme un enfant devant les vains fantômes de son imagination. D'où il est aisé de conclure : 1° la suspension de toutes les facultés actives, qui seules déterminent pendant la veille la conduite et le caractère moral de l'individu ; 2° le retour complet aux associations passives des premières idées de l'enfance, dont nous avons déjà reconnu l'influence[214] [sur] les songes, et dans les états où, l'énergie de la pensée et de la volonté étant affaiblie ou opprimée par des causes quelconques, l'individu se trouve livré sans défense aux habitudes vicieuses ou aux caprices de l'imagination, comme à l'impulsion du tempérament organique.

Je déduis encore de l'influence prédominante des dispositions affectives sur la nature des songes, et de l'observation des phénomènes qui s'y rapportent, une distinction que je crois importante, et qui a échappé complète-
85 ment | jusqu'ici à l'analyse philosophique. C'est qu'autre chose est l'impression affective, inhérente à tel état donné de l'organisation, autre chose les produits de l'imagination que cette affection détermine, qui lui sont essentiellement analogues, et auxquels elle s'incorpore ou s'associe d'une manière intime, et autre chose encore cette affection avec cette image correspondante et la croyance dans la réalité de celle-ci. Ce sont bien là trois éléments connexes d'un même fait de notre existence, et qui se trouvent étroitement unis, surtout dans l'état de sommeil, mais qui n'en doivent pas moins être conçus comme distincts les uns des autres, puisqu'une expérience réfléchie peut même nous les montrer séparés.

J'observe en effet 1° que telle disposition affective, qui détermine le com-

[214] *Le mot est barré.*

mencement d'un songe, peut l'aviver à un tel point que le réveil s'ensuit d'une manière brusque. Il peut arriver alors que les fantômes de l'imagination disparaissent complètement et que nous ne puissions plus nous souve-
86 nir | de l'objet imaginaire auquel se rapportait notre émotion, quoique celle-ci subsiste encore, et qu'elle puisse déterminer le mouvement de l'imagination éveillée sur de nouveaux objets analogues au même ton de la sensibilité intérieure. Ainsi quelquefois, au sortir d'un songe dont il nous est impossible de nous rendre aucun compte, il semble que nous ayons éprouvé quelque grand malheur, tant nous sommes encore agités par le sentiment funeste qui s'alliait sans doute en songe à quelques tableaux effrayants ou à quelque événement sinistre. D'autres fois nous nous éveillons avec le sentiment de la peur, et l'affection craintive subsiste sans que nous puissions savoir ce qui l'excite. Ces exemples sont bien propres à nous faire concevoir ce que sont les affect[ions] simples, séparées des images qu'elles déterminent ; on ne fait pas assez d'attention à cette influence que peuvent avoir les rêves, et surtout les dispositions affectives qui les provoquent et leur sont antérieures ou leur survivent, sur les sentiments et la série d'idées qui suivent le réveil. Par exemple, dans l'âge heureux des sentiments expansifs et tendres, le jeune homme ne se sent-il pas plus épris pour l'objet qui le captive, après l'avoir vu en songe comme il voudrait le voir, quoiqu'il ne garde
87 peut-être aucun souvenir de son rêve amoureux ? | [215] Qui sait, par un autre exemple en contraste avec ce dernier, mais qui tient au même principe, qui sait si quelque songe affreux, tel que pouvaient en faire un Néron, un Marat, un Robespierre, n'[a] pas contribué quelquefois à exaspérer dans ces tigres féroces l'aveugle passion du crime, et à préparer pour le lendemain de nouvelles proscriptions, de nouveaux actes d'atrocités !

Nous venons de voir comment le sentiment qui est associé à un songe, peut subsister après le réveil, et dans l'oubli le plus complet de ce songe même. Mais il arrive aussi d'autres fois que le réveil ne chasse point les fantômes, et que ceux-ci durent autant que la disposition affective qui avait déterminé leur apparition dans le rêve.

Je me souviens très bien d'avoir eu des songes où je croyais fermement à l'existence réelle de certains êtres fantastiques ; éveillé en sursaut avec un sentiment de frayeur, j'ai remarqué, en réfléchissant ensuite à ce que j'avais éprouvé, que la persuasion de l'existence de cet être que je ne voyais ou n'imaginais plus, persistait encore après un réveil assez complet et qu'elle
88 avait | absolument la même durée et la même force que l'affection ou l'émotion de la crainte, et l'espèce de trouble que celle-ci produisait dans l'organisation ; je sentais que cette croyance erronée se dissipait lentement, à mesure que l'émotion se calmait et que l'une s'évanouissait enfin avec l'autre, sans que la raison ou la réflexion y coopérassent en aucune manière, mais sûrement par l'effet d'un changement produit dans mon état organique. Voici donc un cas où la croyance dans l'existence réelle de l'objet inconnu d'une affection subsiste avec cette affection même, et se propor-

[215] *En marge, jusqu'à :* principe

tionne à sa durée comme à son degré de vivacité, l'une et l'autre étant séparées de toute image de l'objet. Si c'était ici le lieu je pourrais déduire de ces faits plusieurs considérations importantes pour la théorie analytique des facultés humaines, et montrer qu'il n'y a rien de plus instructif pour l'homme raisonnable que l'histoire de la folie. Je me bornerai ici à conclure, des observations qui précèdent, que les métaphysiciens et les moralistes qui font dériver souvent les affections ou les sentiments du cœur des idées ou
89 images de l'esprit, | seraient plus fondés sans doute à admettre un ordre inverse de dérivation. Il me paraît certain, et les phénomènes que nous venons de rapporter concourent à établir, qu'à certaines dispositions naturelles ou accidentelles, mais toujours inhérentes au système organique et inséparables de son mode de vie particulier, correspondent immédiatement telles affections simples et fondamentales d'hilarité ou de tristesse, de courage ou de timidité, de crainte ou d'intrépidité, de force ou de faiblesse, etc. ; que ces affections simples et primitives déterminent aussi immédiatement la manière dont chaque individu sent son existence, et par suite les rapports directs de sympathie ou d'antipathie qu'il soutient avec les êtres et les choses ; de là tels penchants ou tels appétits instinctifs et, dans un autre ordre du développement des mêmes facultés affectives jointes à l'imagination, telles passions secondaires, tels sentiments moraux, et telle direction dans les idées que ces passions mettent d'abord en jeu et qui réagissent sur
90 celles-ci, pour les | compliquer et leur imprimer de nouveaux caractères d'exaltation, de force et de persistance. Voilà bien, je crois, l'ordre de dérivation qui doit suivre d'une analyse philosophique qui prend pour guide l'observation ou les faits de l'expérience.

4. Je crois m'être conformé assez exactement dans cette section à la marche d'une analyse philosophique. J'ai fait voir que les phénomènes du sommeil et des songes sont des conséquences nécessaires du seul principe auquel je les ai rapportés. Ce principe est un fait d'expérience, et je n'en ai pas supposé d'autres. J'ai reconnu dans les songes la prédominance exclusive d'une certaine classe de facultés qui, étant jointes à l'exercice de la volonté active pendant la veille, en sont tout à fait séparées et indépendantes dans le sommeil ; enfin, j'ai déduit analytiquement les phénomènes des songes de cette séparation même. J'ai donc lieu d'espérer que ces
91 recherches pourront non seulement répandre quelque | lumière sur la fonction et les phénomènes que j'avais particulièrement en vue, mais qu'elles serviront encore à montrer la diversité de nature qui existe entre les deux classes de nos facultés passives et actives, comme l'espèce de liaison et de dépendance où elles sont les unes par rapport aux autres dans l'état où nous jouissons le plus complètement des unes et des autres. Pour remplir entièrement l'objet de ce mémoire, il me restera maintenant[216] à appliquer la thé-

[216] *En marge :* pour ceux qui ne jugent que d'après les apparences extérieures — et c'est le plus grand nombre —, les actes du somnambule paraissent bien dirigés par une volonté et une suite régulière de pensées.

orie que j'ai tâché d'établir aux phénomènes du somnambulisme en particulier, qui paraissent la contredire en certains points, et ne serviront, j'espère, qu'à l'éclairer et la confirmer.

[217][CHAPITRE III]

Des différentes espèces de songes et du somnambulisme en particulier.

92 | Nous avons reconnu ci-devant deux causes ou conditions organiques principales qui peuvent souvent coïncider tour à tour ou ensemble avec la suspension de la volonté, et contribuer même à interrompre ou troubler [218] l'exercice de cette puissance, en amenant ainsi les phénomènes du sommeil et des songes.

L'une de ces conditions est la concentration des forces sensitives dans des organes internes particuliers, d'où résulte une sorte de relâchement plus ou moins considérable dans les liens de [la] sympathie générale qui unit entre elles toutes les parties du même tout vivant, pendant que d'un autre côté les organes dont il s'agit peuvent contracter une sympathie particulière et anomale soit avec quelque centre nerveux partiel ou quelque division cérébrale, soit avec le cerveau entier.

La seconde condition organique principale qui détermine la production
93 du sommeil | et des songes, est un autre mode de concentration des forces sensitives ou motrices, soit encore dans le cerveau ou dans quelques-unes de ses divisions particulières, soit dans les organes mêmes du mouvement ou de la locomotion volontaire ; concentration qui a pour effet, tantôt d'affaiblir ou même d'intercepter momentanément la sympathie du centre sensible et moteur avec les organes qu'il tient en tout ou en partie sous sa dépendance dans l'état de veille, tantôt de déterminer une sympathie particulière, plus active ou plus exclusive, entre quelqu'un des organes et le centre dont il s'agit.

Ces deux conditions tiennent à deux sortes de concentration des forces sensitives et motrices : l'une qui a lieu dans quelque organe interne, qui devient par là même un vaste foyer de sensations et d'actions, en entrant en [219] réaction sympathique avec le cerveau ou quelqu'une de ses divisions particulières ; l'autre, qui a lieu dans le cerveau même, qui ne sympathise ou ne correspond plus alors, comme dans la veille, avec les organes sensitifs ou

[217] *Biran numérote cette section :* § 4. *Or il n'y a pas de numéro de paragraphe avant celui-ci. Nous avons donc homogénéisé la numérotation en marquant :* chapitre III.

[218] l'action

[219] communication

locomoteurs, mais seulement, et ce d'une manière anomale, avec quelqu'un de ses organes en particulier.

Quelle que soit celle des conditions qui détermine le sommeil et ses divers phénomènes, elle a toujours pour effet commun de suspendre ou de troubler l'action de la volonté, en soustrayant à sa puissance les organes sur qui elle s'exerce d'une manière médiate ou immédiate dans l'ordre naturel des
94 fonctions de la veille, et en livrant | ces organes au principe de leur vie, de
leur sensibilité ou de leur irritabilité propre, excitées par le fait même de la concentration. Or, de l'affaiblissement et enfin de la suspension complète de la volonté, résultent certains caractères généraux des songes, tels que nous les avons analysés dans la section précédente. Mais il y a de plus des caractères particuliers et vraiment spécifiques, qui distinguent ces phénomènes entre eux et qui peuvent aussi les faire rapporter à des classes séparées, dont les titres ou les bases de chacune[220] [seraient] tirés de la cause même ou de la condition organique particulière, qui, en opprimant en tout ou en partie l'action de la volonté, amène le sommeil et par suite des songes de telle nature.

Ici, Messieurs, s'il m'était permis de développer un sujet beaucoup trop vaste sans doute pour mon temps et surtout pour mes moyens, je pourrais faire voir, premièrement, comment l'étude des songes et surtout leur dis-
95 tinction en classe[s] serait utile au | physiologiste et au médecin, en lui
manifestant dans certains cas quels sont les organes essentiellement altérés ou excités d'une manière anomale ou vicieuse, dont l'influence sympathique, active et prédominante sur le cerveau, détermine le plus fréquemment tels accidents pendant le sommeil, ou des songes de tel caractère et de telle espèce.

Je pourrais montrer en second lieu comment les différentes sortes de délire momentané ou de vésanies, d'aliénation mentale permanente, viendraient se ranger naturellement sous les mêmes titres de divisions que les songes, puisqu'ils se rapportent à des causes et à des conditions organiques ou cérébrales qui agissent respectivement d'une manière absolument semblable pour opprimer ou suspendre l'action régulière de la volonté et de la pensée, produire ainsi les phénomènes correspondants du sommeil, des songes, du délire, le désaccord des sensations, l'absence du jugement, l'abo-
96 lition ou la mort d[u] *moi*. Et | de là nous apprécierions la valeur réelle de
ces théories évidemment incomplètes, de ces vues particulières trop précipitamment généralisées, qui ont pu induire en erreur des esprits systématiques tels que les doct[eu]rs Pinel et Prost lorsque, faisant abstraction des divers caractères que prennent les idées dominantes dans chaque espèce de vésanie, ils ont confondu toutes ces espèces en les rapportant également, l'un à des causes morales ou tirées exclusivement du domaine de l'imagination, vers lequel il a dirigé aussi toute sa méthode curative, l'autre, d'une manière plus exclusive et plus incomplète encore, à des causes organiques relatives aux fonctions des viscères, sur lesquelles il a

[220] *Mot barré.*

basé aussi une méthode pratique de traitement qui ne sera probablement pas justifiée par des succès bien généraux (77).

Mais je vous laisse, Messieurs, le soin de faire l'application des principes aux cas qui intéressent plus particulièrement votre art. Je devais seulement
97 faire ressortir les analogies qui existent entre | les phénomènes qui font le sujet de ce Mémoire et ceux qui sont propres à [d'autres] aberrations de sensibilité et d'intelligence trop fréquemment soumises à votre œil observateur, — heureux sans doute si ces vues d'une théorie que vous avez déjà peut-être jugée trop abstraite, trop éloignée de l'art que vous professez, pouvaient en résultat vous fournir quelques vues pratiques pour la distinction et le traitement de quelques espèces[221] d'aliénations mentales, et servir ainsi l'humanité attaquée dans[222] [le] plus noble de ses principes, dans le plus précieux de ses dons.

Je reviens à ma base de classification des songes et je les distingue en quatre.

1° Les rêves dont nous avons reconnu et analysé ci-devant le caractère affectif avec les effets concomitants de ce caractère, ayant pour cause ou condition essentielle l'influence prédominante de quelque organe intérieur,
98 tel que | le cœur, l'estomac, le foie, le système génital, etc. Les forces sensitives, concentrées alors dans cet organe particulier, irradient de là leur action sur toutes les autres parties du système vivant avec qui elles sympathisent d'une manière plus ou moins intime pendant la veille. Cette sympathie générale se trouve momentanément affaiblie dans la fonction du sommeil, mais seulement avec tel centre nerveux ou telle division cérébrale qui se trouve alors, et par une suite du sommeil même, disposée à entrer en relation sympathique plus directe et plus spéciale avec l'organe interne ou dominant ; de là les phénomènes des songes de cette espèce, que je croirais pouvoir distinguer sous les titres de songes organiques ou affectifs, où l'imagination crée des fantômes, tantôt effrayants, tantôt voluptueux, suivant que le cœur ou l'épigastre, ou l'organe de la génération, est excité ; d'autres fois les images de mets appétissants, ou de ruisseaux limpides, si l'estomac ou l'organe de la soif sont dans un état de besoin ou de souffrance.
99 ce. | Mais un exemple qui renferme la circonstance essentielle ou caractéristique de cette classe de songes organiques, et qui nous servira à établir le principal chef de division que nous avons en vue, c'est ce qui se rapporte à l'espèce de rêves connue sous le nom de *cauchemar*. Dans les songes de cette espèce qui ont pour cause soit la plénitude de l'estomac, soit la gêne du cœur ou des gros vaisseaux sanguins, soit la constriction nerveuse de l'épigastre, etc., l'individu rêve tantôt qu'il est accablé comme d'un poids insupportable ; tantôt, poursuivi et près d'être saisi par quelque fantôme terrible,

[221] *En marge :* espèces qui se rapportent à autant de causes ou de conditions particulières, et que je désigne sous les titres de songes affectifs ou organiques, songes intuitifs ou visions, songes méditatifs ou intellectuels, enfin somnambulisme.

[222] *Biran écrit à tort :* son. *Nous rectifions.*

il cherche à s'y soustraire ou à fuir; mais son corps demeure immobile et comme enchaîné, tous les organes locomoteurs paralysés, ce semble, refusent d'obéir à sa volonté; que dis-je? il n'y a plus de volonté proprement dite, plus de puissance d'effort, mais uniquement désir *violent et sans effet* d'opérer un mouvement qui n'est pas au pouvoir de l'être sensitif. Mais, chose remarquable, à l'instant où la volonté reprend ses droits, où il y a un
100 commencement | d'effort exercé sur les organes locomobiles, l'individu s'éveille en sursaut. Ce cas est absolument pareil à celui que nous avons déjà cité au sujet de l'effort incomplet qui, dans un état de demi-sommeil, tend au rappel d'un mot laborieusement cherché, et détermine un réveil brusque à l'instant où le signe est trouvé et articulé. En effet, tous les phénomènes de locomotion, comme ceux de la voix parlée, sont des actes de la veille, puisqu'ils sont sous la dépendance première et immédiate de la *volonté*. Or cette puissance dont l'exercice constitue la veille proprement dite, ne peut demeurer étrangère en résultats à des actes de son ressort, lors même que ce n'est pas elle qui les a déterminés en principe; il suffira donc qu'elle vienne à y prendre la moindre part pour que le réveil s'ensuive immédiatement;
101 observation que je vous prie bien, Messieurs, de ne pas perdre de vue. | En résumant ce qui se passe dans cette espèce de rêve appelé *cauchemar*, on est fondé à admettre:

1° qu'il y a concentration des forces sensitives dans quelques organes précordiaux;

2° que la sympathie de cet organe avec le cerveau étant conservée et devenue plus intime parce qu'elle est seule, détermine dans ce centre la production des fantômes analogues à la cause provocante, et qui ont même mobilité ou même persistance qu'elle;

3° que l'affaiblissement des autres sympathies du cerveau, soit avec ses différentes divisions, soit surtout avec les organes du mouvement, explique d'une part le décousu, le vague, et l'incohérence propre à cette espèce de rêve en particulier, et d'autre part, ce qu'il nous importe le plus de faire remarquer ici: l'impossibilité où sont les muscles de se contracter ou de se mouvoir d'une manière même automatique, et tant que la volonté demeure
102 | suspendue, malgré le désir et le besoin sentis; ce qui prouve que dans cet état l'inertie des organes du mouvement, ou le défaut momentané de leur communication sympathique avec le cerveau, sont tels qu'il faut absolument un effort voulu et hyper-organique pour surmonter ces obstacles. Nous verrons bientôt des cas où les choses se passent tout différemment.

[223] 2° Supposez maintenant que la concentration des forces sensitives ait lieu dans les extrémités nerveuses de quelque sens externe particulier, et par suite dans la division cérébrale à laquelle ces extrémités correspondent, toutes les autres sympathies se trouvant affaiblies et la volonté suspendue suivant les conditions d'un sommeil complet. L'individu verra en songe des fantômes de toutes les couleurs, de toutes les figures, ou il entendra des sons

[223] *En marge:* visions ou songes intuitifs

103 variés, | ou il touchera des corps de diverses formes, selon le sens qui prendra ainsi ce caractère d'exaltation spontanée et anomale auquel l'activité perceptive ne contribue en rien. Ce sont ces phénomènes simples ou absolument séparés de tout exercice de la volonté, de tout jugement ou acte intellectuel, que j'appelle *intuitions,* dans le langage qui m'est propre et qui a été déjà adopté par quelques métaphysiciens. Je distinguerai aussi l'espèce des songes qui s'y rapportent, sous le titre de songes intuitifs ou *visions.* La condition organique qui détermine cette espèce est la plus simple de toutes, c'est aussi la plus commune.

J'observerai sur ce sujet 1° que les songes qui se rapportent aux intuitions ou aux images de la vue par une concentration de la sensibilité propre de cet organe pendant le sommeil, sont les plus fréquents et ceux qui frap-
104 pent le plus le sens interne ; et la raison en est | simple : c'est que l'œil est le plus près du centre de l'imagination, il lui est contigu, il en fait partie ; toutes les impressions, même isolées, [224] produites dans les extrémités nerveuses internes, tendent donc à se transformer en images dans ce centre, et à s'y réfléchir, pour ainsi dire, comme dans un miroir qui conserve et ajoute même à l'éclat de la réalité. Il n'en est pas ainsi des autres sens, qui ont un rapport moins immédiat avec le cerveau. L'ouïe, et surtout le toucher, peuvent être affcctés jusqu'à un certain point dans leur sens propre, lorsque le sommeil a affaibli leur sympathie, sans que ces impressions se représentent en songe. Enfin l'odorat et le goût obéissent plus particulièrement aux lois de la sympathie des organes intérieurs, et contribuent aux rêves organiques ou affectifs sans entrer presque jamais dans l'espèce des songes intuitifs. [225] Ces distinctions seront bientôt confirmées par des exemples pris du somnambulisme. J'observe en second lieu que dans l'espèce de songes ou division dont il s'agit, chaque sens se trouvant plus borné à ses propres
105 impressions, | séparé de ce que tous les autres y ajoutent par leur concours tumultueux pendant la veille, chaque intuition spécifique doit avoir plus de netteté, de vivacité ou d'éclat, mais en même temps moins de fixité et de consistance, comme il arrive en effet dans tous les songes de cette espèce.

De plus, la représentation objective ou l'image ne saurait être la même quand le sens à qui elle se rapporte agit seul, et lorsqu'il est aidé, soutenu, rectifié par le concours de tous les autres. Ainsi, par exemple, un homme qui pourrait oublier un instant tout ce que l'exercice du toucher ajoute sans cesse depuis l'origine à celui de la vue verrait les objets d'une tout autre manière. Dans le sommeil, les impressions internes simultanées des divers organes se croisent bien plutôt qu'elles ne s'associent ; elles ne convergent pas vers un même but, ou ne se cumulent pas sur un même objet comme dans la veille ; de là encore l'incohérence et la mobilité des songes.

106 | J'observe en 3e lieu que les rêves intuitifs ont surtout lieu le matin et quelque temps avant le réveil, après que les sens externes se sont rétablis des fatigues de la veille, et que leurs extrémités nerveuses aboutissant au cer-

[224] *En marge jusqu'à :* internes
[225] *En marge jusqu'à :* somnambulisme

veau, éveillées les premières, sont déjà dans l'attente de l'acte, ou commencent d'elles-mêmes à entrer en activité, stimulées peut-être aussi par quelque excitant du dehors qui se mêle confusément au rêve ou en détermine l'origine. Les songes organiques, au contraire, n'arrivent jamais que dans le commencement ou au milieu du sommeil. Les personnes sujettes au cauchemar, par exemple, en éprouvent les accidents presque au moment où elles s'endorment; j'ai vérifié plusieurs fois cette observation sur moi-même.

J'observe enfin pour terminer ce qui est relatif à l'espèce de songes dont il s'agit, que la condition organique à qui elle se rapporte peut avoir
107 lieu dans certains cas, assez rares il est vrai, | quoique l'état de veille soit complet; c'est là ce qui détermine les visions proprement dites. Ch. Bonnet nous en a fourni un exemple très curieux, [226] dans ce qu'il raconte d'un vieillard, son aïeul, qui voyait, les yeux ouverts, des tableaux variés dont il admirait les couleurs et les formes, et qui n'existaient que dans son imagination, ou plutôt dans sa vue intérieure; et ce qu'il y a de particulier, c'est que tout en admirant et en faisant la description de ce qu'il voyait réellement, il reconnaissait lui-même que ce n'était qu'une illusion ou une création du sens interne (75). C'est par là seulement que les visions de ce vieillard raisonnable, qui jouissait de quelques facultés actives, pouvaient différer d'un véritable songe, ou encore des fantômes qui ont la même apparence de réalité pour le maniaque, ou l'homme en délire, mais sans qu'il puisse juger ou reconnaître l'illusion.

[227] 3° Si la concentration des forces, au lieu de s'arrêter aux divisions cérébrales contiguës aux sens externes, pénètre plus profondément, pour
108 ainsi dire, jusqu'à l'organe même de l'âme, toutes les | sympathies actives avec les organes sensitifs et locomobiles se trouvant suspendues avec la volonté même, les songes prendront un caractère plus intellectuel et plus profond, et c'est alors, comme nous l'avons observé déjà, que les inventions les plus extraordinaires, les pensées les plus sublimes, les résolutions de problèmes les plus difficiles, peuvent se présenter à l'esprit dans un sommeil qui n'est cependant pas complet, puisqu'il en reste quelques traces, mais toujours avec cette spontanéité d'intuition qui exclut ou prévient toute recherche, et qui se concilie avec l'absence de la volonté ou suspension de tout effort.

Cette espèce de songes est très rare et doit l'être en effet, puisque ce sont, pour ainsi dire, de bonnes fortunes qui n'arrivent qu'aux hommes studieux, méditatifs, et dont toutes les veilles sont consacrées au travail de la pensée, à l'exercice de ses plus hautes facultés. Feu M. Cabanis a consigné [228] les

[226] *Ici Biran a placé un appel de note* (°) *qui renvoie à cette mention inachevée en marge:* (°) voyez son

[227] *En marge:* rêves méditatifs ou intellectuels

[228] *Biran écrit:* dans les observations. *Mais le* dans *ne va pas avec ce qui suit. Nous le supprimons.*

109 observations | à ce sujet qui lui avaient été rapportées par Franklin et Condillac, sujets, comme peuvent l'être d'autres savants, à avoir de ces bonnes fortunes (76).

Il y a des espèces de délires ou de manies sublimes qui tiennent à la même condition ou se rapportent à la même cause. Ainsi le perruquier de Diderot, homme illettré, et qui n'avait de sa vie fait des vers ni lu les poètes, débitait et créait, dans un accès de délire et de manie, des tirades de très beaux vers qui étonnaient singulièrement tous les auditeurs, mais surtout ceux qui l'avaient connu avant sa maladie. Plusieurs hommes de lettres de la capitale furent témoins de ce phénomène. On connaît aussi l'histoire d'une dame très dévote, mais très peu éclairée, qui suivait dans la simplicité de l'esprit et du cœur le chemin de la foi, sans se mêler de controverse. Cette dame ayant été attaquée d'une maladie nerveuse, se mit à argumenter son confesseur,
110 de manière à le réduire au silence, et à étonner autant qu'à embarrasser, | par sa logique pressante, tous les docteurs de la Sorbonne.

C'est ainsi encore qu'on voit quelquefois certains malades, au lit de la mort, développer des facultés extraordinaires et bien supérieures à toutes les habitudes de leur esprit dans le cours de leur vie. Dans cet état et au moment où la flamme vitale, ayant abandonné toutes les parties qu'elle animait, se concentre dans l'organe immédiat de l'âme et y jette ses derniers rayons, toutes les pensées, tous les discours du mourant prennent un caractère sublime et d'autant plus touchant que le malade, en faisant ses derniers adieux à cette terre qu'il va quitter, semble commencer déjà un autre mode d'existence. [229] Nous avons vu, nos collègues ici présents et moi, un exemple bien attendrissant de ce phénomène dans un jeune homme de dix-huit ans, de la plus belle espérance, mort au commencem[en]t du printemps dernier, d'une hydropisie séreuse qui avait déterminé l'engorgement de toutes les cavités principales et, à la fin, du cerveau, où la vie concentrée jetait un dernier éclat si pur et si beau. On conçoit comment tous ces phénomènes, qui paraissent surnaturels au vulgaire et qui sont si propres à alimenter une crédulité aveugle et superstitieuse, se rapportent d'une manière assez simple à la même condition organique qui détermine les songes intellectuels, et viennent se ranger dans la même classe.

111 | [230] [4°] Si nous supposons maintenant que la concentration des forces sensitives ait lieu, comme pour les espèces de songes que nous avons caractérisées ci-devant, dans quelqu'une des divisions cérébrales correspondantes et contigües à tels sens externes particuliers, de plus, que la communication sympathique du cerveau avec les organes de la locomotion et de la voix soit entière comme dans la veille, ou même accrue encore par l'affaiblissement des autres sympathies, la volonté étant toujours complètement suspendue, nous verrons naître de cette double condition tous les phénomènes [231] surprenants et tous les prétendus miracles du somnambulisme.

[229] *En marge jusqu'à :* si beau.

[230] *En marge :* 4e espèce : songes du somnambule. [4°] *ajouté par nous.*

[231] extraordinaires

Je crois devoir prévenir, en traitant ce dernier sujet, qu'il faut se tenir en garde d'abord contre cette sorte d'instinct de crédulité et d'amour du merveilleux, qui se complaît à exagérer tous les cas extraordinaires ou dont le principe est obscur et mystérieux en lui-même. Il m'a semblé, en lisant cer-
112 taines histoires de somnambules, que les auteurs, souvent animés par | [le] désir de flatter un penchant naturel à l'homme, cherchaient bien plus à étonner qu'à éclairer. Il faut être en garde surtout contre l'adresse et le charlatanisme de certains somnambules prétendus, qui quelquefois cherchent à faire de l'effet dans le monde, à exciter la curiosité et à attirer les regards sur eux, en jouant un rôle étudié à l'avance. J'en ai trouvé en ma vie deux exemples, qui m'ont, je l'avoue, rendu un peu incrédule sur les miracles du somnambulisme. Mais en nous bornant aux faits de ce genre les mieux constatés, quelque surprenantes ou quelque inexplicables que puissent en paraître certaines circonstances particulières, nous ne devons pas désespérer de parvenir à les rapporter à des principes ou à des faits mieux connus ; ce qui est le seul genre d'explication qu'on puisse demander en pareil cas, et ce qui suffit aussi pour faire disparaître le merveilleux.

113 Le somnambulisme se distingue des autres espèces de songes dont | nous avons parlé, par deux circonstances essentielles : la première, en ce que celui qui en est affecté a ou paraît avoir l'intuition des objets actuellement présents aux sens externes, quoique ceux-ci semblent fermés en tout ou en partie ; la seconde, en ce qu'il exécute toute la suite des mouvements ou des actes de locomotion nécessaires pour aller vers ces objets, les écarter ou les saisir, les approprier à son usage, et se conduire par rapport à eux comme il pourrait le [232] faire dans l'état de veille le plus complet, où ces deux circonstances, et surtout la dernière, semblent bien porter les caractères d'une intelligence qui aperçoit un but, et en combine les moyens, en même temps que d'une volonté éclairée et consciente qui exécute tous les actes nécessaires pour y parvenir. En effet, comme tout mouvement spontané, ou qui a son principe caché dans l'intérieur même de l'être qui le manifeste, est pour nous le signe ou le caractère essentiel de la vie ; ainsi toute série régulière de ces mouvements, ordonnés entre eux et appropriés à un but, paraît être le
114 caractère essentiel | d'une pensée, d'une volonté ; car nous ne pouvons voir que les mouvements extérieurs, et le principe interne de l'action comme les ressorts auxquels il s'applique, échappent par leur nature aux sens et à toute faculté de représentation. Mais si, d'une part, c'est une volonté, une intelligence partiellement éclairée qui préside aux phénomènes du somnambulisme, [233] pendant que, d'autre part, les faits les mieux constatés ne permettent pas de douter qu'alors le sommeil ne soit complet et absolu, quel est le caractère ou le signe naturel qui servira à distinguer deux états ou deux modes d'existence, si différents et si parfaitement étrangers l'un à l'autre, qu'en s'appliquant tour à tour à un seul et même être vivant, ils semblent diviser cet être en deux personnes distinctes, dont l'une ne s'approprie rien

[232] *En marge :* mouvem[en]t spontané. Vie.
[233] *Biran répète ici à tort :* d'une part

de ce que l'autre a fait ou senti, n'en conserve pas le moindre souvenir, n'y joint pas le même *moi?* |

115 | Si c'est une volonté qui dirige les actes du somnambule pendant qu'il est plongé dans un sommeil réel et profond, que devient surtout le principe unique d'une suspension de cette puissance, auquel nous avons voulu rattacher les causes et les circonstances particulières du sommeil et des songes, comme la condition essentielle qui différencie ces phénomènes de ceux de la veille? Faudra-t-il donc rejeter un principe constaté d'ailleurs sous tant d'autres rapports, et renonçant à en trouver aucun autre qui puisse servir à expliquer ou à lier entre eux, et à un seul fait plus général, ces phénomènes si extraordinaires, les regarder comme des [234] singularités de la nature, des exceptions à ses lois, et nous borner à crier au miracle? Voyons!

Et d'abord, quant à la première circonstance qui caractérise les rêves ou les visions du somnambule, celle qui consiste à avoir une sorte de perception des objets présents, quoique le sens paraisse fermé, j'observe:

1° que dans ce mode de vision, ou plus généralement d'intuition externe,
116 il n'y a point de doute que toutes les conditions | originelles qui mettent en jeu cette sorte de perceptibilité anomale ne soient inhérentes à l'excitation actuelle de la division cérébrale correspondante à tel sens, comme nous l'avons dit ci-devant, et en caractérisant ou spécifiant les songes intuitifs. Toute la différence qui peut distinguer le cas présent, c'est que la concentration des forces sensitives, qui était peut-être limitée alors aux extrémités nerveuses internes et contiguës au cerveau, embrasse ici tout le sens et s'étend jusqu'aux extrémités qui reçoivent les impressions immédiates des objets extérieurs. Du reste, ces dernières impressions ne sont qu'accessoires ou simplement auxiliaires dans les rêves animés du somnambule; c'est dans le sens interne que la séric des intuitions prend naissance; c'est l'imagination seule qui préside à tout, qui voit tout, et ce qu'il faut bien remarquer, qui ne voit ou ne semble voir au dehors que des objets analogues aux fan-
117 tômes qu'elle crée, ou dont les images particulières tiennent une | place dans le tableau actuel qui l'occupe. Ainsi, au lieu que l'imagination ou la faculté d'intuition soit subordonnée aux impressions directes du sens extérieur, comme cela a lieu dans les fonctions régulières de la veille, c'est au contraire ici le sens externe qui se trouve absolument subordonné aux mouvements ou à l'impulsion spontanée de l'imagination. Dans le premier cas, le tableau représentatif s'arrange ou se moule sur le groupe d'objets réels présents au sens; dans le second, ce tableau imaginaire est donné à l'avance ou est antérieur aux objets qui doivent venir s'y adapter, et ne sont admis ou ne frappent même le sens extérieur que sous la condition de cette convenance ou ressemblance avec le tableau fantastique qui est indépendant d'eux. Quelque singulier que puisse nous paraître, [235] comme opposé à nos habitudes les plus constantes, ce mode d'intuition indépendant du sens
118 externe, | je ne sais pourtant si cet ordre inverse de celui auquel paraît assu-

[234] merveilles
[235] *En marge jusqu'à:* constantes

jettie notre faculté ordinaire de percevoir n'est pas plus fréquent qu'on n'est porté à le concevoir communément. Je ne sais pas même si l'ordre direct est plus facile à expliquer ou n'a pas autant de quoi nous surprendre; mais nous sommes tous plus ou moins comme le peuple ignorant, qui ne s'étonne point en voyant tomber une pierre, et se moque du philosophe qui en recherche la cause pendant qu'il est saisi, et crie au miracle en voyant pour la première fois le fer tendre vers l'aimant. Sans parler de divers phénomènes de l'instinct, tel que celui des petits gallinacés qui, au sortir de la coque, vont juste becqueter le grain à distance et choisir celui qui leur convient, celui des oiseaux domestiques qui bâtissent leurs nids sur le plan uniforme donné à leur espèce, sans avoir pu recevoir à ce sujet aucune leçon de l'expérience — tous phénomènes qui ne peuvent être conçus autrement
119 qu'en supposant des intuitions ou images antérieures aux impressions | des objets externes et gravées pour ainsi dire dans le cerveau, au moment même de la formation ou de l'évolution du germe organique —, sans nous enfoncer, dis-je, dans ces profondeurs, ne pouvons-nous pas déduire de notre expérience la plus familière une foule d'exemples où nous percevons pendant la veille les objets présents à nos sens, non par ces sens mêmes, distraits peut-être et occupés ailleurs, mais uniquement par notre imagination, dans le tableau qu'elle en a conservé et qu'elle reproduit fidèlement au premier éveil donné au sens extérieur, à la plus simple impression faite sur lui?

Lorsque nous voyons, par exemple dans l'éloignement un objet confus dont les formes ne peuvent pas se démêler à l'œil, ce sens ne perçoit d'abord que ce qui le frappe actuellement, et c'est un point obscur ou une masse informe. Mais lorsque prévenus ensuite que c'est tel objet, nous voyons alors ses formes, ses dimensions, sa grandeur, assurément ce n'est pas l'or-
120 gane externe, mais bien | l'imagination déjà montée antérieurement qui retrace toutes ces apparences sensibles.

Lorsqu'au tombant du jour ou à la lueur incertaine des astres de la nuit, le voyageur effrayé voit ou croit voir très distinctement un fantôme dans un arbre, ou quelque bête épouvantable dans un tronc informe où il croit démêler des formes déterminées, ce n'est point encore l'œil qui perçoit ces êtres fantastiques, mais bien l'imagination excitée par une affection dominante, qui réalise au dehors ce qu'elle crée au dedans. Comment donc s'étonnerait-on davantage en voyant le somnambule dirigé uniquement par les tableaux qu'enfante son imagination, et se conduire uniquement d'après eux ou d'après ses habitudes dans le monde extérieur?

Mais ce qui fait le merveilleux de cette partie des phénomènes du somnambulisme, c'est que l'individu plongé dans un sommeil bien autrement profond qu'il ne l'est ordinairement, puisque toute sa sensibilité extérieure
121 se trouve | comme anéantie pour toutes les impressions accidentelles qui lui viennent des objets autres que ceux dont les images paraissent l'absorber, et que les excitations les plus fortes ne parviennent pas même à l'éveiller, que ce somnambule, dis-je, ainsi disposé, se conduise avec cette suite, cette précision, cette finesse de tact à l'égard de toutes les choses présentes, qu'il paraît très bien percevoir et juger, quoique ses yeux soient entièrement fermés et que son regard terne et fixe annonce qu'il ne voit rien de ce qui est

hors de lui, du moins par les moyens accoutumés ou par des impressions directes.

Pour faire disparaître en partie le merveilleux attaché à ce phénomène, il faut observer en second lieu que le somnambule n'agit jamais que sur des objets qui lui sont très familiers, et dont les habitudes de son imagination peuvent aisément lui retracer la place ou le lieu, les dimensions et toutes les circonstances accessoires. Il est donc, par rapport à ces objets, comme un
122 homme qui, dans l'état de veille | et enfoncé dans une méditation profonde, se promène dans un lieu connu, en parcourt tous les détours, évite les obstacles, va et vient sans jamais se tromper, et pourtant sans voir ou fixer rien de ce qui est au dehors : et la preuve, c'est qu'il tombera dans le premier piège tendu sous ses pas, quoiqu'il soit très apparent, mais parce que ce piège ou cet obstacle sort du cercle de ses habitudes. Ainsi ferait bien plus sûrement encore le somnambule, autrement absorbé dans ses tableaux imaginaires qu'il n'a pas la faculté de distraire ou de changer[236] en la moindre chose.

C'est donc par ces tableaux et par une vision tout intérieure, mais parfaitement concentrée sur une seule espèce d'images, que le somnambule est dirigé dans le monde de ses habitudes, avec d'autant plus de précision même que l'aveuglement est plus entier, la suspension des facultés actives plus complète, et que l'imagination captive n'offrant jamais qu'une seule chance, qu'un seul parti à prendre, il n'y a pas lieu aux délibérations, à l'incertitude d'un choix. |

123 | C'est ainsi que nous pourrions expliquer en détail, si le temps nous le permettait, plusieurs faits très curieux, rapportés dans divers ouvrages, notamment dans l'*Encyclopédie* ancienne, à l'art[icle] du somnambulisme, et dans le *Dictionnaire des Merveilles de la Nature* par Brisson (77). Le plus extraordinaire de tous est celui d'un abbé qui, étant au séminaire de Bordeaux, se levait chaque nuit, se mettait à son bureau, écrivait des sermons très suivis dans toutes leurs parties, en se corrigeant, faisant des ratures et substituant au mot raturé un autre mot qu'il plaçait exactement au-dessus. D'autres fois il copiait de la musique, après avoir rayé son papier avec une canne ; il observait parfaitement la valeur des notes, et la place des paroles correspondantes qu'il écrivait au-dessous. [237] Pour s'assurer s'il s'aidait en quelque chose de l'organe extérieur de la vue, on mit un corps opaque devant ses yeux, pendant qu'il notait sa musique ; mais il n'en fut point empêché, et continua son travail comme auparavant. On essaya encore de substituer un autre papier à celui sur lequel il écrivait ; mais il parut sentir la différence, et rejeta ce nouveau papier, jusqu'à ce qu'on lui eût substitué une feuille absolument égale en dimension à celle dont il se servait ; alors il continua en reprenant absolument à la même place où son carton finissait,
124 sur sa feuille, sans | paraître apercevoir que la nouvelle était toute blanche ; ce qui prouve qu'il se dirigeait alors par le toucher joint à l'imagination et non par la vue. Voilà des songes intellectuels, joints à l'emploi des signes et

[236] en même manière
[237] *En marge jusqu'à :* et non par la vue *(p. 124 ms.)*

à l'usage de la locomotion, qui ne semblent mettre aucune différence sensible entre l'état de ce somnambule et celui de la veille la plus complète. Cependant la différence est entière, même dans ce cas, et en l'admettant tel qu'il est rapporté, puisque l'individu dont il s'agit ne conservait pas le moindre souvenir pendant le jour de ce qu'il avait fait chaque nuit, et qu'il y avait là deux principes d'action, et deux personnes bien distinctes, si tant est que dans le sommeil et dans ces actes si réguliers, si intellectuels en apparence, il y eût une personnalité proprement dite; chose dont on ne saurait douter pourtant dans le cas où, comme le dit l'auteur de l'article, le somnambule reprit chaque nuit la suite des opérations ou le fil des idées interrompues de la nuit précédente, en les appropriant au même moi : fait unique dans l'histoire des songes et du somnambulisme, mais qui aurait besoin d'être mieux constaté, appuyé sur d'autres autorités et sur le témoignage même de l'acteur ; ce qui est impossible, puisqu'on le suppose devenu absolument étranger, dès le réveil, à ce qu'il a fait pendant l'accès.

125 Les phénomènes de somnambulisme | [238] rapportés dans le *Dictionnaire des Merveilles de la Nature,* tout surprenants qu'ils sont, rentrent néanmoins plus complètement dans les principes ou les moyens naturels d'explication précédemment indiqués. Tels sont ceux qui furent observés à Valence par deux savants médecins, MM. Pigatti et Reghelini, sur un domestique de cette ville, qui se levait la nuit, faisait à peu près les mêmes choses qui lui étaient prescrites pendant le jour, mettait le couvert, allait chercher exactement chaque chose à sa place, et l'y remettait ensuite, servait à table les convives qu'il voyait en songe, allumait une torche dont il avait coutume de se servir, descendait les escaliers lentement, comme s'il eût accompagné quelqu'un qu'il laissait passer, en refermant la porte quand il le supposait sorti. Tous ces actes étaient très bien liés entre eux, et très conséquents au songe qui occupait l'imagination de cet homme ; mais il est bien évident qu'il n'était dirigé dans tous les mouvements que par des intui-
126 tions purement internes, | et que tous les sens extérieurs étaient complètement endormis, hors celui du toucher. M[onsieur] Pigatti, qui a écrit cette histoire avec de très longs détails, [239] observe que ce sens paraissait, dans le même accès, tantôt doué d'une finesse extrême, tantôt absolument obtus. Par exemple, notre somnambule, en mettant son couvert, distinguait parfaitement les objets, tels que cuillers et fourchettes, couteaux, et les plaçait symétriquement suivant sa coutume ; il allait choisir une petite table ovale, dont la dame du logis se servait quand elle était seule, et ne se trompait point, quoiqu'il y en eût plusieurs de différentes dimensions. Il distinguait très bien les différentes pièces de monnaie au toucher ; on reconnut un jour ce dernier fait en ce qu'après avoir appelé un de ses camarades présent à la scène par son nom, et lui ayant demandé une petite pièce nommée en italien
127 *dadieci,* pour aller boire au cabaret, ce camarade la lui donna, | et après

[238] *En marge :* dernière question : quel est donc le vrai principe d'action du somnambulisme

[239] rapporte

qu'il l'eût mise dans sa poche, un des assistants la retira adroitement et y substitua une autre pièce appelée *marchetto*. Le somnambule s'étant fouillé ensuite chercha la pièce qu'il avait en idée, reconnut le changement, parut surpris, et en colère. Voilà bien ce qui prouve un parfait exercice et une finesse particulière dans le toucher. Cependant, s'il s'agissait de quelque objet tangible qui fût hors du tableau actuel représenté par l'imagination du somnambule, ce sens passait par dessus sans paraître en éprouver la moindre impression : ce qui confirme bien l'observation que nous avons déjà faite, que c'est l'imagination seule qui détermine toute l'impression qui peut avoir lieu dans ce cas de la part de l'objet sur le sens externe, et non, comme dans l'ordre naturel, l'objet qui meut d'abord le sens et arrive par lui à l'imagination. On peut dire, en d'autres termes, que chacun des sens du somnambule est éveillé à son tour, mais seulement pour l'espèce de sensations |
128 relatives à l'image qui est avant elle dans le sens interne. Et quoique M. Pigatti ait pensé que tous les sens autres que le toucher, étaient dans un profond engourdissem[en]t, il[240] me paraît probable que la vue s'accordait avec le toucher pour l'intuition de tous les objets relatifs aux songes, et que, dans ces visions internes des deux sens, chacun d'eux avait sa part contributive, mais également subordonnée, comme nous venons de le dire. Il est facile même de concevoir comment le sens externe pouvait avoir en pareil cas une finesse supérieure, puisqu'il était stimulé par deux forces[241] supérieures, celle de l'imagination et celle de l'objet. Il n'y a point de doute non plus que l'ouïe ne fût en exercice, selon le mode particulier que nous venons[242] de noter, puisque le somnambule paraissait très bien entendre les réponses aux questions qu'il faisait, comme les demandes qu'on pouvait lui
129 adresser dans le sens de | son rêve, et il répondait à celles-ci avec précision. En un mot, je crois qu'on peut conclure des observations de M. Pigatti lui-même, que, quel que soit l'organe externe auquel puissent s'adresser une série ou un ensemble d'objets disposés au dehors comme ils le sont d'avance dans l'imagination, ce sens concourra à l'intuition actuelle, quoiqu'il soit fermé absolument pour toutes les impressions qui n'entrent pas dans le tableau imaginaire.

Il paraît y avoir ici une exception notable à l'égard des sensations de l'odorat et du goût ; mais cette exception-là même confirme le principe ; et je me plais d'autant plus à la remarquer, qu'elle justifie parfaitement une distinction essentielle qui se trouve établie, dans mon premier Mémoire sur l'habitude, entre les impressions des deux sens dont je viens de parler, qui n'ont par elle-mêmes qu'un caractère affectif étranger à l'imagination, et
130 celles des | trois autres, le toucher, la vue et l'ouïe, dont le caractère essentiellement perceptif est seul approprié à notre faculté de représentation. S'il en est ainsi, de quelque manière que soit disposée l'imagination du somnambule, et quoiqu'il ait l'idée confuse qu'il sent telle odeur, ou goûte telle

[240] n'est pas impossible

[241] *Biran a rayé le mot :* supérieures. *Mais le mot par lequel il remplace celui-ci est indéchiffrable.*

[242] d'exprimer

saveur, l'organe externe ou extérieur se trouvant, dans cet état, fermé par lui-même aux impressions, et celles dont il s'agit ici se trouvant par leur nature exclues du tableau qui occupe l'imagination du rêveur, celui-ci n'aura aucun moyen de les distinguer, de reconnaître leurs changements. C'est là justement ce que confirme l'histoire du somnambule de M. Pigatti. Quand il demandait du tabac dans son accès, on lui donnait une poudre
131 toute différente, | qu'il paraissait prendre avec le même plaisir. Dans un autre accès, où il avait été lui-même chercher une salade qu'il avait assaisonnée avec soin, pendant qu'il se mettait en train de la manger, un des assistants lui substitua des choux mortifiés, assaisonnés avec le plus fort piment ; il continua de manger à son ordinaire. Ces exemples prouvent bien l'insensibilité et le sommeil complets des organes de l'odorat et du goût. Le doct[eu]r Pigatti assure aussi que cette insensibilité était la même pour tous les autres sens du somnambule, puisque le bruit le plus fort, la lumière approchée des yeux au point de brûler les sourcils, les frottements les plus rudes sur d'autres parties du corps, ne lui faisaient aucune impression. Mais ce docteur a négligé d'observer que cette insensibilité n'était relative qu'aux impressions extérieures hors du domaine actuel de l'imagination ; et que
132 | cette dernière force était le premier et l'unique stimulant pour les sens, qui faisaient actuellement partie de son *exercice*.

Je me suis étendu déjà trop, sans doute, sur la première circonstance qui caractérise le phénomène du somnambulisme, l'exercice des sens en tant qu'ils sont subordonnés à l'imagination et régis par elle. J'aurais pu me laisser entraîner encore bien plus loin par une foule d'autres détails et de faits singuliers ou curieux, relatifs à ce sujet, mais que la longueur de cet écrit me force de supprimer. Je ne puis cependant passer tout à fait sous silence une observation faite dans cette ville par M. Delpit et dont j'ai moi-même été le témoin. Quoique la jeune personne qui en a fourni le sujet fût affectée d'une névrose extrêmement compliquée dans sa cause comme dans ses effets organiques, les principaux phénomènes de la maladie ont une ressemblance trop frappante avec ceux du somnambulisme proprement dit pour
133 que je puisse | me dispenser d'en faire ici une courte mention. Je laisse de côté tout ce qui intéresse purement la pathologie pour remarquer seulement les anomalies singulières dans la sensibilité de cette jeune personne, l'engourdissement et l'espèce de sommeil où paraissaient tomber successivement les sens extérieurs, l'oblitération complète de l'ouïe qui coïncidait toujours avec le mutisme et la clôture du larynx et le crochètement des dents. On voyait succéder une cécité absolue. Pendant ce sommeil partiel et alternatif des sens externes, la malade travaillait des mains et suivait ses habitudes mécaniques ; le toucher conservait toujours son exercice et c'est surtout dans la privation de la vue qu'il acquérait une finesse extrême, comme dans le somnambule dont il vient d'être parlé. On a vu dans cet état la malade monter, pendant l'obscurité la plus complète, à un appartement
134 élevé, où elle avait mis des écheveaux de soie de différentes | couleurs, choisir dans le nombre celui de la couleur qui convenait à un ouvrage de broderie qu'elle faisait en ce moment ; on l'a vue, toujours dans l'obscurité, écrire d'une manière très nette, lire en passant les doigts sur les lignes, etc... Le

premier fait s'explique absolument comme les visions ou les intuitions qu'avait par le tact le somnambule de M. Pigatti pour tous les objets externes appropriés à l'état actuel de son imagination : la jeune fille, de même dirigée dans ses accès par les habitudes de son imagination qui déterminait d'avance des objets, reconnaissait au sens tout ce qui était déjà compris dans son tableau. Quant à l'écriture, elle était absolument dans le cas du séminariste de Bordeaux, dont il est parlé dans l'*Encyclopédie,* qui ne se servait pas non plus de la vue extérieure pour écrire ses sermons ou tracer ses notes de musique, dont le toucher et le mouvement habituel de la main déterminaient la position et les distances. Mais quant à la lecture faite avec les doigts, j'avoue que j'ai douté et que je doute encore de la possibilité du fait, à moins que le toucher ne servît à trouver l'endroit de la page qui cor-
135 respondait précisément à tel passage du livre connu | d'avance et à le retracer à la mémoire suivant les lois de l'association. Mais n'y ayant aucune espèce de rapport entre la représentation purement visuelle des caractères imprimés sur une feuille absolument plane et des sensations quelconques du toucher, une lecture ainsi faite avec le bout des doigts me paraît répugner à tous les phénomènes des sens et contraire aux lois naturelles qui déterminent leur exercice.

Je viens enfin à la seconde circonstance des phénomènes du somnambulisme, qui consiste dans la suite régulière et coordonnée des mouvements ou actes de locomotion, absolument semblables en résultats à ceux qui sont déterminés par la volonté, mais tout à fait opposés en principe aux actes de cette puissance d'effort constitutive de la veille.

Tout trompe dans le somnambule : il est une preuve vivante qu'il faut souvent se méfier des premières apparences, et surtout ne pas juger toujours de l'identité absolue des causes par la ressemblance des effets sensibles. On dirait que dans cet état singulier l'individu se conduit, comme dans la veille, sur la perception des objets présents, et ces objets réels ne sont cependant rien pour lui ; les sens externes sont fermés à leurs impressions, et toute leur valeur fictive se rapporte au tableau imaginaire qui les repré-
136 sente accidentellement, et indépendamment de toute impression | reçue du dehors.

On dirait bien aussi que le somnambule exerce tous les actes de locomotion, de la même manière et par le même principe que pendant la veille. Ses mouvements sont également coordonnés ; ils ont même plus de précision et de dextérité ; ils sont tout aussi bien appropriés à un but et y tendent avec une assurance supérieure ou une sorte d'impassibilité.

Mais cette dernière circonstance est elle-même une preuve que le mouvement est déterminé par un principe aveugle, qui n'a pas la faculté de suspendre, arrêter ou modifier l'impulsion une fois donnée, mais la continue comme il l'imprime d'abord avec toute la nécessité de l'automatisme.

Ce principe d'impulsion interne est le même que celui de l'instinct primitif des différentes espèces d'animaux, et de la locomotion du fœtus dans le sein de la mère ou aussitôt après la naissance ; le même que celui qui faisait ramper le tronc de la vipère citée par Perrault, vers le trou où ce reptile avait coutume de se retirer ; le même enfin que celui qui entraîne aveuglément et

sans la volonté, et même souvent contre une volonté expresse, nos mouve-
137 ments et nos tics d'habitude. | Nous savons d'un côté que dans le somnambule l'imagination, entrant spontanément en exercice, amène des songes de l'ordre intuitif, d'autant plus animés que la concentration des forces dans l'organe de l'intuition est plus entière, d'autant plus réguliers et suivis que les sens externes endormis, ne sympathisant plus entre eux et avec le cerveau de la même manière que dans la veille, ne peuvent mêler ni confondre les impressions ou images qui leur sont propres avec le rêve qui se trouve ainsi homogène et d'une seule pièce.

Nous voyons, d'un autre côté, une série parallèle de mouvements proportionnés ou parfaitement analogues aux images qui occupent actuellement le somnambule, et qui sont d'autant plus précis, réguliers et prompts que les organes qui les exécutent, ayant acquis déjà par la répétition continuelle des mêmes actes pendant la veille, la disposition propre à les exécuter sans effort sensible et sous la loi des habitudes automatiques, conservent émi-
138 nemment la même disposition dans | l'état de somnambulisme, où la sympathie particulière des muscles locomoteurs avec le centre cérébral en activité semble se fortifier par l'affaiblissement de toutes les autres.

Ici donc c'est d'une part le cerveau qui meut ou qui détermine l'impulsion locomotive, suivant les lois nécessaires d'une motilité purement animale, comme c'est le même centre ou organe d'intuition qui conçoit et reproduit la suite des images ou des fantômes du sommeil.

Et ce sont d'autre part les organes du mouvement qui obéissent sans résistance et avec toute la facilité, la légèreté de l'habitude, à cette impulsion aveugle, dénuée d'effort ou paraissent même la prévenir.

Ne semble-t-il pas bien en effet qu'on pourrait appliquer à ce cas particulier le fameux principe de l'harmonie préétablie, imaginée par Leibniz pour expliquer le jeu de tous les mouvements apparents du corps, tant volontaires qu'involontaires, sans aucune influence réelle de l'esprit ou de l'âme ?
139 Ici, pendant qu'une suite d'intuitions | a lieu dans l'imagination du somnambule, une autre suite de mouvements analogues s'accomplit dans les membres, sans qu'il y ait de volonté ni de moi qui dirige ou s'approprie ni l'une ni l'autre série.

Nous avons observé déjà que les actes que le somnambule fait en rêvant, étaient toujours ceux qui se trouvaient compris parmi ses habitudes journalières ; nous avons donc là un principe ou un fait d'expérience auquel nous pouvons rapporter des circonstances d'un phénomène plus caché et qui échappe à toute expérience.

Or, encore un coup, et je crois l'avoir montré par des exemples assez évidents dans mon premier Mémoire, les mouvements qui ont passé entièrement sous l'empire de l'habitude, sont sortis par là même du domaine de la volonté ou de la puissance qui crée librement l'effort. Sans répéter ce qui a été déjà dit pour mettre ce fait dans tout son jour, il me suffira de rappeler l'exemple le mieux approprié à mon objet actuel. Quand une série de mou-
140 vements ou d'actes quelconques, soit de la | locomotion, soit de la voix, s'est complètement transformée en habitude par une constante répétition, cette série de mouvements ou d'actes s'accomplit avec promptitude, régula-

rité, et toujours dans le même ordre, dès qu'une cause impulsive quelconque, et qui peut être tout à fait étrangère à la volonté, vient à lui donner pour ainsi dire le premier branle. Au fort de cet entraînement, si la même volonté, la même puissance d'effort qui a déterminé la première formation de cette série, vient à s'y appliquer de nouveau, même pour seconder et activer le mécanisme actuel qui l'exécute à l'instant, ce dernier demeure comme arrêté, les mouvements se troublent, se confondent, et la série est manquée. Ce qui tendait à se faire tout seul, ou par un principe spontané et aveugle, ne peut donc pas se faire maintenant sous l'empire d'une volonté éclairée;
141 donc, plus cette dernière puissance | sera suspendue, mieux le jeu de l'habitude s'accomplira, et plus les mouvements accoutumés auront de précision, d'ordre et d'assurance. Cette loi est générale et s'applique de la même manière à des suites de mouvements musculaires comme à celles des sons ou articulations de la voix qui servent de signes à nos idées: elle se vérifie également dans les musiciens ou joueurs d'instruments, les danseurs de corde ou les faiseurs de tours d'adresse, et ceux qui exercent la mémoire mécanique sur une longue suite de mots donnés. La même loi se vérifiera donc plus parfaitement encore dans le somnambule dont la volonté se trouve entièrement suspendue, puisque, suivant toutes les observations de ce phénomène, le sommeil y est plus complet et beaucoup plus profond que dans l'état ordinaire. La puissance d'un effort voulu ne sera donc pas sujette à enrayer, par son concours intempestif, les mouvements habituels, dirigés alors par le seul principe qui leur convient, avec une aisance et une infaillibilité proportionnées à leur aveuglement.

142 | Il est remarquable aussi:

1° que le somnambule exécute toutes les suites de mouvements analogues au songe, avec une adresse et une assurance qu'il n'aurait pas dans la veille si la volonté prenait quelque part aux phénomènes, et si, comme il arrive toujours dans le concours simultané de plusieurs sens, quelques idées ou images étrangères venaient y faire diversion;

2° que le moyen le plus sûr d'éveiller le somnambule n'est pas d'exciter les organes des sens externes alors complètement[243] engourdis, mais bien d'arrêter d'une manière brusque la série des mouvements liés au songe et déterminés par la même cause organique; car l'effort, qui tend alors à vaincre l'obstacle opposé à l'impulsion donnée, ne peut coexister avec le sommeil qui cesse aussitôt, au moment où la volonté va reprendre son empire; mais alors aussi, tous les actes antérieurs sont oubliés, et leur suite est coupée net, sans pouvoir se rejoindre à la chaîne commune de l'existence individuelle.

143 | Nous pouvons comparer ce qui se passe ici avec d'autres cas analogues observés précédemment. Nous avons vu en effet que, dans une suspension de la volonté ou de l'effort moteur moins absolue et telle que celle qui a lieu dans les phénomènes ordinaires du sommeil et des songes, et dans le cauchemar en particulier, lorsqu'une affection ou une image vive tendait à

[243] endormis

entraîner un mouvement analogue, celui-ci ne pouvant s'exécuter à cause
de l'interception momentanée de la communication directe et sympathique
des organes locomobiles avec le centre moteur, la volonté à demi éveillée
déterminait un effort qui, d'abord impuissant tant que les mêmes circons-
144 tances organiques persistaient, finissait | par vaincre l'obstacle et produire
son effet, ce qui amenait immédiatement le réveil complet.

Dans le somnambulisme, qui contraste absolument en ce point avec
les autres phénomènes des songes et du cauchemar, la persistance d'une
libre communication sympathique entre les muscles et le cerveau comme
organe de l'intuition, suffit pour entraîner toutes les séries de mouvements
ou d'actes, sans que le centre d'où irradie l'effort volontaire en soit ébranlé
d'aucune manière ; il n'y aura donc point, comme dans le cauchemar, de
réveil amené par l'intervention nécessaire de la puissance qui crée cet effort
constitutif de la veille, mais au contraire, plus le sommeil sera profond et la
conscience engourdie avec la volonté, mieux les mouvements seront exécu-
tés. Cependant, si la véritable puissance motrice est déterminée, de telle
manière que ce soit, et surtout par l'interruption brusque et forcée de ces
mouvements automatiques, à prendre la moindre part à ceux-ci, à l'instant
145 le | réveil s'ensuit absolument, comme dans le cas du cauchemar et les
autres exemples cités, ce qui prouve bien :

1° la diversité de deux principes d'action qui s'unissent pour constituer
la nature de l'homme et de ses facultés diverses : l'un subordonné à la vita-
lité des organes et à la sensibilité animale, l'autre qui en est affranchi jusqu'à
un certain point, et obéit à des lois hyperorganiques ;

2° la suspension de ce dernier principe dans les phénomènes du sommeil
et des songes : fait général et commun auquel viennent se rallier tous les
146 phénomènes les plus divers ; ce que nous voulions prouver, | en montrant
comment l'un agit aveuglément quand il est séparé et isolé de l'autre, [? pre-
nant] comme dit Fontenelle *la nature sur le fait* au moment où ils viennent
à s'unir, ainsi que nous l'avons fait en notant la cause et les circonstances du
somnambule éveillé. C'est par ces deux conclusions que nous terminons ce
Mémoire.

Source : ms. 2135.

80 r° [244] | DISCOURS A LA SOCIÉTÉ MÉDICALE DE BERGERAC, DANS LE BUT DE REMONTER CETTE SOCIÉTÉ EN DÉCADENCE, LUI DONNER PLUS DE CONSISTANCE ET D'ACTIVITÉ, COORDONNER ET RÉGULARISER SES TRAVAUX, LES RAMENER A DES OBJETS PLUS FIXES, MIEUX DÉTERMINÉS ET D'UNE UTILITÉ PLUS IMMÉDIATE

M[essieu]rs,

Il y a trois ans aujourd'hui que cette société a pris naissance. L'anniversaire de cette époque de réunion est pour nous un jour mémorable et doit être une véritable fête. Combien de souvenirs elle fait revivre ; combien d'idées d'utilité publique, d'objets d'émulation, de mobiles d'activité, combien d'espérances réalisées en partie dans cette estimable société, mais en même temps combien de devoirs et d'obligations qui restent à remplir ! Lorsque du point où nous sommes arrivés aujourd'hui je parcours par la pensée la distance qui nous sépare du point de départ, je vois d'un côté une belle collection de faits, d'observations [245] précieuses, de vues théoriques ou pratiques répandues dans divers mémoires intéressants lus ou communiqués à cette société. Je vois l'esprit des journaux savants se réfléchir parmi nous et toutes les découvertes nouvelles fidèlement transmises par une plume élégante et facile qui les coordonne et les orne même en les dépouil-
80 v° lant du superflu ; l'histoire instructive des maladies, | et le tableau comparatif des variations atmosphériques correspondantes à chaque période de l'année, tableau qui [246] présente à chacun les résultats de ses propres expériences, qui a l'avantage de réunir et resserrer dans un même cadre les observations variées et nombreuses, de présenter les résultats communs et d'en faire en quelque sorte, pour chacun, le résumé général. Je vois des lumières répandues dans [247] divers articles de topographie médicale et plusieurs

[244] *Voir aussi Appendice XVIII.*

[245] précieuses *remplacent* nettes et intéressantes

[246] *Seconde version inachevée :* n'offrant à chacun que les résultats des propres observations

[247] quelque

pierres d'attente jetées à l'avance pour le grand édifice dont nous avions entrevu le plan. Je vois les lumières acquises, les expériences individuelles faites par chacun des membres, tourner au profit de la société entière et ajouter à la masse de ses connaissances et former un seul patrimoine indivis où le tien et le mien n'existent plus. Dans cette précieuse solidarité, dans cette libre et intime communication des idées et des sentiments, les cœurs jouissent et s'élèvent, les esprits tendant à gagner le niveau commun, s'étendent et s'éclairent. Tous les germes d'une haute émulation se fécondent; tous ceux d'une basse jalousie s'étouffent; la morale s'unit plus étroitement[248] à tous les intérêts de la science; l'humanité sourit à sa voix; les malheureux espèrent; la douleur perd son aiguillon.

Telles sont, Messieurs, les nobles espérances que nous conçûmes de cette société, et si toutes ne sont pas remplies, si nous sommes obligés de convenir aujourd'hui que le but est encore bien loin devant nous, il serait injuste
81 r° de ne pas tenir | compte des efforts partiels faits pour l'atteindre. Chacun de nous descendant en lui-même peut s'interroger sur les avantages qu'il a retirés de l'association, sur les germes de nouvelles idées, de nouveaux objets d'émulation, de nouvelles observations à tenter, qu'il a pu remporter de nos séances. Il peut se demander si l'espoir de transmettre à ses collègues les[249] résultats curieux de sa pratique ou de ses expériences particulières ne l'a pas quelquefois animé et soutenu dans ses travaux, s'il n'y a pas apporté plus de suite et d'activité, si en mettant du soin à leur rédaction il n'a pas éclairci, précisé et développé pour lui-même des idées qui seraient peut-être toujours restées vagues, confuses et[250] flottantes dans son esprit. Quel que soit à cet égard le degré d'assentiment intime de ceux qui m'entendent je ne puis m'empêcher quant à moi, Messieurs, de reconnaître ici tout ce que je dois à cette estimable société et je cède ici au sentiment, au devoir, comme à celui d'une profonde reconnaissance, en avouant que le désir de prendre une part à ses travaux, de mériter ses suffrages a été souvent pour moi un précieux mobile d'activité, une source de progrès dans l'étude de l'homme physique et moral, et par lui-même une source de jouissances intellectuelles.

[251] Aussi, Messieurs,[252] pourrait-on m'accuser à juste titre d'être mû par un sentiment intéressé et des motifs en quelque sorte personnels, lorsque j'emploie tous mes efforts et mes soins pour cimenter et serrer de nouveau
81 v° les | liens de cette société qui, je l'avoue avec douleur, me paraissent tendre à se relâcher et peut-être bientôt à se dissoudre. Plus j'ai redouté un tel[253] malheur, plus je me suis attaché à en pénétrer les causes et en chercher le remède. Ce remède, Messieurs est dans vos mains, il tient à votre volonté

[248] aux intérêts
[249] fruits
[250] incertaines
[251] *En marge :* il n'y a point de principe de stabilité. Il dépend de chacun d'apporter l'esprit de suite et l'idée de durée. C'est dans l'opinion et la conscience de chaque membre que se trouvera le vrai principe de stabilité.
[252] puis-je
[253] événement

même et c'est elle surtout que je dois invoquer en ce jour. Pour qu'une société quelconque subsiste, il faut que ses membres mettent un intérêt commun à la soutenir et qu'ils aient toujours présente l'idée de sa stabilité et qu'ils ne puissent pas même former un doute sur la force et la nécessité même du lien qui les unit. J'entends, Messieurs, s'élever depuis quelque temps parmi nous des doutes de cette espèce ; or certainement, le moyen le plus sûr d'empêcher qu'ils ne se réalisent c'est de les empêcher de naître. Veuillons bien rester unis et que chacun de nous en exprime franchement le vœu et la société sera indissoluble parce qu'elle existe tout entière dans la réunion et l'accord des volontés. Mais cette volonté elle-même se fonde sur des motifs et sur un intérêt sensible qui la détermine, et nous sommes forcés de convenir, Messieurs, que cet intérêt ne peut être égal sans être commun
82 r° sous tous les rapports entre les divers membres de la société. C'est, | si je ne me trompe, la principale cause du relâchement actuel qui nous afflige et de la désunion qui nous menace. Il faudrait donc s'attacher d'abord à rétablir, s'il est possible, plus d'égalité, d'intérêts communs entre nous, et c'est sur les moyens d'atteindre un but si désirable que je[254] crois devoir appeler une discussion dans le cours de cette séance. Voici les idées qui se sont présentées à mon esprit et que j'ai l'honneur de vous soumettre.

[1°] La communication des idées, qui est la preuve des besoins[255], et le plus doux des plaisirs de l'être intelligent et moral, suppose une activité réciproque entre ceux qui sont appelés à sa jouissance. Il n'y a en effet de telle communication proprement dite qu'autant que celui qui reçoit les idées d'autrui peut lui transmettre les siennes à son tour, et celui qui, prenant un rôle constamment passif, ou recevrait toujours sans jamais donner, [256]se considérerait lui-même comme étant en quelque sorte étranger à la société. Il ne participerait pas réellement à ses avantages et n'y prendrait point un intérêt. La condition essentielle, ou la loi commune de la société, réside donc dans un travail commun ou dans une tendance de tous vers un seul et même but ; toutes les forces, toutes les facultés naturelles ou acquises ne sont pas les mêmes sans doute ; mais chacun emploie celles qu'il possède et dans[257] l[e degré] qui lui est propre pour l'utilité générale, et c'est alors seulement qu'il est, et se[258] sent membre d'une société. La nôtre a été jusqu'à présent limitée pour ainsi dire à un trop petit nombre de membres actifs ; ceux-ci choisissent eux-mêmes suivant leur goût ou les circonstances les sujets des mémoires particuliers dont ils donnent lecture. Il n'y a donc point d'ensemble, point de but commun, point d'esprit de suite parmi ceux
82 v° qui travaillent ; | il[259] ne peut y avoir non plus d'intérêt bien vif de la part de ceux qui écoutent passivement des lectures très variées sur des sujets opposés auxquels ils ne sont point préparés et dont la plupart, n'excitant en

[254] soumets aujourd'hui à votre discussion
[255] de l'homme
[256] serait en quelque sorte ou du moins
[257] *Le mot manque.*
[258] considère
[259] n'y a point

aucune manière leur curiosité, ne peuvent que glisser sur l'esprit sans y laisser aucune trace. Cet inconvénient est très grave; l'expérience nous a convaincu de sa réalité. Il faut y mettre un terme dès aujourd'hui. Je propose dans cet objet qu'une commission formée dans cette séance fixe les objets dont on devra s'occuper dans la séance suivante ou qui seront à l'ordre du jour; que tous les membres soient nominativement appelés à traiter un de ces sujets d'ordre approprié à ses connaissances ou ses occupations habituelles; qu'il puisse exposer ses idées sur ce sujet donné, de la manière qui lui sera le plus convenable verbalement ou par écrit en simples notes sans qu'il soit besoin d'employer les formes du style; qu'il soit ouvert de ces discussions verbales dans le sein de la société, où chacun pourra demander la parole à son tour en se restreignant dans le sujet qui est à l'ordre du jour.

2° L'abonnement aux journaux savants est une des premières conditions d'existence de cette société; c'est par ce nœud qu'elle tient à la république des sciences et c'est là qu'elle peut trouver les moyens les plus propres à exciter son émulation, à étendre ses progrès. Mais nous devons appliquer encore ici la remarque précédemment faite sur l'espèce d'inégalité existant entre les membres de cette société relativement aux jouissances que chacun peut retirer de la communication des journaux savants auxquels nous sommes abonnés. Des extraits, ou précis, quelque exacts et bien faits qu'ils puissent être, ne peuvent suppléer à une lecture que l'on ferait soi-même, ni satisfaire complètement la curiosité. Chaque membre, comme nous l'avons
83 r° dit, doit | prendre à tout la part la plus active possible et partout où il ne jouera qu'un rôle passif, son intérêt languira : ainsi nous sommes tous, par une loi même de notre nature. Il faut donc que les journaux auxquels la société est abonnée deviennent par le fait et non pas seulement par le droit la propriété usuelle de tous les membres, que chacun puisse les consulter à volonté et s'en procurer à loisir la lecture détaillée dans un local dont il disposera et où il aura pour ainsi dire droit de maîtrise. D'après ces vues j'ai formé le projet d'un cabinet littéraire dans un local désigné sur lequel nous avons d'avance jeté les yeux. Les journaux, papiers et instruments de météorologie appartenant à la société y demeureront déposés entre les mains d'un gardien étranger à la société, qui recevra les abonnés et mettra à leur disposition ce qu'ils pourront demander.

Mais attendu qu'il y a encore là une inégalité de jouissance entre les membres résidents à Bergerac et ceux qui, étant placés à des distances plus ou moins considérables de ce chef-lieu, ne peuvent y venir que rarement, je propose à la société de faire deux sortes de contributions pour les frais d'abonnement au cabinet médical et littéraire [de] la société; les membres résidents devront payer un abonnement plus fort que les non-résidents, ce qui est conforme à la justice distributive.

3° La stabilité d'une association dépend, toutes choses égales d'ailleurs, du nombre de personnes qui ont intérêt à la soutenir. J'ai pensé qu'en formant un cabinet médical et littéraire il serait avantageux d'étendre le nombre des abonnés et de se donner une latitude qui ne peut être
83 v° qu'avantageuse | à la société mère: cette société qui, dans le but de son institution, a voulu rallier à elle tous ceux qui cultivent quelque branche des

connaissances accessoires à la médecine, telles que l'histoire naturelle, l'agriculture, l'art vétérinaire, l'économie rurale ou domestique,[260] peut-être s'est-elle trop restreinte dans ses choix, et je pense qu'elle pourrait encore faire des conquêtes précieuses dans une classe d'hommes qui pratiquent en observant, chacun dans sa sphère, et qui pour être dénués de prétentions ou de préjugés scientifiques, n'en sont souvent que plus judicieux, plus exacts observateurs, plus propres à fournir des matériaux à la science positive des faits. Ne craignons donc pas d'appeler à nous, dans la formation du nouveau cabinet médical et littéraire des propriétaires, des agriculteurs éclairés qui pourront contribuer utilement et prendre même une part plus ou moins active à une certaine portion de nos travaux. Je communiquerai à la société la liste des nouveaux abonnés qu'elle peut admettre.

4° Enfin, par une suite nécessaire des principes exposés, on s'attache plus fortement à une société par la conscience même du bien public ou particulier qu'elle fait ou qui en résulte. Par la noble perspective des avantages sérieux qui peuvent en résulter, par l'exercice habituel des actes de bienfaisance qui s'y pratiquent, les consolations et les secours que peuvent y trouver des êtres souffrants et malheureux, votre cabinet médical peut devenir, Messieurs, comme un monument élevé aux vertus de bienfaisance et d'humanité; vous pourrez à des époques fixes y donner des consultations gratuites; la classe indigente aurait droit à venir profiter de vos lumières
84 r° réunies[261] | et vous resterez liés à la société par les doubles nœuds qui vous rattachent aux intérêts de l'humanité et à ceux de la science.

Telles sont, Messieurs, les vues que m'a suggéré le désir de resserrer nos liens communs et de consolider l'existence d'une société qui m'est devenue chère à tant de titres; quelque soit le résultat de la discussion des moyens que j'ai l'honneur de vous proposer, et dussent tous mes vœux, toutes mes espérances être trompés en ce jour, je n'en demeurerai pas moins uni à chacun de vous par le cœur et les intentions; les témoignages honorables de confiance et d'estime, les encouragements que vous m'avez prodigués ne pourront s'effacer de mon souvenir, et si la partie des travaux que j'entrepris pour cette société pouvait durer dans le monde savant autant que la reconnaissance durera dans mon cœur, j'aurais acquis par vous les titres à cette immortalité que je voudrais pouvoir vous conserver.

[260] peut trouver encore des conquêtes précieuses à faire.

[261] *Il y a ensuite deux membres de phrase inachevés et non barrés :* et l'époque de vos séances sera *puis :* et les intérêts de l'humanité confondus avec ceux

APPENDICES

Source : LEMAY, *Maine de Biran et la Société médicale de Bergerac,* p. 7-8.

APPENDICE I

SÉANCE DE FONDATION DU 15 NOVEMBRE 1806

Compte-rendu de la séance de M. Delpit

Le 15 novembre 1806, MM. Maine de Biran, sous-préfet de Bergerac ; Boissière, médecin ; Dupuy, médecin ; Geneste, chirurgien ; Linarès, officier de santé ; Labrousse, médecin ; Albert, chirurgien ; Géraud, médecin ; Venencie, chirurgien ; Campsegret, médecin ; Gardet, pharmacien ; Garriga, officier de santé ; Siosard, médecin ; Giry, chirurgien ; Candillac, médecin et Delpit, médecin, se trouvant réunis dans la maison de M. Gardet, pénétrés du plaisir de se trouver ensemble et pressés du besoin de renouveler de pareilles réunions, ont décidé de former une société médicale, et s'étant ce jour même constitués en assemblée sous la présidence de M. Albert, M. Garriga faisant les fonctions de secrétaire, ils ont procédé à la nomination d'un président, de deux secrétaires et d'un trésorier par la voie du scrutin.

La majorité des suffrages a désigné pour président M. Maine de Biran, sous-préfet ; pour secrétaires, MM. Delpit et Candillac, médecins ; pour trésorier, M. Gardet.

La société étant ainsi constituée, il a été proposé de porter à quarante le nombre des membres qui doivent définitivement la composer, savoir trente-deux titulaires pris parmi les médecins, chirurgiens, officiers de santé, pharmaciens ou savants cultivant quelques branches des sciences physiques et résidant dans l'arrondissement de Bergerac, et huit correspondants pris dans le département de la Dordogne ou les départements voisins.

Le bureau a été chargé d'inviter à faire partie de la société MM. Latané, médecin ; Denoin, chirurgien ; Bleoud, chirurgien ; Deschamp, médecin ; Lacoste, médecin ; Lescotgay, médecin ; Mathieu, médecin ; Gaussein, médecin ; Tronc, médecin ; Ters, chirurgien ; Beylot, médecin ; Hérissé, chirurgien ; Theillet-Luzier, officier de santé ; Dambié, chirurgien ; Peluchon, chirurgien ; Vialens, chirurgien ; Ramond, médecin.

La société a ensuite arrêté qu'elle serait abonnée aux journaux suivants, savoir : le *Journal de Sédillot,* celui de *Corvisart,* celui de *Beaumès,* la

Bibliothèque médicale, la *Gazette de santé,* le *Journal de Physique,* la *Bibliothèque britannique,* les *Annales de Chimie,* et que, pour fournir aux frais de ces abonnements et autres dépenses nécessaires, chaque membre de la société verserait dans les mains du trésorier la somme de douze francs.

La société ne voulant pas se donner de règlement définitif sans le concours des membres qu'elle désire s'adjoindre, a chargé son président et ses secrétaires de faire toutes les dispositions nécessaires pour compléter le nombre qu'elle a déterminé, fixer l'époque de la prochaine réunion, préparer un projet de règlement et faire en un mot tout ce qui peut faciliter les travaux et les succès de la nouvelle société ; la séance a été ensuite levée.

Bergerac, le 15 novembre 1806
Delpit, secrétaire.

Source : LEMAY, *op. cit.,* p. 9-14.

APPENDICE II

LETTRE DESTINÉE AU RECRUTEMENT DES FUTURS MEMBRES

Bergerac, le ... décembre 1806

Monsieur,

C'est dans les pays placés comme le nôtre, loin du foyer des lumières, que les hommes qui cultivent par état ou par goût, quelque branche des sciences naturelles, éprouvent davantage le besoin de s'unir. C'est là surtout qu'après avoir vécu dans la privation d'un doux et utile commerce, les amis de la science, déjà liés, sans se connaître, par l'analogie des goûts et la direction habituelle des idées, doivent se chercher, s'attirer fortement, réunir leurs efforts communs contre les progrès de l'ignorance, ou l'aveuglement des préjugés, et conserver par des communications précieuses le feu sacré qui languit et s'éteint dans l'isolement, faute des moyens propres à l'alimenter.

Déterminés par ces motifs, et ces besoins dès longtemps sentis, quelques hommes professant l'art de guérir dans cet arrondissement, et cultivant les sciences médicales ou physiques, se sont fait un appel réciproque. Spontanément réunis de différents points dans ce chef-lieu, ils y ont jeté les premières bases d'une société qui est déjà née sous d'assez heureux auspices, pour pouvoir se promettre dans l'avenir, par son extension, des conquêtes, des jouissances nouvelles et des succès favorables aux progrès des sciences naturelles et de la médecine en particulier.

Étendre et assurer ces progrès dans l'arrondissement de Bergerac, en y propageant toutes les découvertes utiles ; resserrer les liens qui doivent exister entre les hommes qui exercent la noble profession de rendre ou de conserver la santé ; entretenir dans la société dont ils sont appelés à faire partie, une émulation salutaire, et avec elle l'ardeur pour l'étude et le goût constant des bonnes observations ; éloigner d'eux tout prétexte de méfiance ou de jalousie, et faire à ceux qui marchent en commun vers le même but un besoin de s'estimer et de s'aimer : tels ont été les premiers vœux des fondateurs de la société médicale de Bergerac.

Cette société naissante n'a pu encore se donner un règlement définitif qui exigera le concours de tous les membres qu'elle espère s'agréger. Cependant, elle a dû s'occuper d'abord de tracer les fondements de son organisation, et n'a pu se constituer sous un titre quelconque, sans déterminer la forme sous laquelle elle devait exister.

Après avoir élu un président, deux secrétaires et un trésorier, les membres, dont les noms seront insérés ci-après, ont délibéré et arrêté provisoirement entre eux les articles règlementaires suivants :

1° la société s'occupe essentiellement de tous les objets qui ont un rapport plus ou moins direct avec l'art de guérir. La physique, la chimie, la botanique, l'histoire naturelle, l'agriculture, l'étude de l'homme intellectuel et moral, considéré dans ses rapports avec l'homme physique entrent dans le plan de ses travaux ; et elle recueillera avec empressement toutes les observations qui lui seront présentées sur ces divers objets par ses membres titulaires ou correspondants ;

2° le nombre de ces membres sera porté à 40, savoir 32 titulaires qui devront être domiciliés dans l'arrondissement de Bergerac et 8 correspondants qui pourront être pris dans l'étendue du département ;

3° la société, ainsi formée, tiendra quatre séances par an, qui auront lieu périodiquement tous les trois mois, et demeureront fixées, savoir : la première au dimanche de la foire Saint-Martin, jour anniversaire de la fondation de la société ; la seconde au premier dimanche du mois de février suivant ; la troisième au premier dimanche de la foire des Rameaux ; et la quatrième au premier dimanche qui suivra la Saint-Jean ;

4° à l'ouverture de chacune des séances, l'un des secrétaires donnera lecture du procès-verbal de la précédente ; il offrira l'analyse de toutes les observations ou mémoires qui lui auront été adressés dans le cours du trimestre, et de tout ce qu'auront présenté de curieux et d'intéressant pendant l'intervalle des séances, les divers journaux savants auxquels la société a résolu de s'abonner. Chaque membre pourra ensuite demander la parole pour faire lecture d'un mémoire afférent à quelqu'un des objets dont la société s'occupe ;

5° la société déclare que parmi ces objets divers, ceux qui ont le plus directement rapport au but de son institution consistent dans une suite d'observations météorologiques faites avec soin et constance, sur les différents points de cet arrondissement ; et, à cet effet, il a été convenu que dans la première séance, il serait nommé quatre membres pris autant que possible dans les points cardinaux et opposés de l'arrondissement, qui demeureraient chargés de suivre, jour par jour, les variations et phénomènes atmosphériques au moyen d'instruments qui leur seront délivrés à cet effet; et d'envoyer tous les mois la note de leurs observations au secrétaire chargé de les recueillir, de les comparer entre elles, et d'en communiquer le résultat à la séance première;

6° un autre objet essentiel des travaux de la société et dont le précédent même fait partie, consiste dans la réunion des divers éléments qui doivent concourir à former une bonne topographie médicale.

L'intérêt que le Gouvernement actuel témoigne pour la confection de ce grand et important ouvrage, qui rentre dans le plan d'une statistique générale de la France, sera pour la société médicale de Bergerac un excitatif de son zèle, comme un garant de bienveillance et de l'appui qu'elle a droit d'attendre des autorités administratives. Elle a déjà assez manifesté à cet égard ses intentions et ses espérances par le choix qu'elle a fait de son président.

Pour l'accomplissement de cette importante vue, la société réclame instamment de chacun de ses membres la communication successive de toutes les données ou faits que l'observation et l'expérience peuvent leur avoir acquis jusqu'à ce jour, sur la nature du sol qu'ils habitent et ses productions, sur la qualité des eaux et de l'air, sur le régime, la nourriture, le tempérament, le caractère et les mœurs des habitants, leurs maladies habituelles ou accidentelles, épidémiques, endémiques ou sporadiques, sur les épizooties; en un mot sur tout ce qui peut intéresser la police médicale, la santé des citoyens et la vie des animaux utiles à l'agriculture.

Quant aux épidémies en particulier, M. le docteur Delpit, membre de la société et l'un de ses secrétaires, déjà nommé par le Gouvernement pour suivre le traitement des maladies épidémiques dans l'arrondissement, espère dans le recueil d'observations dont le plan vient d'être exposé, d'utiles et puissants secours pour remplir dignement et d'une manière avantageuse à son pays, l'importante mission qui lui a été particulièrement confiée, et dont il lui sera doux de partager avec ses collègues les travaux et la gloire.

C'est ainsi qu'une heureuse solidarité se trouvant établie entre les membres qui composent la même société, toutes les observations sur des cas rares et intéressants en pathologie, tous les faits curieux recueillis en histoire naturelle et physique des corps bruts ou organiques, souvent perdus auparavant par l'isolement de l'observateur, formeront aujourd'hui une richesse commune, et deviendront des matériaux précieux pour l'ensemble de l'édifice qui s'élèvera par les soins et les travaux de tous.

Dans sa première séance, la nouvelle société médicale s'occupera des articles plus particulièrement relatifs à sa police intérieure, à l'ordre des lectures et au mode ultérieur de l'admission qu'elle fera de nouveaux membres honoraires, titulaires ou correspondants. En attendant, elle nous a chargé de vous donner, Monsieur, individuellement connaissance des dispositions qui précèdent, et du choix unanime qu'elle fait de vous pour un de ses membres titulaires. Elle s'est applaudie d'avance de pouvoir vous compter au nombre de ses plus dignes coopérateurs. Elle regardera comme un de ses plus précieux avantages la communication de vos lumières, et attend tout du zèle et des talents qui vous ont distingués à ses yeux comme à ceux du public.

Vous voudrez bien, Monsieur, nous instruire de vos intentions relativement à l'objet de cette lettre, et cela dans le plus bref délai possible, afin que nous puissions vous adresser à temps, une lettre de convocation pour la première séance qui doit avoir lieu dans le cours de janvier prochain. Votre lettre devra être adressée par l'intermédiaire du maire de votre commune, au sous-préfet, notre président.

En se nommant un trésorier, la société a fixé provisoirement la modique rétribution * que doit fournir chaque membre pour subvenir aux premiers frais d'abonnement des journaux dont il a été parlé et qui ont été choisis parmi ceux dont la juste réputation est déjà faite dans l'esprit des médecins, physiciens et chimistes. Dans la première séance, cette rétribution sera déterminée sur de nouvelles bases, s'il est nécessaire, et calculée soit sur l'achat ultérieur de livres, mémoires ou instruments, soit sur les frais éventuels de la publicité que la société jugera peut-être devoir donner par la voie de l'impression, à la partie la plus généralement utile de ses travaux.

En devenant aujourd'hui, près de vous, Monsieur, les organes de la réunion qui vient de se former à Bergerac pour les progrès de l'art, permettez-nous de joindre au vœu commun de cette société pour votre admission dans son sein, celui que nous formons nous-mêmes pour votre acceptation. Nous nous félicitons dès à présent d'avoir à remplir près de vous une mission si agréable, et nous aimons à compter déjà sur un collaborateur aussi distingué.

Agréez, Monsieur l'assurance de nos sentiments affectueux et de notre juste considération.

Maine de Biran, sous-préfet ;
Delpit, médecin, secrétaire ;
Candillac, médecin, secrétaire.

Liste des membres qui ont formé la société médicale :

Boissière, médecin ; Dupuy, médecin ; Geneste, chirurgien ; Albert, chirurgien ; Géraud, médecin ; Venencie, chirurgien ; Linarès, officier de santé ; Labrousse, médecin ; Gardet, pharmacien ; Garriga, officier de santé ; Campsegret, médecin ; Siosard, médecin.

* Cette rétribution avancée dès la première réunion par chacun des membres présents, a été fixée à 12 fr. : dans le cas de votre acceptation, vous voudrez bien faire passer cette petite somme à M. Gardet, pharmacien, notre trésorier, qui a bien voulu céder gratuitement à la société une salle commode pour tenir ses séances de trimestre et placer ses archives.

Source : LEMAY, *op. cit.*, p. 18-22.

APPENDICE III

RÈGLEMENTS ADOPTÉS LORS DE LA SÉANCE D'INAUGURATION, LE 15 FÉVRIER 1807

ARTICLE PREMIER

La société médicale est composée de 32 membres titulaires qui doivent être pris dans l'étendue de l'arrondissement, et de 12 membres correspondants qui peuvent être pris dans l'étendue du département ou des départements voisins.

ARTICLE II

La société s'occupe essentiellement de tous les objets qui ont un rapport plus ou moins direct avec l'art de guérir ; la physique, la chimie, l'histoire naturelle, l'agriculture, l'étude de l'homme intellectuel et moral considéré dans ses rapports avec l'homme physique entrent également dans le plan de ses travaux.

ARTICLE III

Elle tient chaque année quatre séances qui demeurent fixées : la première au premier dimanche de la foire de la Saint-Martin, la deuxième le premier dimanche du mois de février, la troisième au premier dimanche qui suivra la Saint-Jean.

ARTICLE IV

Si des circonstances inattendues ne permettent pas à la société de se réunir aux jours fixés, les secrétaires seront chargés d'en avertir les membres titulaires et les correspondants quelques jours auparavant.

ARTICLE V

La société nomme tous les ans un président, deux secrétaires et un trésorier qui sont renouvelés chaque année ; les mêmes membres demeureront néanmoins susceptibles d'être réélus ; à l'égard des secrétaires, pour que le travail de bureau soit plus suivi et n'éprouve aucune lacune, il a été arrêté qu'au premier renouvellement du bureau, il n'y aura qu'un secrétaire de changé, que six mois après le plus ancien secrétaire sera remplacé et ainsi de suite de six mois en six mois.

ARTICLE VI

Le président a la police de l'assemblée, nul ne peut parler sans lui avoir demandé la parole et il est remplacé en cas d'absence par un des secrétaires.

ARTICLE VII

Les secrétaires sont chargés de rédiger les procès-verbaux des séances, de donner l'extrait des journaux qui auront paru dans le courant du trimestre, de présenter le résumé des observations météorologiques faites dans les points qui seront indiqués ci-après, de donner un aperçu sur les maladies qui auront régné et l'extrait des mémoires qui ne pourront être lus par l'auteur.

ARTICLE VIII

Il sera fait des observations météorologiques dans les lieux qui seront désignés par la société, ces observations seront consignées dans des tableaux imprimés aux frais de la société et transmises mois par mois et quinze jour avant chaque séance au secrétaire chargé d'en présenter à la société un résultat composé lequel précèdera l'aperçu sur les maladies régnantes.

ARTICLE IX

Les membres qui auront des mémoires ou observations à communiquer seront obligés d'en prévenir les secrétaires dans la quinzaine qui précèdera la séance, ils seront inscrits par ordre et si la lecture de leur mémoire devait occuper plus d'une demi-heure, ils devront les envoyer d'avance à un secrétaire, qui en présentera un extrait.

ARTICLE X

Nul ne pourra désormais être reçu membre de la société s'il n'a fourni un mémoire relatif à quelqu'une des parties dont la société s'occupe.

ARTICLE XI

L'élection sera faite au scrutin et à la pluralité des suffrages.

ARTICLE XII

La société s'occupant spécialement de la police médicale et de la santé des citoyens, tous les abus relatifs à ces deux objets pourront lui être communiqués et elle les dénoncera par la voie de son président aux autorités compétentes.

ARTICLE XIII

Chaque membre s'impose l'obligation de répondre dans l'année à une des questions consignées sur le plan de la topographie médicale adopté par la société; les secrétaires sont chargés de recueillir les réponses adressées par chaque membre, d'en rédiger et comparer les résultats pour en former un ensemble complet qui sera présenté à la société.

ARTICLE XIV

Tout membre qui aura manqué d'assister à trois séances consécutives sera regardé comme ne faisant plus partie de la société, à moins qu'il n'en ait été empêché par des motifs valables dont il sera tenu d'avance de justifier.

ARTICLE XV

La contribution à fournir chaque année pour chaque membre pour abonnement de journaux, frais d'impression et de correspondance est fixée à 12 francs, somme qui est versée dans les mains du trésorier qui rend compte annuellement dans la séance du mois de novembre de l'emploi des fonds qui lui auront été confiés.

ARTICLE XVI

La séance qui aura lieu dans le mois de novembre sera rendue publique ; on peut y assister avec des billets donnés par le président et les secrétaires ; chaque membre aura, de plus, la faculté de disposer de deux billets pour les personnes qu'il désirera introduire à la séance. Les secrétaires rendront un compte général à cette séance des travaux de la société, le président proclamera ceux des membres qui auront fourni le plus de mémoires utiles.

ARTICLE XVII

La société exerce une police sur chaque membre, elle censure par la voie de son président celui qui, dans l'exercice de l'art de guérir, aurait manqué à la dignité que commande une si noble profession, ou aux égards qu'il doit à ses collègues, elle exclut de son sein celui qu'elle ne pourrait plus estimer.

ARTICLE XVIII

Les dénonciations sont faites au président qui décide si elles doivent être portées à la société.

ARTICLE IXX

Le présent règlement adopté devient susceptible d'être modifié à chaque séance selon le vœu de la majorité absolue des membres.

La société ayant adopté les articles réglementaires qui doivent assurer sa marche et diriger ses travaux, a dû s'occuper de suite de l'exécution d'un des articles qui s'y trouve compris et qui est relatif à la nomination des membres correspondants. En conséquence, après avoir pris connaissance des candidats présentés par le bureau, elle a nommé à l'unanimité des suffrages pour membres correspondants : MM. Cabanis, médecin, membre du Sénat conservateur ; De Gérando, secrétaire général du Ministre de l'Intérieur, membre de l'Institut ; Tracy, membre du Sénat conservateur, et de l'Institut ; Rivat, préfet du département ; Lathourète, médecin à Thenon ; Dupavillon, maire de la commune de Clermont ; Vidal, médecin à Périgueux ; Taillefer, médecin ; Lamothe, médecin à Bordeaux ; Berrus, chef de l'École secondaire à Bergerac ; Murat, médecin à Montpellier ; Bonnis, médecin à Sainte-Foi ; Mabanier, médecin ; Auricoste, médecin à Villereal (département du Lot-et-Garonne) ; Labathière, médecin à Subirac ; Gaubie.

Source : LEMAY, *op. cit.*, p. 23.

APPENDICE IV-1

SÉANCE DU 15 FÉVRIER 1807 [RÉSUMÉ PAR VALLETON-CANDILLAC]

M. Maine de Biran, président de la Société, a pris ensuite la parole et, après avoir émis plusieurs considérations sur la nécessité d'activer les progrès de la vaccine, il a invité chaque membre à redoubler d'efforts pour assurer la propagation d'une méthode qui se lie de si près aux intérêts de l'humanité et par conséquent au but qui a déterminé cette institution. En sa qualité de préfet de l'arrondissement, M. Maine de Biran a fait part à l'assemblée des mesures qu'il se propose de prendre incessamment pour seconder à cet égard le zèle des membres qui la composent ; ces mesures, qui constituent dans une adresse aux maires et aux pasteurs des communes dans lesquelles sont démontrés les avantages attachés à la propagation de la vaccine, les dangers qu'entraîne la négligence à user de cet heureux préservatif et de plus un arrêté qui établira dans les principales communes un point central où la vaccine sera inoculée par des médecins ou chirurgiens invités de coopérer à cet acte de bienfaisance et d'humanité.

Source : Archives départementales de Périgueux (1 Z 71).

APPENDICE IV-2

EXTRAIT DU REGISTRE DES ACTES EN ARRÊTÉ DU SOUS-PRÉFET DU 4e ARRONDISSEMENT DU DÉPARTEMENT DE LA DORDOGNE

Bergerac, 3 mai 1807

Vu les arrêtés de Mr le préfet du département en date des 1er prairial, 17 et 29 messidor an 12 ; ses lettres du 17 pluviôse an 13 et 19 février dernier dont l'objet est d'étendre et d'assurer la propagation de la vaccine dans cet arrondissement.

Le sous-préfet de Bergerac, considérant que ce préservatif puissant contre les ravages de la petite vérole a été jusqu'ici trop malheureusement négligé parmi nous ; que plusieurs enfants et adultes ont été victimes des préjugés ou de l'insouciance qui se sont opposés à l'usage de la vaccine, malgré la foule d'expériences authentiques qui en constatent les avantages.

Considérant que les obstacles qui empêchent ou retardent l'établissement complet de cette pratique bienfaisante, tiennent principalement au défaut d'occasions, à l'insuffisance ou l'incertitude des moyens employés pour vaincre l'apathie des habitants des campagnes, pour surmonter leurs préjugés, et les entraîner par l'évidence et la multiplicité des exemples, surtout par l'attrait d'un bienfait gratuit qui ne leur coûterait ni soins ni dépenses.

Que pour détruire de tels obstacles, il est nécessaire d'établir plus d'ordre et de fixité dans les moyens propres à répandre la vaccine ; de faire un appel au zèle et aux soins désintéressés des médecins et officiers de santé de cet arrondissement ; enfin de recourir à l'ascendant moral et à l'influence éclairée des ministres d'un culte de bienfaisance et de charité, arrête :

Art. 1 Les habitants du canton de Bergerac, sont avertis qu'à compter du 2e dimanche du mois de mai, et depuis dix heures du matin jusqu'à une heure après-midi, et ainsi successivement de dimanche en dimanche, ils trouveront constamment à l'hospice de Bergerac, un membre du comité de cette ville, pourvu du vaccin nécessaire et disposé à l'inoculer gratuitement à tous les enfants et adultes qui, n'ayant pas encore eu la petite vérole, se présenteront pour être vaccinés.

Art. 2 La même opération se fera simultanément aux mêmes jours et heures, à compter du 1er dimanche du mois de juin, dans tous les chefs-lieux de cantons et les principales communes rurales qui seront ultérieurement désignés.

Art. 3 Les habitants de ces communes seront prévenus qu'ils doivent se présenter, au jour et à l'heure indiqués, devant le médecin ou chirurgien vaccinateur, qui se rendra, muni de vaccin, soit à la maison commune, soit au presbytère, avec l'agrément du curé ou desservant.

Art. 4 Il sera transmis à chaque médecin ou officier de santé agrégé au comité de vaccine de Bergerac, une liste des enfants abandonnés, nourris aux frais de l'hospice, dans une des communes de son ressort ; ces enfants seront tenus à la disposition des médecins désignés par les nourrices, qui ne pourront dorénavant recevoir le paiement de leur salaire qu'en rapportant le certificat de vaccination, ainsi qu'il est prescrit par l'art. 7 de l'arrêté de Mr le préfet, en date du 1er prairial an 12.

Art. 5 MM. les curés de cantons et desservants de succursales sont expressément invités à joindre leur influence à celle des maires, pour la propagation et l'établissement d'une pratique, qui, étant recommandée par l'humanité, la charité, est digne aussi d'être sanctionnée par la religion.

La même invitation sera adressée à MM. les présidents de consistoires et aux ministres du culte protestant.

Art. 6 A cet effet, copie du présent arrêté sera adressée à MM. les curés et ministres protestants qui seront invités à le publier, ainsi qu'à MM. les médecins et officiers de santé chargés de la vaccination dans chaque commune respective.

Le Sous-Préfet
Maine Biran

Source : LEMAY, *op. cit.,* p. 34-37.

APPENDICE V

SÉANCE DU 15 FÉVRIER 1807

PLAN D'UNE TOPOGRAPHIE MÉDICALE DE L'ARRONDISSEMENT DE BERGERAC [PAR DELPIT]

Messieurs,

Parmis les objets dont M. le président vient de vous entretenir, il en est un surtout qui, par son importance et ses difficultés, mérite toute votre attention. L'ancienne Société Royale de Médecine le provoqua, le gouvernement l'encourage, l'École de Paris l'attend, l'intérêt de l'humanité le sollicite. C'est une topographie médicale de notre arrondissement, ouvrage qui, pour être bon, a besoin du concours de plusieurs hommes instruits, et qui dès lors ne peut être proposé qu'à la société que vous avez formée. Je vais vous soumettre le plan du travail que j'ai rédigé et qui renferme les questions sur lesquelles chacun sera invité à donner les renseignements les plus précis. Nous réunirons ensuite les lumières éparses que chacun de vous aura répandues sur ces diverses questions, et nous ferons nos efforts pour en former un tout, digne de la société dont il sera l'ouvrage.

PLAN D'UNE TOPOGRAPHIE MÉDICALE DE L'ARRONDISSEMENT DE BERGERAC.

1° Chacun est invité à décrire la position géographique de son canton, son étendue, la figure du sol, la nature du pays, les montagnes ou monticules qui le bornent ou le coupent, les rivières, les étangs, les ruisseaux qui le traversent ou l'avoisinent. Il dira si le canton renferme des forêts et quelle est leur étendue, quelles sont les parties qui sont cultivées et celles qui sont en friche, couvertes de bruyères ou de bois taillis. Quel est le genre de culture généralement adopté dans le canton, quelles sont ses productions, quelles sont les maladies qui attaquent les grains récoltés. Il assignera les différentes qualités au terrain, la nature des couches végétales, leur différent degré de fécondité et leur aptitude à telle ou telle culture.

2° Il parlera des animaux domestiques et sauvages, de ceux qui servent à l'agriculture ou qui sont un objet de commerce. Il décrira les maladies auxquelles ils sont sujets, et la manière dont on les traite ; il donnera ainsi un aperçu sur la médecine vétérinaire et les réformes dont elle est susceptible.

3° Il traitera des eaux qui servent à la boisson et des eaux minérales qui peuvent se trouver dans le canton ; il donnera, s'il est possible, l'analyse des unes et des autres.

4° Viendra ensuite l'histoire naturelle du pays, des minéraux qu'il renferme, des mines qui sont en exploitation, de celles qui pourraient l'être : on dira si le sol offre au botaniste quelque plante rare, s'il offre au médecin plusieurs plantes utiles, si elles peuvent remplacer les exotiques, si elles méritent quelquefois la préférence et dans quelles circonstances.

5° On demande surtout des détails précis sur l'atmosphère et ses météores, sur l'état de l'air en général, sa température, son mouvement, sa stagnation, les miasmes dont il peut se charger dans certains endroits ; sur les vents dominants, sur les saisons et la température de chacune.

6° On passera ensuite à la constitution physique et morale des habitants, on décrira leurs tailles, leurs formes, leurs forces, leurs usages, leurs mœurs. On décrira en particulier celles des femmes et des enfants. On parlera de la manière de vivre des uns et des autres, des aliments et des boissons qui servent à la nourriture du pauvre et du riche.

7° On traitera ensuite de leurs maladies, de celles qui sont épidémiques, contagieuses et endémiques, des causes qui renouvellent les premières et de celles qui entretiennent les dernières. Des maladies chroniques les plus familières au canton, de celles qui sont curables et de celles qui sont curables et de celles qui ne le sont pas dans l'état actuel de nos connaissances. Du traitement qu'on oppose généralement soit aux aigües soit aux chroniques, des vices et des avantages de ce traitement, des changements et améliorations qu'il conviendrait d'y apporter, des préjugés qui s'opposent à l'exercice rationnel et éclairé de la médecine.

8° On traitera aussi des maladies chirurgicales, des opérations qui réussissent le mieux ou le plus mal. On dira si les accouchements sont faciles, si le traitement des accouchées est conforme à la saine doctrine ou soumis encore aux préjugés. On parlera des maladies des enfants, de leur éducation physique et des vices qu'on y a reconnus. Des maladies qui sont propres aux ouvriers et occasionnés par leurs travaux.

9° On dira si le canton renferme beaucoup de vieillards, quelle est la durée ordinaire de la vie, dans quel état est la population et quelles sont les causes qui la favorisent ou qui lui nuisent.

10° Enfin on parlera de l'état de la vaccine, des causes qui en retardent la propagation, de son influence déjà aperçue sur la petite vérole. On dira aussi si on a reconnu que la révolution française ait augmenté ou diminué le nombre des maladies, et qu'elle eut une influence quelconque sur la constitution physique et morale des individus.

P.S. Quoique la société médicale adresse particulièrement ces questions aux membres qui la composent, elle invite néanmoins tous les hommes instruits de l'arrondissement, à lui communiquer leurs lumières. Elle s'empressera d'accueillir et de publier les travaux de tous, et se fera un devoir d'admettre au nombre de ses correspondants ceux qui auront fourni quelques vues sur une des parties dont elle s'occupe.

Source : LEMAY, *op. cit.*, p. 95-105.

APPENDICE VI

SÉANCE DU 15 NOVEMBRE 1807. [RÉSUMÉ PAR VALLETON-CANDILLAC]

M. Maine de Biran, président de la société médicale, a donné ensuite lecture d'un mémoire sur les impressions affectives externes et internes et sur les sympathies considérées sous le double rapport physique et moral.

Pénétré de la nécessité de donner une acception rigoureuse aux dénominations qui doivent servir de signes à nos idées, M. Maine de Biran s'attache d'abord à bien fixer le sens que l'on doit attacher au mot impression affective, qu'il emploie comme synonyme, mais de préférence à celui de perception obscure dont se sont servis quelques métaphysiciens.

A cet effet, il remonte à l'origine de ce genre particulier de modifications et démontre qu'elles ne doivent être considérées que comme le résultat pur et simple de la sensibilité mise en jeu par l'action des objets extérieurs sur nos sens ou par les changements purement organiques qui s'opèrent en nous sans que l'être intelligent puisse concevoir une idée de la chose qui nous modifie.

M. Maine de Biran prouve que c'est par un abus grave et dont les suites ont été les plus funestes à la saine philosophie que les sectateurs de Stahl ont confondu ces impressions affectives avec une autre classe d'impressions qui exigent, même dès leur origine, le concours d'une force supérieure à l'organisation et qui méritent, elles seules, de conserver le nom de perception active ou complète. Les premières se bornent à affecter d'une manière purement passive le principe sensitif sans qu'il puisse en provoquer ni empêcher la production, les secondes, au contraire, ne peuvent avoir lieu que par l'activité de l'être intelligent et supposent non seulement la conscience du *moi* qui les éprouve, mais encore l'idée de la cause qui les détermine.

Ayant ainsi établi les caractères généraux qui doivent distinguer les impressions affectives de tout ce qui tient aux perceptions actives, M. Maine de Biran s'attache à les étudier sous le rapport de la différence d'organes sur lesquels elles s'exercent et de la différence de sympathies morales et physiques qui en sont le résultat.

Pour faciliter ce travail, il divise d'abord les impressions affectives en deux grandes classes, savoir : les impressions affectives qui s'exercent sur nos sens et celles qui sont produites par les changements intérieurs qui s'opèrent en nous.

La première classe de ces impressions offre elle-même des différences marquées selon qu'elles s'exercent sur le tact général extérieur ou sur chacun de nos organes des sens en particulier. Dans le premier cas se produisent sur nous une infinité d'actions directes ou sympathiques qui résultent de l'influence de divers fluides ambiants sur l'organe cutané, de celle opérée par les changements de température, de climats et par certains miasmes délétères. C'est encore aux impressions affectives ou perceptions obscures dues aux modifications du tact général extérieur que sont dues ces sympathies ou antipathies secrètes qui s'établisent entre deux individus que l'on voit s'attirer ou se repousser au premier abord et une foule d'autres phénomènes dont l'étude peu avancée jusqu'à ce jour offrirait un vaste champ à l'observateur qui entreprendrait d'analyser sous ce rapport les fonctions complètes de l'organe général du tact.

Le goût et l'odorat offrent aussi dans l'exercice de leur sensibilité immédiate des impressions qui se rapportent à la grande classe de modifications que nous considérons ici; mais un caractère commun aux impressions transmises par ces organes, c'est que, ne cessant jamais d'être affectives, et constamment subordonnées ou appropriées à l'instinct nutritif, on ne peut les considérer que comme des sensations animales bien différentes de celles qui sont dues aux autres organes des sens qui, destinés particulièrement à l'exercice de notre intelligence, sont mus par des fluides interposés entre eux et les objets perçus ; tandis que les sensations de l'odorat et du goût sont dues au contact immédiat des molécules odorantes ou sapides qui parviennent à des organes dans un état de division extrême et offrent des résultats de combinaison d'une espèce de chimie transcendante.

Les rapports sympathiques qui existent entre l'odorat et le sixième sens, rapports qui, étant excessivement marqués chez les animaux, attachent les mères à leurs petits et attirent dans le temps des amours un sexe vers l'autre ; ces modifications que reçoit d'autre part l'organe du goût selon les changements qu'éprouvent certains organes internes et d'où résultent les modifications que l'on remarque dans les appétits, sont des phénomènes qui, par la circonstance d'être subordonnés à l'organisation et d'être indépendants quant à leur production des dispositions de l'être intelligent, offrent les vrais caractères qui appartiennent à la grande classe de perceptions obscures que nous considérons ici.

Aux impressions affectives de la vue et de l'ouïe se rapportent un grand nombre de modifications qui sont bien distinctes de celles qui sont le produit de l'activité du principe intelligent; telles sont, pour ce qui a rapport à la vue, les sensations immédiates et indépendantes de toute représentation objective produites par la combinaison de divers rayons lumineux réfléchis et modifiés par les organes qui nous les renvoient et qui, perdant le caractère matériel qui leur est propre, deviennent des agents actifs, susceptibles de communiquer d'individu à individu des passions diverses qui se transmettent comme une étincelle électrique. C'est encore à des perceptions bien différentes de celles qui résultent de l'activité réfléchie du principe sensitif qu'il faut rapporter la reproduction involontaire de certaines impressions dans le sens de la vue, ainsi que l'apparition irrégulière de ces images tantôt mobiles et légères, tantôt opiniâtrement persistantes qui ont lieu dans quelques états maladifs, sans qu'aucun effet de la volonté puisse en déterminer l'éloignement. Enfin c'est encore dans le même ordre de phénomènes que doivent se ranger les effets admirables de l'instinct de certains animaux qui d'abord après leur naissance vont juste atteindre l'objet visible approprié à leurs besoins nutritifs.

Le sens de l'ouïe aidé de son organe répétiteur quoique tenant le premier rang parmi ceux de l'intelligence, devient le siège d'un grand nombre d'impressions affectives qu'il est facile de distinguer de la classe des impressions actives. On sait, en effet, qu'il est telle qualité de sons, tels accents, tel nombre d'instruments qui sont susceptibles de modifier toute la sensibilité interne dans ses principaux foyers et qui par là deviennent propres tantôt à faire naître, tantôt à calmer diverses passions et quelquefois à guérir certaines maladies nerveuses. On n'ignore pas non plus qu'indépendamment de tout signe conventionnel, la nature attache à chaque passion un accent qui lui correspond et qui fait sympathiser avec l'être sensitif ainsi modifié tous ceux qui peuvent en entendre l'expression. Cet accent s'exprime déjà dans le vagissement de l'enfant qui vient de naître et fait distinguer ses souffrances, ses besoins et ses appétits. Enfin c'est au pouvoir sympathique des accents que l'on doit attribuer l'ascendant extraordinaire obtenu par des orateurs passionnés qui ont su saisir les inflexions propres à émouvoir leurs auditeurs et à leur inspirer les sentiments divers dont ils étaient agités.

M. Maine de Biran passe de là à l'examen des impressions affectives internes ; la différence qui distingue selon lui cette seconde classe d'impressions de celles qui appartiennent à la première, tient à ce que celles-ci supposent toujours la connaissance d'un objet étranger au moi qui s'interpose entre l'action matérielle et son résultat objectif, tandis que les impressions affectives internes ne peuvent fournir une connaissance immédiate de ce qui se passe en nous ou de la cause qui les produit.

Afin de faire ressortir d'une manière plus tranchante les caractères propres aux impressions organiques qui s'exercent dans la vie intérieure, M. Maine de Biran envisage les phénomènes propres à cette vie, en tant qu'elle s'exerce d'une manière isolée, c'est-à-dire dans les cas où l'attente de l'acte, ainsi que cela a lieu chez le fœtus ou dans un état momentané de suspension, d'engourdissement ou d'altération comme on l'observe dans le sommeil et certains états maladifs. En ayant égard aux impressions affectives que l'enfant a éprouvées dans le sein de sa mère, seul et unique mode par lequel a pu s'exercer sa sensibilité, M. Maine de Biran est conduit à des aperçus nouveaux sur l'origine de ces appétits, de ces penchants qu'il manifeste dès son berceau, et d'une foule de déterminations ou de mouvements instinctifs dirigés vers un but utile approprié à ses besoins et qui ne peuvent être le fruit d'aucune expérience acquise.

Considérant ensuite l'identité ou plutôt la communauté de fonctions organiques qui existe entre deux êtres dont l'un est en possession de deux vies, tandis que l'autre ne vit que d'une seule, M. Maine de Biran développe les lois de cette sympathie réciproque qui, d'une part commence déjà à imprimer au fœtus une sorte de type ineffaçable, cause première de ces modifications héréditaires inhérentes au tempérament physique et par suite au caractère moral de chaque individu et qui, de l'autre, subordonnant les affections organiques internes de la mère à celle du fœtus, fait naître en elle ces goûts capricieux, ces envies bizarres dont le hasard des circonstances et l'imagination se chargent d'indiquer les objets.

La suspension momentanée et plus ou moins complète des fonctions intellectuelles pendant le sommeil et le surcroît d'activité qu'éprouvent en même temps les sens internes d'où résultent ces pressentiments extraordinaires et souvent justifiés par les événements, l'état de veille de certains sens externes pendant le sommeil de certains autres, les phénomènes relatifs aux songes et au somnambulisme et ceux que l'on observe dans certains états nerveux, cataleptiques ou extatiques, fournissent à M. Maine de Biran de nouveaux points de vue propres à mettre dans tout leur jour les caractères des impressions affectives internes, les circonstances où elles naissent, l'étendue et les limites de leur influence sur le physique et le moral.

M. Maine de Biran s'élève ensuite à des considérations fondées sur les rapports d'influence que l'homme exerce sur ses semblables par le moyen des impressions affectives, rapports qui s'exerçant indépendamment de la réflexion et de la volonté, subordonnant les affections de chaque être sensible à celles d'un agent passionné, méritent exclusivement le titre de sympathie morale et ne doivent pas être confondues avec deux autres modes d'influence que l'homme exerce sur son semblable et qui ont lieu par les moyens qui tendent à éclairer sa raison et fournissent des motifs appropriés à son intelligence et l'autre par les abus d'un pouvoir absolu d'où résulte une obéissance mécanique à laquelle le cœur ni la raison n'ont point de part.

Ayant ainsi assigné les limites qui distinguent les impressions affectives et les produits qui en sont le résultat immédiat, de tout ce qui appartient à l'intelligence et à la perception, M. Maine de Biran examine un ordre mixte de modifications qui, participant à la fois du caractère des déterminations affectives et de celles qui émanent de la volonté, sont généralement désignées sous le nom de passions, en tant dirons-nous, que les facultés de la vie sensitive et de la vie intellectuelle prennent une part contributive dans leur production.

En premier lieu se présentent d'abord les passions physiques, telles que les appétits, les penchants et les déterminations de l'organisme ou de l'animalité ; elles sont caractérisées par la dépendance de l'esprit qui dans la production de ces passions est toujours subordonné aux déterminations organiques qui en sont la source.

Secondement M. Maine de Biran distingue des passions intellectuelles, sentiments que la volonté ne peut seule créer et qui, en cela, méritent de conserver le nom de passions, mais qui ne naissent jamais qu'à la suite d'un travail de l'intelligence et qui consistent dans une exaltation des forces de l'esprit à laquelle se rattache le sentiment du beau sensible et intellectuel, de l'étonnement, de l'admiration qui saisit l'âme lorsqu'elle contemple les chefs-d'œuvre de la nature et de l'art.

En troisième lieu les passions mixtes proprement dites qui tiennent également aux deux vies sans qu'on puisse assigner à laquelle des deux appartient l'initiative ou la prédominance ; tel est le sentiment de l'amour où l'imagination prête à l'objet aimé des attraits que les sens ne sauraient découvrir sans son concours. Dans la même classe se trouvent d'autres passions que M. Maine de Biran considère comme mixtes, telles sont celles qui tiennent à nos relations sociales comme l'ambition, l'amour de la gloire, l'avarice. M. Maine de Biran regarde cette classe de passions comme un ordre mixte en ce que, quoique sous l'empire des institutions sociales et résultant des circonstances relatives à l'éducation, elles sont communément subordonnées à telle disposition de tempérament organique et à telles modifications affectives primitives.

Dans la quatrième et dernière classe se trouvent comprises les passions fondées sur un instinct purement moral, instinct irréfléchi en lui-même, mais qui se lie à tous les progrès de l'intelligence et ne saurait être conçu ni suppléé par elle seule. C'est ce genre de passions qu'il est aussi difficile de définir que de bien analyser qui donne à nos idées morales une forme affective, une teinte de sentiment qui les fait communiquer également à l'esprit et au cœur ; c'est par elles que l'homme se sent attiré vers son semblable, qu'il se sent pénétré du sentiment doux de ses devoirs et qu'il éprouve le plaisir pur et céleste qui s'attache à leur accomplissement.

Source : ms. 2138.

APPENDICE VII
[voir variante 2]

66 r° | Il me suffit de signaler ici en commençant un des principaux fondements sur lequel s'est appuyée la doctrine stahlienne, s'accordant sur ce point avec des théories métaphysiques où l'on trouve perpétuellement confondus ensemble les phénomènes d'une affectibilité simple et nécessairement instinctive, avec ceux de l'activité perceptive et intellectuelle, les principes de l'appétit, les modifications obscures d'une sensibilité toute physique, avec les passions et les sentiments moraux d'une intelligence. J'ai déjà cherché ailleurs à prévenir les écarts qu'une telle confusion a porté dans la philosophie de l'esprit humain ; je vous laisse, M[essieu]rs, le soin d'apprécier l'influence qu'ils ont exercée et qu'ils peuvent encore [262] [exercer] sur la théorie et la pratique même de l'art que vous professez.

Loin d'imiter ici le vol trop hardi de ces génies qui ont voulu systématiser les causes des phénomènes de la vie [263] et de la pensée, avant d'avoir [264] observé, classé ou distingué ces phénomènes suivant les analogies qui les rassemblent ou les différences qui les séparent, je ne chercherai point s'il est

[262] *Le mot manque.*

[263] *Première version :* ou de l'intelligence

[264] *En marge :* Boerhaave : homo simplex in vitalitate ; duplex in humanitate. Illud quod dicatur humanitas proprie in nervis est.

Deux classes de fonctions nerveuses. Je m'attache exclusivement à celle d'où dérivent les impressions générales affectives.

possible de rattacher effectivement à une seule cause première deux classes de faits que l'expérience et l'observation, soit intérieure, soit extérieure, nous forcent à séparer; mais j'étudierai dans ces faits mêmes, et je réunirai dans ce mémoire, tous les caractères qui me paraissent les plus propres à dévoiler la nature et les propriétés, la source et le siège de ces perceptions obscures ou impressions générales[265] affectives, dont[266] l'appréciation exacte, du ressort des physiologistes et des médecins, est aussi nécessaire sous d'autres rapports au moraliste et au philosophe.

66 v° | Stahl, l'un de vos illustres maîtres, fut comme vous le savez Messieurs, le premier qui, en attribuant hypothétiquement à l'âme pensante les fonctions vitales et organiques, renversa les barrières existantes avant lui entre deux sciences qui sont bien réellement faites pour s'entendre, mais qu'il est toujours dangereux de confondre et qui, malgré tous les efforts de quelques esprits systématiques, demeureront toujours aussi distinctes entre elles que le sont dans l'intimité même de la conscience de notre être percevant ou pensant, les lois aveugles et fatales de l'organisme, inaperçues par l'être même qui leur obéit, et les lois libres d'une intelligence, d'une volonté éclairée qui aperçoit ses propres déterminations et n'obéit qu'à elle-même.

Pour identifier en quelque sorte les principes des deux sciences ou pour les ramener à l'unité de *principe,* il n'y avait qu'à confondre en effet dans le titre comme dans la cause, ainsi que le fit Stahl et que l'ont fait aussi quelques autres métaphysiciens, il n'y avait, dis-je, qu'à confondre ou assimiler cette classe d'impressions simplement affectives, toujours et essentiellement obscures qui constituent le fond même de la vie de l'être organisé sentant, avec cette autre classe des perceptions qui, en cette qualité d'abord naturellement claires et distinctes dans les sens externes, deviennent accidentellement obscures ou confuses, il est vrai, dans le sens intérieur par l'habitude ou le défaut d'attention [*la suite est inintelligible.*]

Source : LEMAY, *op. cit.*, p. 178.

APPENDICE VIII

SÉANCE DU 13 NOVEMBRE 1808. [COMPTE-RENDU PAR VALLETON-CANDILLAC]

M. Maine de Biran, président de la société, a terminé la séance par la

[265] *En marge :* Système des ganglions : en irritant l'un d'eux en particulier, on ne produit aucun effet sensible parce que les impressions qui leur correspondent sont générales, et [*la suite est illisible*].

[266] la connaissance exacte

lecture d'un mémoire dans lequel il a complètement réfuté la doctrine du docteur Gall.

Le sujet que M. Maine de Biran traite dans ce mémoire est envisagé par lui avec trop d'avantage pour que dans une courte analyse, nous lui laissions donner une idée exacte de ce travail. L'impossibilité, d'ailleurs, où nous avons été de discuter du manuscrit dont il n'y a eu jusqu'à présent qu'un seul exemplaire ajouterait au regret de n'avoir pu consigner ici le résumé des preuves sur lesquelles est fondée la réfutation de la doctrine de Gall, si nous n'étions fondés à espérer que le vœu de la société sera bientôt rempli par la publication de ce mémoire auquel elle attache d'autant plus de prix qu'il appartient à un de ses membres dont les travaux sont encore plus faits désormais pour honorer les corps académiques qui ont l'avantage de le compter dans leur sein que susceptibles d'ajouter d'une manière essentielle à l'éclat des trophées que lui ont déjà décerné les premiers savants de l'Europe.

Source : ms 7184.

APPENDICE IX
[voir variante 133]

202 v° | Je lis dans l'exposé que fait un journaliste de la doctrine du docteur Gall (*Gazette de France,* 10 février 1808) ce passage remarquable : « Dans la physiologie presque tous les sens se réduisent à une *sensation ;* mais c'est là une notion générale qui ne donne aucune idée de chaque sens ; il faut descendre dans l'intérieur des appareils différents qui les produisent, pour arriver à l'appréciation de leur différence. Ce sont les qualités *spéciales* qui isolent les facultés, et conséquemment les organes qui les produisent. Or selon le docteur Gall, les philosophes ont pris des qualités *générales* pour sujet de leurs recherches et en négligeant les *facultés spéciales.* C'est ce qui est arrivé lorsqu'on a cherché des organes particuliers pour la perception, la mémoire, le jugement, l'imagination. Ces actes moraux [267] [ne sont] que des *degrés d'exercice d'une même faculté ;* ce sont des qualités générales propres à chacune des facultés spéciales et qui ne dépendent que du plus ou moins de développement de tel organe. Ainsi la *perception* de la musique, |
203 r° celle de la peinture, sont des facultés ou dispositions spéciales qui tiennent à deux organes différents, et il y a autant d'organes ou de sièges de perception différents qu'il y a de facultés ou de perceptions *spéciales* diverses. La *perception* est donc une faculté générale, et s'il n'y avait qu'un organe unique de perception, un animal qui en aurait une seule pourrait les avoir toutes. Ce raisonnement s'applique de même à la *mémoire,* au jugement et à l'imagination, qui sont toutes des facultés générales auxquelles correspondent

[267] *Les mots entre crochets manquent.*

autant de facultés spéciales différentes qu'il y a d'organes de perception. Chacune de ces facultés spéciales de souvenir, de jugement, ne dépendent que du développement de l'organe particulier de la perception spéciale correspondante, etc. [»] (78).

Cette manière de voir confond bien absolument ce que j'ai toujours tâché de bien distinguer, savoir : l'acte intellectuel que nous appelons percevoir, juger, rappeler, avec les impressions matérielles ou organiques et passives
203 v° sur lesquelles cet acte | s'exerce et qu'il a pour *objet*. Il y a autant de matériaux de perception qu'il y a d'impressions sensibles diverses ou d'organes qui peuvent être les sièges et les véhicules. Mais il ne s'ensuit pas qu'il y ait autant de formes de l'opération intellectuelle qui consiste à *percevoir*. Il n'y a au contraire qu'un acte simple du même *moi* individuel pour des multitudes de modifications dont ce moi se sépare en les rapportant hors de lui, ce qui constitue la faculté individuelle de perception. Gall confond donc encore plus que tous les autres des modifications passives générales ou spéciales avec des opérations qui tiennent à l'activité de l'âme qui s'y applique et qui ne peuvent aussi se représenter par aucun jeu d'organes.

En attribuant des *facultés spéciales* comme des impressions spéciales à chaque organe dont les modes successifs de développement constituent ces facultés, le docteur Gall tombe dans le matérialisme le plus absolu. Son système est la négation perpétuelle de toute métaphysique.

Source : ms. 7184.

APPENDICE X
[voir variante 134]

184 v° | Dans le système de Gall, les différentes facultés qui composent celle de connaître n'ont point d'organe particulier dans le cerveau, mais sont distribuées parmi toutes les dispositions, et tous les *organes particuliers*. Ainsi la réceptivité des impressions, ou la perceptibilité, est propre à chaque organe, tel que celui des couleurs, des sons, etc., et le cerveau auquel manque un de ces organes n'a point la faculté nécessaire pour les *recueillir*. Il en est de même pour la *mémoire*, l'imagination, le jugement, etc.

J'observe que ces *facultés* proprement dites ne peuvent appartenir qu'à l'âme ou au *moi* ; les matériaux seuls sur qui elles s'exercent, appartiennent aux organes. S'il n'y avait point de ces matériaux, la faculté n'en existerait pas moins ; il arriverait seulement qu'elle ne s'exercerait pas sur telle espèce de matériaux *extérieurs*, dont l'organe est en défaut ; mais elle ne s'appliquerait pas moins à certains produits immédiats de l'activité intérieure de l'âme, et sous ce rapport il n'y en aurait pas moins une aperception, une puissance de rappel, de jugement, quoiqu'il n'y eût rien de perçu, d'imaginé, ou de comparé en dehors de l'être pensant. Ce n'est donc point à l'organisation qu'on peut rattacher des facultés de cette espèce, puisqu'elles coïncident toutes dans la force unique et indivisible qui fait le *moi*. Quoique l'objet ou le terme déterminé de leur application se réfère aux organes des sens, ces organes ne peuvent évidemment que recevoir et reproduire ; et c'est sous ce rapport seul qu'il y a variétés dans les produits ou l'exercice des facultés sensitives et reproductives ; mais quant au rappel avec réminiscence, quant au jugement avec réflexion et distinction du *moi,* il y a homogénéité et égalité constantes dans leurs opérations malgré la diversité de matériaux. En un mot, ces facultés *intellectuelles* ainsi proprement nommées planent sur tout le sytème des idées et des impressions de divers sens, et on ne saurait les rapporter à aucun en particulier. Le doct[eu]r Gall me paraît donc énoncer une grande absurdité quand il dit que chaque organe *possède sa puissance propre de juger,* comme sa propre mémoire — car un homme qui aurait l'organisation la plus propre à des beaux-arts tels que la poésie, la peinture ou la musique peut commettre même dans la partie où il réussit le mieux des erreurs de jugement et de goût s'il manque de cette faculté supérieure qui s'exerce dans toutes les autres espèces d'idées.

Source : ms. 7184.

APPENDICE XI
[voir variante 137]

[*Biran vient de montrer que les tentatives pour circonscrire le point du cerveau où aboutissent tous les nerfs reposent sur des hypothèses.*]

206 v° | C'est d'une manière plus conjecturale et plus vague encore qu'on a voulu disséminer pour ainsi dire dans plusieurs points ou centres partiels de l'organe cérébral, des facultés absolument indivisibles du même *moi* pensant, et qui ne sont que des états, des formes diverses, sous lesquelles cet être successif, toujours identique dans chaque point de sa durée, s'aperçoit luimême existant, agissant ou pensant, sans division aucune, en restant dans son point de vue intérieur.

C'est ainsi que Willis, assignant sans fondement des sièges séparés aux facultés intellectuelles métaphysiquement distinctes, plaçait le sens commun dans le corps cannelé, l'imagination dans le corps calleux, la mémoire dans la substance corticale, et que d'autres après lui ont varié, multiplié ces sièges et les ont déplacé tour à tour pendant que d'autre part des observateurs plus exacts, ou moins systématiques, ou peut-être quelquefois préve-
207 r° nus pour d'autres idées | qu'ils voulaient faire prévaloir, délogeaient le principe pensant et les facultés intellectuelles des points circonscrits du cerveau où on avait exclusivement assigné leur domaine et prouvaient contre

les opinions respectables de Haller, de Bonnet et de Malacarne (78), qu'il n'existait point dans le sens physiologique pas plus que dans l'acception métaphysique, de *siège* de l'âme proprement dit, c'est-à-dire de point tel que tous les nerfs en partissent, comme par irradiation, ou vinssent y converger comme dans un centre unique. Ils prouvaient par l'observation anatomique que l'importance attribuée à la grande masse médullaire de l'encéphale dans les sensations affectives et les mouvements était évidemment exagérée, que le plus grand nombre des nerfs n'en partaient pas et n'y revenaient point, qu'une grande quantité de mouvements instinctifs ou vitaux s'opérait absolument hors de son concours ; ils citaient avec avantage cette multitude de reptiles, de vers et d'êtres acéphales qui n'en jouissent pas moins de la vie, de la locomotion et de la sensibilité sans influence cérébrale. D'où ils concluaient que si dans l'homme, et les autres animaux, où le cerveau est très grand, ce viscère paraît indispensable aux fonctions de la vie animale, il ne l'est pas toujours aux fonctions de la vie organique dans les êtres mêmes les plus élevés de l'échelle et à plus forte raison dans les espèces [268] inférieures, où le cerveau disparaît en tout ou en partie, où l'on peut produire par la section divers centres alternatifs de vie, de sensation et de volonté.

Le doct[eu]r Gall qui, d'après le Rapport même fait à l'Institut par Monsieur Cuvier, paraît avoir poussé l'anatomie du système nerveux et celle du cerveau en particulier aussi loin au moins que nos physiologistes les plus profonds, et avoir même ajouté à leurs découvertes récentes, a très bien reconnu et vérifié le fondement des objections faites contre l'hypothèse d'un siège ou d'un centre unique où tous les nerfs vinssent, rayonnassent.
207 v° | Il a ajouté de nouvelles preuves à la doctrine déjà établie par de savants physiologistes qui considèrent aujourd'hui le système nerveux comme un réseau dont les fonctions participent selon leur volume à l'organisation et aux fonctions de l'ensemble, et non plus comme un arbre qui, n'ayant qu'une souche unique, se distribuerait en branches et en rameaux à la manière du système artériel par exemple.

La doctrine anatomique du docteur allemand va aussi heureusement se rallier à celle du jeune médecin plein de génie, dont nous pleurons encore la perte prématurée, qui semblait destiné à changer la face de la science, et qui pour le peu de temps qu'il a vécu a porté tant de lumière dans ses obscurités, et lui a imprimé une si grande et si belle direction. Comme Bichat, Gall distingue deux vies dans l'homme, et deux systèmes de nerfs qui en sont les instruments ou les organes respectifs : un système nerveux de la vie organique et un autre de la vie animale, qui ne se rallient point au même centre, n'ont

[268] *En marge :* comparaison de la doctrine de Bonnet et de [celle] de Gall : Bonnet a disséminé les instruments de la sensation ; mais Gall semble avoir voulu disséminer le sujet lui-même. De là vient qu'en niant l'influence du cerveau sur les opérations de l'instinct et les fonctions organiques, il l'a exagérée dans les fonctions intellectuelles en multipliant ses organes dans le même centre. Gall voulait faire voir que si la vie et la perception ont dans l'homme des organes séparés, les différentes espèces de perception doivent aussi être séparées dans leurs sièges.

point un rendez-vous commun dans le cerveau et n'en reçoivent pas également des influences.

Mais Gall semble d'une part accorder au cerveau proprement dit une part beaucoup moins grande de cette influence sur les fonctions de la vie animale, puisqu'il place plusieurs facultés de cette vie hors du cerveau proprement dit, et que loin d'en faire dériver les nerfs cérébraux qui sont les instruments uniques des perceptions et des volontés du *moi,* il considère au contraire le cerveau lui-même et le cervelet comme l'expansion ou le développement de faisceaux venus de la moelle allongée comme tous les autres
208 r° nerfs | cérébraux, qu'il dit aussi sortir de la même moelle, laquelle suivant lui donne naissance à chaque paire par une suite de nœuds ou renflements dont il prétend avoir le premier découvert le siège.

Pendant que ce docteur systématique semble ravir ainsi au cerveau une part de son influence originaire sur les fonctions de la vie animale, en faisant dépendre cet organe réputé central d'une autre partie du système nerveux qui lui sert de matière et doit par conséquent lui communiquer son influence plutôt que recevoir la sienne, il rapporte cependant à la masse encéphalique ou à cette partie médullaire des nerfs renfermée dans la boîte osseuse du crâne, non seulement les diverses facultés intellectuelles qui dérivent des sens externes, mais de plus toutes les facultés affectives de l'instinct, les diverses inclinations ou passions nées du tempérament [269] primitif, et dont Bichat a reconnu avec une clarté supérieure que les racines plantées pour ainsi dire dans le sein même de la vie organique sont intimement liées à ses fonctions.

J'avoue qu'il me paraît ici exister une grande contradiction entre le système physiologique et psychologique du docteur allemand et sa doctrine anatomique; contradiction assez évidente pour croire que la faute aussi peut en être attribuée à ceux qui nous ont exposé son système.

Comment en effet reconnaître d'un côté [270] [que la vie]organique et l'ensemble de fonctions qui la constituent sont jusqu'à un certain point indépendantes du cerveau, lequel est lui-même subordonné, et d'un autre côté rapporter au même centre toutes les passions, toutes les affections, tous les
208 v° besoins de l'instinct, tels que l'amour maternel, celui des sexes, etc. |, au point de prétendre que ces instincts affectifs ont dans le cerveau un organe spécial déterminé, qui les fait naître, et où se porte leur influence, marquée

[269] *En marge :* Si la doctrine du doct[eu]r avait plus d'ascendant qu'elle n'en a réellem[ent], il serait dangereux de voir confondre encore la distinction si bien établie entre les *idées* et les *sentiments :* la même disposition sensitive donne lieu aux passions les plus différentes, selon que les idées sont dirigées de tel ou tel côté par les circonstances et les habitudes de la vie ; ce sont les mêmes organes, les mêmes centres sensibles, qui sont en jeu dans le jeune homme amoureux, et le dévôt extatique ; c'est sous l'influence du même centre que se trouvent ces deux sortes de délire extatique, avec la différence que l'un est fixé sur un objet particulier, et que l'autre ne l'est pas.

[270] *Les trois mots sont barrés.*

par une empreinte ou une protubérance sensible résultant de leur exercice actuel ?

Je pense que cette contradiction manifeste provient surtout de ce que le doct[eu]r Gall n'a pas fait une analyse exacte de ce qui dans les passions de l'être intelligent et sensible tient au sentiment affectif d'une part, et à la pensée de l'autre ; et en cela le médecin allemand me paraît être resté bien au-dessous du jeune et profond physiologiste français qui dans ce phénomène mixte appelé généralement *passion* a fait la part des éléments des deux vies, de l'organisme et de l'intelligence qui y concourent avec une exactitude et une précision et une clarté bien supérieures à tout ce que nous connaissions jusqu'alors et à tout ce qui a été dit depuis sur le même sujet.

Bichat a dit dans un point de vue très général que les passions ont leur racine dans la vie organique, que c'est dans les organes de cette vie, dans leur disposition primordiale, ou leurs déterminations acquises, qu'elles
209 r° prennent naisance, comme c'est sur eux que se porte toujours | le contrecoup de leur influence ; et il a appuyé d'une multitude de faits et d'exemples irrécusables, cette assertion générale où il y avait pourtant encore bien des cas particuliers à spécifier relativement à la part des deux vies ou à l'ordre alternatif de la primauté des fonctions qu'elles remplissent tour à tour dans les diverses passions artificielles ou naturelles, simples ou composées.

Le doct[eu]r Gall prétend au contraire que toute passion, toute détermination quelconque de la sensibilité intérieure prend son origine dans une partie fixe de la masse encéphalique, porte là son influence et s'y reconnaît ou s'y met pour ainsi dire en relief par une petite bosse ou protubérance du crâne, qui indique la place et marque son organe. C'est ainsi qu'il affecte [271] un siège particulier à l'amour des sexes ou à la force génératrice, à l'amour maternel, à l'amitié, à la religion, à la colère, à la passion du crime, etc. ; mais que peut-on entendre par le mot *organe* pris dans l'acception du physiologiste allemand ?

Un organe n'est autre chose, je crois, que l'appareil nerveux occupant une place plus ou moins étendue, et circonscrite dans le système, destiné à recevoir et à transmettre ou même à produire par sa force nerveuse propre une espèce particulière d'impressions qui tantôt sont bornées ou localisées dans la partie même, tantôt s'étendent par consensus à toute la combinaison vivante.

Les cinq organes des sens qui mettent l'être sentant en rapport avec les choses du dehors sont visiblement séparés par la nature. Les cinq appareils qui les forment occupent chacun une place distincte sur la surface extérieure du corps et on peut suivre aussi les traces qui concourent à les former jusqu'à ce qu'ils aillent se confondre et se perdre dans la masse encéphalique. Les impressions transmises par ces organes sont rapportées hors de nous en vertu d'un instinct ou d'une habitude première, et deviennent les qualités des objets qui se revêtent ainsi de nos propres modifications. Les
209 v° sensations dont il | s'agit se localisent donc d'elles-mêmes comme représen-

[271] *Seconde version :* autant d'organes ou de sièges propres dans le cerveau

tatives dans les objets et comme affectives dans les sièges appropriés que ces objets affectent immédiatement. Mais dans ces sensations de perception distinctes, il n'y a de variable ou de mobile et aussi de localisé que la partie matérielle et objective de la sensation diversement agréable ou douloureuse en tant qu'elle intéresse ou ébranle jusqu'à un certain point l'organisation, et indifférente en tant qu'elle est rapportée au dehors. Mais le sujet qui sent et perçoit l'acte même de la perception, demeure toujours identique, toujours *un, simple* et indivisible dans la variété ou la multiplicité indéfinie des modifications, ou des objets auxquels cet acte s'applique. En un mot il y a toujours simplicité et identité de forme pour l'être qui perçoit ; la composition et la variété n'appartiennent qu'à la matière ou à l'objet perçu. Le sujet qui s'aperçoit lui-même dans un point de vue tout intérieur, pendant qu'il perçoit ou se représente hors de lui les choses extérieures, ne peut donc se localiser comme les choses, et il serait absurde de vouloir lui assigner un siège, un organe particulier. Il en est de même, comme nous le verrons bientôt, des actes ou opérations que ce sujet s'attribue dans le for intérieur, et qui, indivisibles du *moi,* ne peuvent pas plus que lui se percevoir, se représenter au dehors comme objectives dans un siège quelconque. Mais sans anticiper sur ce qui suivra [272], nous observerons seulement quant aux sensations affectives et aux passions, que le système du docteur Gall, attribuant par hypothèse divers organes séparés dans le cerveau à une multitude d'affections intimes ou de sentiments, de qualités morales, de vertus ou de vices, qui dépendent souvent de conventions fortuites de la société et ne tiennent que très indirectement à la nature, a raisonné sur des indications vagues et légères et conclu de la division réelle des sens externes, à une autre division intérieure qui ne peut se vérifier par aucune sorte d'observation, ni s'appuyer du témoignage du sens intime, ni même se concilier soit avec lui soit avec la raison et les connaissances les plus certaines. [*La phrase suivante est interrompue par la fin de la page.*]

Source : ms. 7184.

APPENDICE XII
[voir variante 156]

185 r° | Mais s'il y a de tels renflements hors du cerveau et dans tous les points du cordon médullaire d'où sortent différentes paires de nerfs qui forment un

[272] *Une croix renvoie à ce passage dans la marge :* nous demanderons dans quel sens il pourrait être vrai de dire que telle passion a son organe dans une partie du cerveau. Ce ne peut être comme *idée,* qu'un tel siège pourrait être attribué ; mais l'idée seule ne constitue pas la passion. Serait-ce comme sentiment ? Mais il est bien reconnu que les émotions ou les *affections* ne prennent point leur source, ou ne portent pas leur influence sur ce centre. Toute passion naît d'un *appétit ;* or les appétits ne sont que des déterminations de la sensibilité intérieure. Ainsi l'accumulation de la semence dans les poches qui les servent [*la suite manque.*]

système destiné à une certaine espèce de fonctions, et si les ganglions ou les petits amas de matière médullaire grise correspondent partout à ces renflements, pourquoi limiter à l'intérieur de cet appendice qui est renfermé dans le crâne les facultés des différents ordres, en y plaçant exclusivement les organes des passions avec ceux de l'intelligence ? Si l'on reconnaît qu'une multitude d'êtres acéphales, où la moelle épinière renflée en plusieurs points supplée à la privation du cerveau, jouissent néanmoins de la sensibilité, exercent divers actes de locomotion, se nourrissent, se reproduisent et manifestent des appétits, pourquoi dans l'homme et les grands animaux, le cerveau prendrait-il une part nécessaire à la même partie de phénomènes liés à la vie organique, qui s'accomplissent ailleurs sans son concours ? Pourquoi enfin l'organe de l'amour physique, celui de la sympathie qui unit les mères à leur progéniture, serait-il plutôt dans tel point exclusif de l'appendice cérébral que dans les renflements excentriques de la moelle où se trouvent les centres nerveux ou ganglions du thorax, de l'abdomen et du bassin, dans ces sièges où le sens intime nous fait rapporter les émotions et passions diverses qui nous agitent et où l'observation anatomique en a souvent reconnu les sièges et assigné les causes dans les altérations ou lésions essentielles de quelqu'un de ces organes.

Qu'est-ce qui a pu d'ailleurs déterminer le doct[eu]r Gall à circonscrire ainsi dans le cerveau les organes des passions ? Et cette sorte de méthode empirique par laquelle il prétend avoir constamment trouvé telle protubérance sensible du crâne associée avec telle passion, tel vice ou telle vertu, a-t-elle pu être assez générale, assez [ ] pour prévaloir contre tant d'autres faits qui nous indiquent ailleurs le foyer de ces passions et la cause
185 v° qui les excite, contre l'expérience | et le sens intime qui nous révèlent un autre siège ? Eh ! comment expliquer dans l'hypothèse de Gall, cette opposition, cette lutte que nous sentons en nous-mêmes entre deux principes de mouvements et de déterminations, cette force de volonté tantôt prédominante sur les passions des appétits, des instincts qui tirent en sens contraire, tantôt [en] équilibre, et tantôt entièrement subjuguée par elles ? Si tout est également sous la dépendance du cerveau ou de ses différentes divisions, pourquoi les muscles locomoteurs des membres ou de la face sont-ils si souvent mis en jeu dans des affections qui se portent essentiellement sur les organes internes, tels que le cœur, le foie, le poumon ? Pourquoi peut-on si souvent assigner dans la prépondérance relative des fonctions de l'un de ces organes d'où dépend le tempérament, la véritable cause prédisposante à telles passions comme la colère, l'envie, la joie, la tristesse ? Une hypothèse n'est admissible qu'autant qu'elle satisfait à tous les phénomènes qu'elle a pour but d'expliquer et sa probabilité croît précisément en raison du nombre de ces phénomènes dont elle peut rendre compte ; or celle du doct[eu]r Gall ne paraît pas avoir été imaginée pour expliquer aucun des faits physiologiques ou psychologiques qui s'y rapportent ; il paraît au contraire qu'elle se met souvent en opposition avec eux pour parvenir à son objet essentiel qui est de trouver au dehors des signes apparents et matériels de toutes nos facultés et dispositions les plus cachées. Il fallait, pour que ces signes fussent apparents, il fallait les rattacher à la partie du corps qui est le plus en

vue : la tête ; et il n'y a pas d'autre cause pour avoir assigné dans cette partie les organes de tant de facultés et de différences, et surtout de tant de dispositions organiques dont les physiologistes avaient toujours cherché les signes dans la forme et le volume des organes mêmes à qui elles sont inhérentes. Nous voyons ici la double raison qui a porté ce docteur à tout séparer et diviser d'abord, pour tout réunir ensuite.

Source : ms 7184.

APPENDICE XIII
[voir variante 172]

186 r° | « Tous les organes des facultés intellectuelles pris en masse constituent la totalité du *cerveau,* et il est prouvé que celui-ci a sa source dans la moelle allongée. Le cerveau est le siège de tous les organes, mais tous ne font pas saillie à la surface du cerveau et n'influent pas sur le *crâne.* Plusieurs demeurent cachés dans ses profondeurs et ne peuvent être reconnus qu'à l'aide de dissections nombreuses et par l'anatomie comparée. Gall convient lui-même des limites de ces signes de facultés tirés des protubérances (p. 195).

Selon lui aussi, un organe tel que celui de la vue, par exemple, n'a pas son siège seulement dans l'œil, celui de l'odorat dans le nez ; *le siège de ces organes comme de tous les autres s'étend depuis leur origine jusqu'à la place où ils se terminent* » (80).

De là il semble bien qu'on peut conclure que le cerveau n'est pas, comme on l'a dit plus haut, le siège unique et *exclusif* de tous les organes, ou de toutes les facultés et dispositions, car puisque ce siège doit être considéré dans l'ensemble des nerfs qui constituent l'*organe,* depuis le lieu où ces nerfs sont censés prendre naissance ou s'épanouir en dehors, jusqu'à celui où ils aboutissent dans le cerveau, il s'ensuit d'abord qu'il y a autre chose que ce lieu du cerveau à examiner, quand il s'agit de reconnaître une disposition ou un organe ; en second lieu, que le siège d'une passion telle que l'*amour* physique étant dans un organe qui n'a pas de communication directe et continue avec le cerveau, il n'y a aucune raison pour placer dans ce centre l'organe de cette passion.

Source : ms 7184.

APPENDICE XIV
[voir variante 172]

186 r° | Que deviennent les deux modes d'action cérébrale, l'une directe, active et déterminée par la volonté qui commence ou prend sa source naturelle dans le cerveau, l'autre sympathique, passive et qui part toujours de quelqu'un des organes intérieurs, irrité, excité par telle affection ou appétit dont il est le siège, comme il le serait constamment par une lésion ou altération purement organique ; que devient, dis-je, cette belle et profonde distinction établie par Bichat, et si fortement appuyée par les faits qui nous donnent l'explication et la clé d'une des circonstances les plus remarquables dans l'influence du physique sur le moral, et apprend au médecin l'un des plus profonds et plus utiles secrets de son art : celui de remédier par des moyens appropriés aux désordres moraux produits par les passions comme aux désordres organiques, en agissant sur le moral.

Si les facultés affectives ont leur siège dans le cerveau comme les facultés intellectuelles, pourquoi les excitations des organes de la vie intérieure, toujours proportionées aux unes, restent-elles toujours étrangères aux autres ? Si tous les mouvements qui suivent ou accompagnent les passions, ont leur cause primitive dans le cerveau, et sont déterminés de la même manière que ceux qui sont les produits d'une volonté libre et réfléchie, pourquoi des différences si remarquables dans les caractères de ces deux sortes de mouvements, et comment serait-on fondé à reconnaître le mélange et la succession des fonctions de deux vies qui concourent à l'action musculaire tantôt en y prenant une part égale, comme dans les actes produits par les passions tempérées et raisonnables auxquelles la volonté se livre ou condescend en augmentant leur influence, tantôt en se prédominant l'une l'autre, comme dans la passion malheureuse qui subjugue et entraîne aussi irrésistiblement que ce *fatum* qui, pour le dire en passant, fait tout le monde de l'intérêt dramatique des tragédies grecques.

186 v° | J'observerai ici que l'auteur du traité de la vie et de la mort, en plaçant le siège exclusif des passions dans les organes de la vie intérieure, en affirmant d'une manière générale et absolue que les passions prennent toutes leur source dans cette vie et que toute leur influence s'y porte, semble n'avoir eu égard dans ces phénomènes mixtes qu'aux phénomènes de l'affection et de l'appétit et avoir entièrement négligé la partie intellectuelle qui entre aussi dans ces phénomènes ; tandis que le docteur Gall, imitant en cela plusieurs physiologistes et moralistes d'ailleurs très remarquables, paraît assimiler les passions à des phénomènes purement intellectuels en assignant une place à chacune d'elles dans le même organe cérébral, aux différentes parties duquel il rattache les facultés actives de l'être intelligent et moral.

Ces deux points de vue opposés l'un à l'autre, trop exclusifs et trop absolus, tiennent également à ce que dans ce concours simultané des facultés affectives et intellectuelles qui entrent d'une manière très inégale dans les différentes espèces de passions, les uns comme Bichat se sont trop exclusivement attachés aux phénomènes dépendants de l'affectibilité ou de l'appétit, et ont formé sur cette base leur idée générale et complexe qu'ils ont rattachée au terme passion, tandis que les autres ont pris pour base d'une autre idée exprimée par le même terme, la partie intellectuelle du phénomène. Donc, comme dans une autre question de métaphysique et de morale, le défaut vient de partir de l'idée du genre avant d'avoir formé celle des espèces.

[273] La passion est un phénomène intellectuel ou un phénomène appétitif suivant qu'on prend pour modèle telle passion morale ou organique ; mais plutôt elle est un composé des deux.

187 r° | Pour nous prouver que le sentiment qui constitue la passion prise en général est un phénomène essentiellement intellectuel ou un attribut de l'être intelligent et moral, on choisira ses exemples dans les sentiments les plus relevés, les passions les plus nobles de la nature humaine telles que la passion de l'étude, l'amour de la gloire, douces et puissantes émotions qui, dans une âme sensible réunie à un esprit éclairé, accompagnent la découverte ou l'intuition de la vérité, la contemplation du beau intellectuel et moral, les actions, les efforts, les travaux, les sacrifices mêmes qui ont pour but le bonheur de nos semblables ou notre propre perfection. Eh ! qui pourra douter que de telles affections ne prennent naissance dans le siège même de l'âme et que, placées au rang de ses plus nobles facultés, elles ne doivent être rapportées au même centre où s'exercent ses plus hautes opérations ? Mais ces affections, ou sentiments intellectuels proprement dits, se distinguent bien des affections que l'on pourrait appeler directes, simples et immédiates, en ce que les réflexives, par leur nature, sont inséparables de certaines idées dont la contemplation ou le rappel, étant au pouvoir de la volonté, font rentrer sous le même domaine les sentiments qui les accompagnent ou les suivent ; c'est ainsi que les plaisirs de l'étude, ceux de l'admiration, de la surprise que font naître le beau etc., sont toujours le résultat d'un acte de perception, d'un travail intellectuel, et en forment l'attraction. La propriété réflexive qui caractérise ces affections de l'âme paraît bien en ce que l'être intelligent et sensible s'affecte souvent d'une manière opposée à ce qu'éprouve l'être purement affectible ; l'homme dont le moral est tant soit peu développé s'afflige souvent en effet dans le for intérieur de certaines joies sensuelles qu'il condamne tout agréables qu'elles puissent être pour les sens, et se complaît au contraire dans telle affection triste par elle-même qui se change par la réflexion : ainsi la douce mélancolie. Voilà les passions qui ont leur origine dans l'âme et leur siège dans l'organe de ses opérations immédiates qui sont vraiment hyperorganiques dans leur source comme dans leur résultat. Mais de telles passions, par cela même, ne peuvent être localisées ni disséminées dans aucune partie matérielle de l'organisation.

187 v° | Passant à l'autre extrême, on peut prendre pour modèle ou pour type de la passion en général, ces affections qui appartiennent proprement à l'organisme, en partent comme de leur source et y reviennent comme à leur siège. Tels sont les penchants primitifs et les déterminations et les appétits qui appartiennent proprement à l'instinct animal ou à une nature organique sensitive, simple et sans contre-poids. C'est de telles passions quand elles règnent seules qu'on peut dire qu'elles arrachent à l'empire de la volonté

[273] *En marge :* une passion intellectuelle telle que celle de l'amour de l'étude, de la gloire, etc., peut bien être rapportée à l'organe de l'âme où elle prend sa source ; une passion physique telle que l'appétit vénérien ne peut avoir son siège que dans un organe interne. Division des passions naturelles, artificielles, sociales, etc.

tous les actes de motilité ou de production d'images et d'idées qu'elles s'approprient. Quand elles règnent en effet, tout passe du domaine propre de la vie active sous celui de la vie instinctive et passive. Ce sont les organes de cette dernière qui d'abord en jeu prennent l'initiative et conservent la prédominance. Le cerveau ne fait que réagir sympathiquement sous leur action. On reconnaît toute l'influence de l'organisme à la dépendance de l'esprit qui malgré lui se repaît des fantômes analogues à l'affection dominante et à l'organe qui en est le siège, à la persistance de ces fantômes ou à leur apparition périodique correspondante au réveil et aux besoins alternatifs de certains viscères, enfin à l'impuissance du vouloir qui ne peut rien pour les changer ou les distraire. Qui pourra dire que de telles passions aient leur siège dans le cerveau, dont elles troublent, altèrent et contrarient sans cesse l'influence ?

Entre ces passions ou affections extrêmes et qui, pour être exprimées par le même nom générique, n'en sont pas moins opposées par leur caractère et diverses par leur nature, se placent toutes les passions les plus nombreuses qu'on pourrait appeler mixtes, et où l'on trouve en effet le mélange et la succession des phénomènes intellectuels et organiques, où les fonctions des deux vies paraissent également intéressées. Mais comme il est vrai de dire
188 r° | que toute affection parvenue par l'habitude à ce degré de prédominance qui la constitue passion, doit avoir planté ses racines dans quelqu'un des organes de la vie intérieure et être transformée en tempérament, on conçoit indépendamment de tout ce qui a été dit auparavant, combien est peu fondée l'opinion qui placerait exclusivement le siège commun des passions telles que la pitié, la colère, l'amour, la haine, l'envie, etc., dans différentes parties du cerveau où l'on ne peut rapporter tout au plus que les idées ou images qui correspondent à l'affection dominante, laquelle persiste dans son foyer et se reproduit spontanément par des causes organiques indépendantes des idées, ou de tous produits de l'imagination subordonnée elle-même et dépendante dans le mode de son exercice.

De tout cela il faut conclure que le système du doct[eu]r Gall a contrarié la raison autant que l'expérience et les faits : 1° en voulant assigner dans les différentes parties du cerveau le siège des passions intellectuelles, qui sous aucun rapport ne peuvent être localisées ni conçues par dissémination, puisqu'elles sont les modes propres et intimes d'un sujet simple et indivisible ; 2° en rapportant encore à certaines divisions du même organe des passions et des appétits purement organiques dont le sens intime et l'observation physiologique nous montrent la source, le siège et le foyer dans des viscères ou organes internes qui n'ont avec le centre cérébral aucune communication directe, mais seulement des rapports sympathiques.

Source : LEMAY, *op. cit.*, p. 217-218.

APPENDICE XV

SÉANCE DU 19 NOVEMBRE 1809 NOUVELLES CONSIDÉRATIONS SUR LE SOMMEIL, LES SONGES ET LE SOMNAMBULISME [RÉSUMÉ ANONYME]

Ce travail se divise en trois parties :

1° Du sommeil et de ses causes ; de l'état du corps dans cette fonction et comme elle s'allie avec la suspension de la volonté.

Après avoir cité le passage de Buffon sur le sommeil du premier homme, Maine de Biran affirme que le sommeil n'est que la suppression momentanée de la volonté ou de la puissance d'effort, et que tous les phénomènes qui l'accompagnent peuvent s'expliquer par ce seul principe. Les physiologistes, Bichat en particulier, n'ont pas saisi ou suffisamment noté, le caractère essentiel de cette fonction périodique.

C'est en réunissant les vues générales de Barthez, exposées dans les *Éléments de la science de l'homme,* et les considérations lumineuses de Cabanis dans son livre sur le *Physique et le Moral* qu'on pourra établir une théorie plus exacte sur la partie purement physiologique du sommeil. Il y manquerait encore l'unité de principe ou de cause reliant ces vues à l'objet du métaphysicien. Ce commun principe c'est la suspension de la volonté.

2° Des facultés qui subsistent dans le sommeil et les songes.

Quelles sont les facultés qui restent après avoir séparé la volonté de tout ce qui vient d'elle dans l'entendement ? une faculté passive de sentir ou de recevoir des impressions et d'en être affecté, d'éprouver par suite des dispositions naturelles ou acquises des organes, certains appétits ou penchants, d'avoir l'intuition ou les images des objets relatifs à ces appétits, de réaliser ces images au dehors, de se les représenter dans un certain ordre d'association nécessaire ou accidentel. Ce sont les seules facultés qui se concilient avec l'état de sommeil, les seules d'où l'on puisse déduire tous les phénomènes des songes.

3° Des différentes espèces de songes et du somnambulisme en particulier.

Maine de Biran pense que l'étude des songes et leur distinction en classes seraient utiles au physiologiste et au médecin en lui manifestant dans certains cas quels sont les organes essentiellement altérés ou excités d'une manière anormale ou vicieuse, dont l'influence sympathique, active et prédominante sur le cerveau détermine le plus fréquemment tels accidents pendant le sommeil, ou des songes de tel caractère ou de telle espèce. Les différentes sortes de délire momentané ou d'aliénation mentale permanente, viendraient se ranger naturellement sous les mêmes divisions que les songes.

Maine de Biran distingue quatre espèces de songes :

Les rêves ordinaires à l'état de sommeil complet ;

les rêves intellectuels à l'état de sommeil partiel, où les inventions les plus extraordinaires, les pensées les plus sublimes, les résolutions des problèmes les plus difficiles, peuvent se présenter à l'esprit ; ce sont les plus rares ;

les délires ;

le somnambulisme.

Source : ms. 2124.

APPENDICE XVI
[voir variante 174]

[*Le manuscrit commence sur ces mots.*]

5 | De nouvelles considérations sur les causes et les circonstances des phéno-
mènes du sommeil, des songes et du somnambulisme ont paru éminem-
ment propres à remplir ce but, à compléter sous ce rapport l'objet
fondamental de mon travail précédent. En effet, si comme j'espère de le
faire voir dans le cours de ces recherches, le caractère essentiel qui distingue
le sommeil de la veille, consiste en ce que la volonté, présente à toutes les
fonctions constitutives de ce dernier état, est absente, ou momentanément
suspendue dans l'autre, analyser les [274] phénomènes ou les circonstances du
sommeil, c'est chercher à reconnaître ce que sont les facultés de l'être sen-
tant et pensant quand on en a séparé la puissance unique et individuelle qui
les active ; c'est faire ensuite la part de cette puissance, déterminer ses effets
en particulier dans la perception originelle jusqu'à ses produits les plus éle-
vés ; c'est tracer en un mot la ligne de démarcation entre ce qu'il y a de passif
6 et d'actif dans l'homme. | Tel est l'objet du mémoire que j'offre aujourd'hui
à cette société. Mais après avoir consacré à sa composition très rapide tous
les moments que j'ai pu dérober à d'autres travaux, je me suis aperçu en le
relisant que son étendue, sa forme, et surtout la nature d'un sujet qui m'a
donné lieu d'entrer dans des considérations abstraites et assez approfondies
devaient rendre l'ensemble de [l']ouvrage difficile à entendre à une première
lecture publique. J'ai donc cru devoir renoncer à fatiguer, inutilement peut-
être, l'attention que vous auriez eue, Messieurs, la complaisance de m'ac-
corder et qui peut être beaucoup plus utilement employée.

[274] causes et les circonstances

Je me contenterai donc d'indiquer ici sommairement le titre et le sujet des
deux premières parties de ce mémoire divisé en trois sections, dont je dirai
seulement la dernière qui traite de la [275] distinction des songes en espèces
analogues aux différents genres de délire et de manie, et du somnambu-
7 lisme en particulier. Il est possible que dans peu de | temps j'aie à offrir à la
méditation de chacun des membres de cette société un exemplaire imprimé
de divers mémoires complets que j'ai entrepris pour elle, et dont je lui dois le
premier hommage. Quoique mes idées puissent perdre en étant ainsi expo-
sées au grand jour, j'ai préféré en confier les caractères permanents au juge-
ment approfondi des gens les plus sévères, que d'en adresser les signes
mobiles et fugitifs à la distraction des oreilles les plus indulgentes. J'y
gagnerai du moins, Messieurs, l'avantage auquel j'aspire le plus : c'est de
vous laisser un monument durable de mon dévouement et de mon zèle pour
les progrès de cette société savante, comme de mon attachement et de ma
haute considération pour les membres qui la composent.

8 Le premier chapitre du mémoire | est employé à exposer les conditions
physiologiques et les causes disposantes du sommeil. J'y cherche le carac-
tère essentiel ou constitutif de cet état et je fais voir en détail ce caractère. Il
tient à la suspension de la volonté.

Je discute dans les premiers parag[rap]hes les opinions des physiologistes les plus célèbres sur le même sujet. Je combats la doctrine de Bichat sur le sommeil partiel, qu'il attribue aux organes de la vie animale. Je cherche à faire voir combien cette manière d'envisager le phénomène dont il s'agit est vague et inexacte, et je n'admets pas plus de sommeil partiel que de volonté ou de moi partiels.

Barthez et Cabanis me fournissent la condition physiologique de l'état
que je considère et j'admets avec le premier auteur que cette condition
dépend d'une concentration des forces sensitives et motrices, soit dans le
cerveau ou dans une de ses divisions, soit dans quelque organe interne par-
ticulier ; concentration à laquelle se rattache l'affaiblissement des sympa-
thies de tous les organes. Mais ces conditions [276] organiques ne forment pas
le caractère essentiel du sommeil, et ne peuvent satisfaire au double but des
recherches du métaphysicien et du physiologiste qui consiste à reconnaître
9 et à déterminer comment tel état du corps | peut correspondre à tel état de
l'âme ou de ses facultés dans le sommeil. J'ai osé envisager ce but qui paraît
si difficile à atteindre, et après avoir montré comment l'état de veille est
constitué par un effort permanent que la volonté exerce sur toutes les par-
ties soumises à son empire, je cherche à déterminer quelles sont les condi-
tions de la part des organes locomobiles pour que cet effort puisse
commencer et continuer à s'exercer ; par suite, quelles sont celles qui déter-
minent la suspension de cet exercice volontaire et avec lui, celle du senti-
ment de *moi* qui en est indivisible. L'exposé de cette théorie n'est pas plus

[275] classification
[276] physiologiques

susceptible d'être abrégé que d'être saisi dans ses détails à une première lecture, et c'est pour cela que je l'ai supprimé. J'analyse dans la suite de ce chapitre les causes qui provoquent le sommeil et je les distingue en passives et actives, selon qu'elles sont étrangères à la volonté et organiques ou physiques, ou bien relatives à l'exercice continué de cet effort. Il résulte de cette analyse que les causes consistent dans tout ce qui peut amener la chute des forces sensitives et motrices après une grande excitation, les narcotiques, l'exercice trop prolongé des sens et des organes locomoteurs, différentes névroses, des maladies ataxiques, etc.

11 [277] | Dans le second chapitre, qui a pour objet de déterminer quelles sont les facultés de l'esprit qui subsistent pendant le sommeil, et comment ces facultés concourent aux différents phénomènes des songes.

Je rappelle ici le fondement de la distinction de toutes nos facultés en passives [et] actives. Je fais voir ensuite comment les premières suffisent pour faire naître les songes, et comment l'absence des autres imprime à ces phénomènes tout leur caractère de mobilité, d'incohérence et d'oubli. J'analyse ensuite plus particulièrement les caractères propres à chaque espèce de songe, en montrant comment ils se rapportent soit à telles facultés affectives associées avec l'imagination qui leur est subordonnée, soit surtout à l'absence de telles facultés actives comme l'attention, le jugement, la comparaison, la réflexion.

J'aurais à regretter ici de ne pas vous faire connaître en détail cette partie du mémoire que je crois neuve dans plusieurs points de théorie, comme
12 assez curieuse sous le rapport des faits | physiologiques qu'elle renferme, si je ne devais vous la soumettre bientôt par la voie de l'impression. J'espère, Messieurs, que vous verrez la confirmation d'une vérité dont vous êtes déjà prévenus sans doute : c'est que rien n'est plus instructif pour l'homme éveillé que l'histoire des songes, comme rien de plus utile pour l'homme jouissant de la raison et de la santé que la connaissance de l'histoire des folies et des maladies.

Je termine le chapitre dont je viens de vous présenter l'ébauche imparfaite par le résumé suivant.

Source : ms. 2124.

APPENDICE XVII
[voir variante 174]

[*Le manuscrit porte, de la main de Biran, le chiffre 2. On peut supposer que dans la page 1, il commençait à exposer la distinction des points de vue psychologique et physiologique.*]

[277] *La page 10 du ms. est un fragment de copie intercalé à tort.*

13 | saisies sous une image, là il n'est question que d'effets ou de mouvements divers opérés entre des corps de même nature, ici il est question de mouvements sentis en même temps que produits par un moi qui se les attribue dans le for intérieur comme cause ou force productive et s'apercevant lui-même dans son action sous un point de vue réflexif absolument opposé à celui dont il perçoit ou se représente au-dehors les phénomènes du mouvement objectif. Comment donc pourrait-il y avoir quelque jeu d'organes ou quelque mouvement de fibres propres à nous représenter, même symboliquement, l'action d'une volonté vraiment hyper-organique quand elle agit d'après ses propres lois, qu'elle seule détermine ?

Remarquez en effet que tout moyen d'action, artificiel ou naturel, étranger à [278] l'exercice propre de cette force, ne saurait en reproduire ou en imiter les effets. Dans les expériences physiologiques tentées pour apprécier et reconnaître la nature et les degrés de sensibilité des parties vivantes, quand on irrite tel nerf, on est assuré de faire naître dans l'animal telle espèce d'affection douloureuse proportionnée au mode de sensibilité de la partie irri-
14 tée ; quand on porte le *stimulus* soit directement sur un muscle, | soit sur le
tronc ou le centre nerveux qui lui envoie des rameaux, on est également assuré de reproduire des *contractions* organiques ou d'imiter de véritables contractions animales, c'est-à-dire *senties par l'animal,* mais senties simplement comme impressions passives dont la cause est étrangère à sa volonté, à ce qui fait son *moi,* si tant est que l'animal ait un *moi.* C'est de cette manière que nous sentons les battements du cœur, les pulsations des artères, les soubresauts des tendons, etc., tous mouvements que nous sommes forcés à rapporter à une cause étrangère à la volonté car placée hors du moi, lors même qu'elle est inhérente à notre organisation, comme lorsqu'elle vient du dehors. Pour que cette sensation passive du mouvement pût commencer à devenir active en s'associant avec le sentiment d'un effort, ou d'un pouvoir efficace, en un mot, pour que le mouvement opéré dans un organe mobile, soit en vertu d'une irritation artificielle, soit en vertu de l'influx naturel du centre nerveux d'où part le principe de la contraction actuelle organique ou animale [279] [fût connu], il faudrait donc quelque autre chose que l'action exercée, ou l'impulsion communiquée de corps à corps, il faudrait enfin l'intervention de quelque agent supérieur aux organes, de commencer le mouvement, de l'exciter, de l'arrêter ou de le sus-
15 pendre, et par là de se l'attribuer dans le fait | de conscience comme en étant
la cause *productive.* Or cet agent volontaire conscient et libre, ou les conditions et les lois d'après lesquelles il agit, sont évidemment placés hors du domaine de la physiologie et absolument inaccessibles à tous les faits d'observation ou d'expérience dans lesquels la théorie de cette science peut se fonder.

Remarquez en effet que dans l'animal, même soumis au terrible scalpel de l'anatomiste, tant qu'il conserve encore la vie complète avec la faculté du

[278] l'action

[279] *Les deux mots manquent. Nous les proposons pour que la phrase soit intelligible.*

mouvement spontané, il devient presque toujours impossible d'assigner exactement la part directe qu'ont les irritants artificiels sur les parties auxquelles on les applique, et de séparer leurs effets de celui que peut avoir simultanément la force motrice spontanée de l'animal et qui tend toujours à accroître, diminuer ou même à anéantir quelquefois l'effet des stimulus. Aussi les physiologistes prennent-ils en ce cas le parti d'intercepter autant que possible l'action motrice en liant ou coupant les nerfs de communication avec le centre qui en est le foyer. Mais alors ils opèrent sur le mort et non plus sur le vif ; ils détruisent la force vivante et n'observent plus ou [ ] plus son jeu.

La volonté ou la puissance libre du mouvement et de l'action demeurent toujours en effet *sui juris,* hors de toute atteinte comme de toute initiative de l'art. Quand elle s'exerce, tous les résultats de l'expérience physiologique sont incertains ou altérés, tous les signes naturels de sensibilité et de contractilité animales peuvent devenir muets ou trompeurs. Eh ! Que peut par exemple l'impression la plus terrible, que peut toute la force de contractilité animale contre une volonté énergique telle que celle d'un Scevola ? En vain l'instinct de la douleur tend à entraîner la rétraction du bras exposé au brasier ardent ; la volonté plus forte que l'instinct dompte la douleur même
16 et ordonne au bras de se laisser consumer et de rester immobile. | Quelle est donc cette force capable de modifier ainsi les lois mêmes de la sensibilité et de lui donner les siennes ? Cette puissance indépendante et libre dans son domaine qui, alors même qu'elle ne peut changer le degré de vivacité des affections sensibles les plus provocantes, intervertit, arrête ou suspend l'ordre des mouvements qu'elles allaient entraîner, détermine et contraint le corps à [280] [s'arrêter] ou se reculer quand il tendrait à s'avancer, à se porter en avant quand son instinct le porte à la fuite. Tu trembles mon corps, disait un des plus braves généraux de nos anciennes armées, le maréchal de Saxe se sentant frémir involontairement au moment d'une grande bataille, tu trembles, que ferais-tu donc si tu savais où *je* dois te conduire en ce jour ? Qui, *je ?* La volonté sans doute, qui indépendamment même des motifs auxquels se rattache un effort sublime dans sa détermination comme dans son objet, est bien toujours et par son origine même, supérieure à une simple capacité organique de recevoir des impressions, d'en être affectée et d'agir
17 en conséquence. | Cette puissance supersensible du vouloir et de l'action, seule caractéristique essentielle de l'agent moral, constitue la propriété inaliénable de l'homme, puisque c'est à elle que s'attache exclusivement le sentiment de son individualité et de son *moi* tout entier.

L'homme en effet, étant le seul être connu qui réunit en lui les deux sortes de facultés dont nous avons cherché à montrer la distinction, [281] doit être le seul aussi qui participe à deux sortes de lois : comme être simplement organisé et sentant, sa vie sensitive est le résultat de plusieurs fonctions ou impressions partielles qui l'affectent nécessairement avec plus ou moins de

[280] *Le mot est barré.*
[281] paraît

force, et qui peuvent aussi le diriger en aveugle sous l'empire exclusif de cette vie sans que la volonté absente ou opprimée y prenne la moindre part, et par suite sans que la personne ou le *moi* le sache et y assiste, pas même comme témoin. Mais à titre d'être moteur doué de volonté et de personnalité réfléchie et de pensée, l'homme se trouve en possession d'une vie toute de relation et de conscience : non seulement il *vit,* il sent, il a de plus l'aperception individuelle de son existence propre et l'idée de ce qu'il sent ; non seulement il soutient avec les êtres environnants des rapports nécessaires et
18 déterminés par la nature même de | son organisation, mais encore il a la connaissance, jointe au sentiment immédiat de ces rapports ; il fait plus, il se crée lui-même de nouveaux rapports qu'il étend, modifie et renouvelle sans cesse par l'exercice continuel de cette activité, de cette puissance du vouloir dont il dispose, et qui lui soumet toute la nature brute et vivante, et seule le distingue des autres êtres de l'échelle en haut de laquelle il se place.

Ici tout ce qu'opère directement une telle puissance de vouloir ou d'effort se redouble dans la conscience comme perception complète ou idée soumise en rappel, à l'attention et à toutes les facultés actives de l'intelligence ; tout ce qui [282] s'accomplit sans elle dans l'être vivant et sensible en vertu des lois de l'organisation disposée d'une certaine manière, demeure au rang des perceptions obscures ou des affections immédiates éloignées de tout souvenir et ne s'élevant jamais à la hauteur de la pensée, ou encore de ces intuitions ou images simples, de ces représentations vagues et confuses que semble produire naturellement l'action organique du cerveau livré à son mode de vie et de sensibilité propre, et exalté par quelque cause anomale, et qui ne sont pas ici plus soumis à l'action régulière de la volonté et de l'intelligence éclairée. Ici donc est l'être purement sensitif, sans *moi,* livré à toute
19 l'impulsion | de l'organisme. Là commence et finit, avec l'exercice et les conditions de la même volonté motrice une personnalité toujours identique à elle-même et toutes les facultés d'un agent moral. Voilà le principe directeur de toutes nos recherches ; telle est aussi la ligne de démarcation fixe entre l'objet et le but propre de deux sciences dont l'une doit s'attacher à saisir les lois de la vie et leurs résultats les plus immédiats, tandis que l'autre, cherchant à remonter jusqu'à l'origine du *moi* ou de la personnalité humaine, part de là pour explorer le vaste et majestueux ensemble de phénomènes où ce moi assiste tantôt comme témoin et tantôt comme créateur.

Tous les phénomènes de l'homme placés par leur nature hors des limites de la volonté étant étrangers aussi à la pensée et au moi, sont immédiatement soumis aux lois de la vie et rentrent dans le domaine propre de la physiologie. Cette science ne peut sans abus pousser plus loin des recherches dont l'objet aussi étendu que profond doit plus que lui suffire. C'est à elle, ou c'est à vous, Messieurs, qui cultivez avec succès cette première ébauche
20 de la science de l'homme, qu'il appartient | de déterminer par des observations exactes toutes les circonstances relatives à ces phénomènes affectifs qui ayant lieu dans l'absence ou le sommeil du moi, rapprochent l'homme

[282] se fait

de cette simplicité native à laquelle notre réflexion et nos souvenirs ne peuvent atteindre ; c'est vous qui pouvez rapporter de tels phénomènes à leurs véritables sources, assigner leurs causes et leurs effets dans l'ordre naturel ou perverti des fonctions que vous êtes habitués à observer, et qui pouvez ainsi apprécier leur influence dans le physique et le moral de l'homme, sur l'origine et le développement de la vie morale, dans la marche ordinaire de l'imagination comme dans les aberrations déplorables de cette faculté toujours et si particulièrement soumise aux lois physiques de la sensibilité.

Le sujet que j'offre aujourd'hui à vos méditations a été choisi à dessein comme le plus remarquable de ceux qui rentrent dans le cercle des phénomènes dont l'exploration appartient, ainsi que nous venons de le dire, à la science physiologique.

Ce phénomène n'a lieu que par l'absence ou la suspension momentanée de la volonté.

Source : ms. 2135.

APPENDICE XVIII
[voir variante 244]

76 r° | **DISCOURS A LA SOCIÉTÉ MÉDICALE EN SA SÉANCE DU 15 AVRIL 1810**

M[essieu]rs,

Il y a aujourd'hui trois ans que cette société commença à se former et le jour anniversaire de notre réunion est sans doute pour nous tous une époque mémorable ; combien de souvenirs il nous rappelle ; que de sentiments il excite, combien d'idées d'utilité publique, d'objets d'émulation, d'espérances, de vœux et de devoirs vont s'y rattacher ! Lorsque, du point où nous sommes, nous jetons un regard sur l'intervalle qui vient de s'écouler, nous trouvons dans nos annales une assez belle collection de faits, d'observations, de vues pratiques ou théoriques consignés dans les divers mémoires dont vous avez pris successivem[en]t connaissance.

Aucune découverte, aucun projet, aucune des idées tant soit peu [283] remarquables qui ont enrichi le monde savant durant cet intervalle n'ont été perdues pour nous ; une plume élégante et facile s'est chargée de nous les [284] représenter dans une suite de tableaux variés où l'on trouve unies la fraîcheur et les grâces du coloris à la pureté et la vérité du dessin.

[283] importantes, répandues dans le
[284] transmettre

L'histoire des maladies et des constitutions atmosphériques correspondantes à chaque période, à chaque saison de l'année, rédigée avec exactitude, précision et clarté, a présenté à chacun de vous les résultats de ses observations particulières et les a résumées avec ce talent qui fait qu'on aime à se ressouvenir de ce qu'on a vu et que l'on croit apprendre de nouveau ce que l'on sait déjà.

Divers articles de topographie médicale ont fourni matière à des mémoires intéressants lus dans cette société, et nous offrent comme autant
76 v° de pierres d'attente | pour le grand édifice dont nous avons conçu le plan général.

Chaque année la société s'étend et s'enrichit par la suite des travaux et des efforts individuels, par les expériences ou observations partielles de chaque membre qui porte ses lumières acquises au foyer commun et lui rend le mouvement et l'action qu'il en reçoit. Ainsi dans une précieuse solidarité, dans une libre et intime communication de sentiments et d'idées les cœurs s'élèvent, les esprits s'éclairent, tous les germes d'une haute émulation se fécondent, tous ceux d'une basse jalousie s'étouffent, et la morale unissant étroitement ses intérêts à ceux de la science, lui imprime cette grande et noble direction vers tout ce qui peut servir l'humanité, adoucir ses mœurs, consoler ses douleurs, améliorer ses destinées.

Sans doute, Messieurs, et pourquoi chercherions-nous ici à le dissimuler, tous les buts de notre institution sont encore loin d'être remplis ; mais s'il reste encore beaucoup à faire, nous n'en devons pas moins reconnaître ce qui a été fait et en apprécier la valeur. Chacun de nous, d'ailleurs, s'interrogeant lui-même sur les avantages particuliers de cette estimable réunion trouvera peut-être qu'il y tient par la reconnaissance autant que par le devoir. Qui de nous en effet ne s'est pas senti quelquefois animé et soutenu dans ses travaux par l'idée d'en mettre les résultats sous les yeux de
77 r° ses collègues ou de ses juges naturels ? Quel est celui qui, rédigeant | [ses] observations pour être communiquées à la société, n'a pas aperçu de nouveaux rapports, acquis de nouvelles données, précisé, éclairé et développé des idées qui seraient peut-être toujours restées plus ou moins vagues ou flottantes dans son esprit ?

Quel que soit à cet égard le degré d'assentiment de ceux qui m'écoutent, je me plais ici à reconnaître pour ce qui me concerne tout ce que je dois à cette estimable réunion et j'avoue de bien bonne foi que le désir de prendre part à ses travaux, l'espoir d'obtenir ou de mériter ses suffrages a été souvent pour moi un mobile d'activité, un principe d'encouragement, par suite une source de vraies jouissances ! Aussi, Messieurs, lorsque je tends aujourd'hui par tous mes efforts à resserrer et cimenter de nouveau les liens qui nous unissent, pourrais-je être soupçonné de céder à des sentiments ou des motifs en quelque sorte personnels ; mais loin de décliner ici le soupçon de personnalité, j'aime à en reconnaître le fondement, puisque c'est témoigner par là même combien je tiens à vous.

Mais je parle de resserrer ces liens. Est-ce donc qu'ils s'affaiblissent et qu'ils tendent à se dissoudre ? Peut-être ne devrais-je pas aujourd'hui élever un tel doute, et je l'aurai sûrement éloigné ou du moins dissimulé, s'il était possible de se faire une plus longue illusion sur le relâchement progressif qui s'est introduit dans cette société, sur l'éloignement, l'inexactitude et l'insouciance de plusieurs membres à s'acquitter des premières obligations que leur titre leur impose, enfin sur les signes d'une décadence trop réelle dont nous sommes menacés.

77 v° | Quelles sont donc les causes de cette décadence, et quels seraient les moyens d'y porter remède ?

Ce mal et ce remède, Messieurs, je dois le dire, tiennent principalement à votre *volonté ;* c'est donc à elle que je dois m'adresser ; c'est elle aussi que j'invoque en ce jour.

Toute société, consistant dans la réunion des forces, se fonde essentiellement sur l'accord des volontés ; mais la volonté de rester unis en société suppose un motif déterminant ; ce motif ne peut résider que dans l'intérêt commun à tous les membres et sensible pour chacun en particulier. Or, il faut en convenir, notre société est constituée de telle manière qu'il n'y a peut-être pas assez d'intérêts communs et également sensibles pour tous : première cause de relâchement, à laquelle il faut chercher à remédier autant que possible.

1°. La communication des idées qui est le premier besoin de l'homme est aussi le premier nœud des sociétés ; mais cette communication ne peut exister sans un concours actif de toutes les pensées qui s'appellent et se répondent tour à tour, de toutes les forces intellectuelles qui agissant chacune dans sa sphère se coordonnent, s'excitent mutuellement en suivant la même direction et tendant vers le même but. Sans doute ces forces naturelles ou acquises ne peuvent être toutes égales, mais chacune doit être employée suivant son degré propre d'énergie ou d'activité pour le maintien ou le perfectionnement de la société
78 r° | et ce n'est qu'à cette condition que celle-ci subsiste et peut se maintenir. Or il est évident, Messieurs, que notre réunion a été jusqu'à présent limitée à un trop petit nombre de membres actifs et que la communication des idées n'a pas été aussi parfaite qu'elle pouvait l'être. Peut-être est-ce la faute de nos règlements plutôt que celle de la volonté de plusieurs d'entre nous.

Il me semble d'abord que ceux qui travaillent le font d'une manière souvent trop indépendante de l'esprit général de la société ou trop éloignée des principaux buts qu'elle doit se proposer ; il y a trop de latitude et d'arbitraire dans le choix des sujets, même des meilleurs mémoires lus ou communiqués dans chacune de nos séances. De là aussi le défaut d'ensemble de direction commune et d'esprit de suite. De là aussi le défaut d'intérêt et de fixité d'attention de ceux qui entendent dans une même séance des lectures trop variées qui n'ont pas assez de rapport entre elles, ou ne se rallient pas à ces objets fixes et connus d'avance, qui peuvent d'ailleurs trop s'écarter du cercle des idées ou des occupations habituelles de la majorité des auditeurs[285].

285 *Ici Biran place une croix qui renvoie au début du paragraphe suivant. Il supprime donc ce texte inachevé :* Il doit donc arriver que ceux-ci n'écoutent pas ou écoutent mal, et que, n'emportant de nos séances que peu de profit et

Cet inconvénient est très grave, et il faudrait tâcher d'y remédier dès à présent. Je propose en conséquence : 1° qu'il soit formé à chaque séance une commission chargée de déterminer les sujets de travail ou l'objet principal sur lequel devront rouler les mémoires dans la séance suivante et fixer ainsi ce qu'on appelle dans les assemblées délibérantes l'*ordre du jour;* 2° que tous les membres soient nominativement appelés à traiter celui des sujets d'ordre qui se trouvera le plus approprié à ses goûts et le plus compatible
78 v° avec son genre d'occupation; | 3° qu'il soit libre à chacun d'exposer ses idées de la manière dont il l'entendra, verbalement ou en de simples notes, sans être obligé de s'astreindre aux formes gênantes et trop fastueuses des mémoires académiques; 4° qu'il soit ouvert des conférences ou des discussions orales sur les objets qui seront à l'ordre du jour dans chaque séance, et que chacun soit invité à y prendre part à son tour, en demandant la parole au présid[en]t et ne sortant pas du sujet de la discussion. C'est par de tels moyens ou par d'autres analogues que vous voudrez bien y ajouter que nous parviendrons, ce me semble, à exciter parmi vous une activité plus générale, à mieux coordonner nos travaux et à y faire concourir un plus grand nombre de membres.

2°. L'abonnement aux journaux est une des conditions essentielles de l'existence de notre société; c'est le seul nœud par lequel elle tienne au monde savant et littéraire; c'est là qu'elle trouve les principes les plus propres à féconder son émulation et à étendre ses nouveaux progrès. Mais ici encore nos règlements sont en défaut, et laissent subsister une inégalité trop sensible entre les divers membres, sous le rapport des avantages et des jouissances que chacun d'eux peut retirer de nos abonnements. Les extraits ou précis communiqués à la société, quelque exacts ou bien faits qu'ils puissent être, ne suppléent sans doute qu'imparfaitement à une lecture active que l'on ferait par soi-même, et laissent toujours quelque chose à désirer aux curieux.

Il serait donc à souhaiter que les journaux savants devinssent par le *fait,* et non pas seulement par le *droit,* la propriété usuelle de tous les membres,
79 r° que chacun pût au besoin les consulter et s'en procurer à loisir une lecture | détaillée. Dans cette vue, je proposerai la formation d'un cabinet médical et littéraire dont le nombre des abonnés sera étendu ainsi que nous le dirons après, mais dont notre réunion sera toujours le centre ou le noyau. Les journaux, papiers, instruments de météorologie ou d'autres objets qui nous appartiennent en commun, [286] seront déposés dans ce cabinet sous la garde d'une personne de confiance étrangère à la société, qui recevra les abonnés et mettra à leur disposition tout ce qu'ils pourront demander.

Mais pour établir autant que possible une sorte d'équilibre ou d'égalité de jouissance entre les membres résidents à Bergerac et ceux qui, se trouvant plus ou moins éloignés de ce chef-lieu, ne peuvent y venir que rarement, je proposerai de faire deux ou trois classes d'abonnés et de proportionner les contributions de chacune aux jouissances qu'elle peut

[286] resteront

retirer de l'abonnement aux journaux ; c'est à la société qu'il appartient de régler cette contribution.

3°. Comme la stabilité et les avantages d'une société dépendent beaucoup du nombre et du choix de ceux qui y sont admis ou qui y prennent un intérêt actif, j'ai pensé qu'en formant le cabinet médical et littéraire dont il vient d'être parlé il serait utile sous plusieurs rapports d'accroître le nombre des abonnés en les choisissant de manière à donner à la société encore plus de latitude et de consistance, en suivant l'esprit et le but de votre institution primitive. Tous ceux qui cultivent quelque branche des connaissances
79 v° naturelles, | et surtout l'agriculture, l'art vétérinaire, l'économie rurale et domestique, ne vous sont point étrangers et il vous reste sans doute à faire encore des conquêtes précieuses dans une classe d'hommes modestes et retirés, qui, instruits par l'expérience plus que par les livres, sont peut-être d'autant plus propres à fournir des matériaux exacts à une science de faits, qu'ils sont observateurs plus désintéressés et plus froids, plus dénués de préjugés scientifiques et de tout l'étalage d'une érudition souvent trop vaine. Je proposerai de former d'après ces vues une nouvelle liste de correspondants et d'abonnés au cabinet médical et littéraire. Ce cabinet ainsi constitué recevra, avec deux journaux de médecine au plus, d'autres ouvrages périodiques consacrés à la littérature et aux arts, tels que le *Mercure de France,* le bulletin des sciences, les archives littéraires, et un journal politique.

4°. Des âmes élevées, telles que les vôtres, Messieurs, s'attachent surtout à une institution, par la conscience du bien qu'elle les met à portée de faire, pour les services qu'ils peuvent y rendre à la société, et surtout à cette classe d'infortunés qui languissent trop souvent dans le dénuement de tout secours, de toute consolation. J'ai pensé aussi que le moyen le plus sûr de vous rattacher à l'institution proposée serait de vous offrir la douce perspective d'actes de bienfaisance à y exercer, de malheureux à consoler, d'êtres souffrants à guérir. Pourquoi, d'après ces sentiments et ces vues, votre cabinet médical et littéraire ne deviendrait-il pas un cabinet de consultations gratuites où des malades indigents pourraient venir à certaines époques fixes, comme dans le temple d'Épidaure, implorer utilement tous les secours de l'art et trouver dans vos lumières réunies les moyens d'une guérison plus assurée ? |

NOTES DE L'ÉDITEUR

1. Allusion à HIPPOCRATE, *De Alimento liber*, dans *Opera omnia, nunc denuo Latina interpretatione et annotationibus illustratata, Anutio Foesio mediomatrico medico authore*, Genève, 1757, section IV, p. 381, l. 42-43 : « Confluxio una, conspiratio una, consententia omnia ».

2. L'idée de la composition de l'air est le résultat des travaux de Priestley, mais surtout de Lavoisier : cf. *Expériences sur la respiration des animaux et sur les changements qui arrivent à l'air en passant par les poumons* (1777), dans *Œuvres*, 6 vol., Paris, 1864-1893, t. II, p. 174-183. C'est également Lavoisier qui montre en 1785 que la respiration est une combustion et qu'elle « fournit du calorique » : cf. *Altérations qu'éprouve l'air respiré* (1785), *ibid.*, p. 676-687, et *Premier Mémoire sur la respiration des animaux* (1789), *ibid.*, p. 688-703.

3. Parmi les nombreux ouvrages consacrés à l'hydrologie médicale, citons seulement MACQUART, *Manuel sur les propriétés de l'eau, particulièrement dans l'art de guérir*, Paris, 1783 ; RAULIN, *Traité analytique des eaux minérales en général* [...], 2 vol., Paris, 1772-1774.

4. Aucune des éditions latines d'Hippocrate consultées ne donne exactement ce texte. *Hippocratis Opera vera et adscripta in tres classes divisa praefatus est Albertus de Haller*, 4 vol., Lausanne, 1769-1771, t. IV, p. 150 : « Judico autem de natura aliquid manifestuum ac evidens cognoscere, ex nulla parte aliunde contingere, quam ex Medicina ; atque hoc tunc condiscere possibile est, ubi quis ipsam Medicinam totam recte comprehenderit ». Littré traduit : « Je pense encore que c'est par la médecine seule qu'on arrivera à quelques connaissances positives sur la nature humaine, mais à condition d'embrasser la médecine même dans sa véritable généralité », *Œuvres complètes*, 10 vol., Paris, 1839-1861, t. I, p. 621.

5. Citation libre des *Préceptes*, 1, d'Hippocrate : « Le raisonnement est une sorte de mémoire synthétique de ce qui a été perçu par la sensibilité. La sensibilité, affectée d'abord et messagère des objets pour l'intelligence, a une claire représentation ; la raison, recevant souvent, observant par quoi, quand et de quelle façon, et mettant en réserve dans elle-même, se ressouvient », trad. Littré, t. 9, p. 251-253.

6. Citons quelques unes des études sur les perceptions obscures auxquelles Biran pouvait penser : J.B. MÉRIAN, « Mémoire sur l'aperception considérée relativement aux idées ou sur l'existence des idées dans l'âme », dans *Histoire de l'Académie Royale des Sciences et Belles-Lettres,* Berlin, 1751 ; L. de BEAUSOBRE, « Réflexions sur la nature et la nécessité des idées obscures », *ibid.,* 1768 ; L.F. ANCILLON, « Mémoire sur les pressentiments », *ibid.,* 1797 ; DORSCH, « Sur les perceptions obscures », *La Décade philosophique,* an VI, 1er et 11 octobre 1797 ; voir aussi GRIMAUD, *Mémoire sur la nutrition,* Montpellier, 1787, p. 167-168.

7. Cf. particulièrement Ch.-L. DUMAS, *Principes de physiologie,* 4 vol., Paris, 1800-1803, t. 2, p. 93-96.

8. J. Chr. REIL, *Exercitationum anatomicarum fasciculus primus de structura nervorum,* Halle, 1796, p. 28. Biran tire peut-être cette référence de DUMAS, *Principes de physiologie,* t. 2, p. 321, ou de BICHAT, *Anatomie générale,* 3 vol., Paris, 1801, t. I, p. 173 sq.

9. Cf. BICHAT, *Anatomie générale,* t. I, p. 168.

10. Il s'agit de l'Abbé de l'Épée. Mais l'exemple rapporté par Biran ne figure pas dans les œuvres que nous avons consultées.

11. Voir note 4.

12. Cet « exemple curieux », que Biran cite partout, est tiré de l'ouvrage de REY RÉGIS [CAZILLAC], *Histoire naturelle et raisonnée de l'âme,* 2 vol., Londres, 1789, t. I, p. 26-28 : « La vue actuelle de l'organe, ou du moins son idée, est d'un grand secours pour bien connaître la quantité d'efforts proportionnée aux mouvements que nous voulons faire, et pour savoir appliquer avec justesse cet effort au membre qu'il faut mouvoir. Le rapport juste du sentiment à la partie affectée en dépend aussi. Ayant vu un malade qui paraissait paralysé de la moitié du corps, après une attaque récente d'apoplexie, je fus curieux de savoir s'il lui restait quelque sentiment et quelque mouvement dans les parties affectées : pour cela je pris sa main sous la couverture de son lit ; je pliai et pressai fortement un de ses doigts, ce qui lui fit jeter un cri : en ayant fait autant à chaque doigt, il sentit chaque fois une douleur très vive ; mais il ne savait où la rapporter. Je mis ma main dans la sienne, et lui dis de me serrer : je sentis alors une légère compression de tous ses doigts à la fois : je le priai de me presser d'un tel doigt en particulier ; mais tous ses doigts agissaient en même temps. Il me dit qu'en voyant sa main, peut-être il s'en acquitterait mieux ; en effet dès qu'il l'aperçut, non seulement il fléchissait beaucoup mieux les doigts, mais il les pliait assez bien l'un sans l'autre. Ayant fait souvent, et pendant plusieurs jours les mêmes essais, et s'étant plusieurs fois fait serrer les doigts sous ses yeux, il parvint, quoiqu'on lui couvrît la main, à mouvoir parfaitement ses doigts l'un sans l'autre, et à rapporter la douleur justement au doigt pressé. Cette observation m'a fait soupçonner que, dans ces sortes de paralysies, l'âme perd la connaissance ou le souvenir de sa force motrice, de la proportion de son effort au mouvement requis ; elle oublie surtout la façon dont il faut appliquer son effort justement à l'organe qu'elle a en vue. Toutes ces connaissances dépendant sans doute d'un certain état du cerveau, se perdent par le changement que la maladie cause dans cet organe, et peut-être est-ce la principale cause de certaines paralysies ». Biran ne retient de ce fait que la liaison de la motricité et la sensibilité, et il omet le rôle de la vision pour suppléer (partiellement) à la déficience motrice.

13. BOERHAAVE, *Praelectiones academicae de morbis nervorum*, 2 vol., Lugduni Batavorum, 1761, t. II, p. 496-497 : « Sic sensim pervenimus ad distinctionem nervorum ; invenimus nervos oriundos a cerebro, qui sensui et motui inserviunt ; et nervos, oriundos a cerebello, qui nihil huc faciunt. Si poneremus, omnia puncta sentientia in corpore humano manere, sed non sentientia aboleri, tunc tolleretur cor, et quicquid distribuitur ex corde non faciens ad sensum vel motum arbitrarium ; in hepate nil maneret nisi membrana sentiens : verbo, tunc haberetur imago totius hominis, demtis omnibus liquidis et partibus non sentientibus. Ergo homo est duplex in humanitate, simplex in vitalitate ». « Nous sommes ainsi parvenus progressivement à distinguer les nerfs ; nous avons trouvé que des nerfs, servant à la sensation et au mouvement, sont issus du cerveau ; et que d'autres, ne servant à rien de tel, ont leur origine dans le cervelet. Supposons que l'on conserve tous les points sensibles du corps humain, mais que l'on ôte tous ceux qui sont insensibles : le cœur serait alors supprimé, et tout ce qui dépend du cœur sans contribuer à la sensation ni au mouvement volontaire ; rien dans le foie ne subsisterait, si ce n'est la membrane sensible ; en somme, on aurait alors une image de l'homme dans son intégrité, sans les liquides ni les parties insensibles. Donc l'homme est double dans l'humanité, simple dans la vitalité ».

14. BOERHAAVE, *ibid.*, t. II, p. 510.

15. BICHAT, *Anatomie générale*, t. I, p. 115 : « Tous les anatomistes ont considéré jusqu'ici le système nerveux d'une manière uniforme ; mais pour peu qu'on réfléchisse aux formes, à la distribution, à la texture, aux propriétés et aux usages des branches diverses qui le composent, il est facile de voir qu'elles doivent être rapportées à deux systèmes généraux, essentiellement distincts l'un de l'autre, et ayant pour centres principaux, l'un le cerveau et ses dépendances, l'autre les ganglions ». L'exposé du système nerveux de la vie animale occupe les pages 115-212 ; celui de la vie organique, les pages 213-214. Il caractérise ainsi la différence des deux : « Aucun anatomiste n'a encore considéré le système nerveux des ganglions sous le point de vue sous lequel je vais le présenter. Ce point de vue consiste à envisager chaque ganglion comme un centre particulier, indépendant des autres par son action, fournissant ou recevant ses nerfs particuliers comme le cerveau fournit ou reçoit les siens, n'ayant rien de commun, que par les anastomoses, avec les autres organes analogues ; en sorte qu'il y a cette remarquable différence entre le système nerveux de la vie animale et celui de la vie organique, que le premier est à centre unique, que c'est au cerveau qu'arrive toute espèce de sentiment, et que c'est de lui que part toute espèce de mouvement ; tandis que dans le second il y a autant de petits centres particuliers, et par conséquent de petits systèmes nerveux secondaires, qu'il y a de ganglions » (p. 213).

16. Cf. par exemple BORDEU, *Recherches anatomiques sur la position des glandes et sur leur action*, Paris, 1751, § CXXX, p. 488 : « Quelle attention ne faudrait-il pas faire encore à ces grands nerfs comme *multiples* qu'on appelle sympathiques, et qui font une classe à part avec leurs ganglions, qu'on a regardé, avec raison, comme de petits cerveaux, et qui sont peut-être les principaux acteurs dans les départements des organes, et dans leurs actions périodiques, et qui enfin servent à expliquer des phénomènes dont nous avons parlé ailleurs (§ CXXIX), sur ce qui regarde l'action singulière du bas-ventre ». Mais Bordeu préfère l'image du « polype » pour qualifier le système nerveux : cf. *Recherches sur les maladies chroniques*, Paris, 1775, p. 85.

17. Biran, à cette date, ne pouvait connaître de Grimaud que son *Mémoire sur la nutrition*, où, en effet, le physiologiste divise les fonctions de l'organisme vivant en

deux classes, les intérieures qui « s'achèvent dans l'intérieur même de l'être vivant » (p. 2) et les extérieures ; il appelle « sensations animales » celles « que nous devons à l'exercice des sens extérieurs » (p. 21). Mais des copies manuscrites de son *Cours complet de physiologie* circulaient fréquemment à cette époque (le détail est fourni par BICHAT, *Anatomie générale*, t. I, p. C-CI, qui expose cette division en regrettant qu'elle ne joue pas le rôle d'un principe général).

18. Voir note 29.

19. Citation approximative de MONTAIGNE, *Essais*, livre I, chap. XXI, éd. F. Strowski, Hildesheim-New-York, Georg Olms Verlag, 1981, p. 128 (nous modernisons l'orthographe) : « Car je vous donne à penser, s'il y a une seule des parties de notre corps qui ne refuse à notre volonté souvent son opération, et qui souvent ne l'exerce contre notre volonté. Elles ont chacune des passions propres, qui les éveillent et endorment sans notre congé ».

20. « Il vit et ne sait pas qu'il vit », OVIDE, *Tristes*, livre 1er, poème III, v. 12.

21. GALIEN, *De locis affectis*, liv. VI, ch. VI, dans *Opera omnia*, éd. Kuhn, 22 vol., Lipsiae, 1821-1833, t. VIII (1824), p. 443. L'anecdote est rapportée par BARTHEZ, *Nouveaux Éléments de la science de l'homme*, Paris, 1778, p. 39, et par CABANIS, *Rapports du physique et du moral de l'homme*, II, § V, éd. Cl. Lehec et J. Cazeneuve, 2 vol., Paris, PUF, 1956, t. I, p. 184.

22. VOLTAIRE, *Essai sur les mœurs et l'esprit des nations et sur les principaux faits de l'histoire*, éd. Moland, Paris, Garnier, 1877-1885, t. II (1878), chap. CLXIX, p. 495.

23. GALIEN, *De Praenotione*, dans *Opera omnia*, t. XIV, p. 666-667.

24. J.H. MEISTER, *Études sur l'homme*, Paris, an XIII-1804, ch. XXVII : *De la faculté de présager ou de la présagition* ; l'exemple cité par Biran est rapporté p. 180-181.

25. STAHL, *Theoria medica vera*, Halle, 1708, *Physiologia*, sectio V : *De Sensui*, p. 283 : « Adeoque *sensoriis* organis vere *active excubia* agere, quibus non solum irruentes, sed passim etiam *ingruentes* imo *impendentes*, res, nondum actu nocentes, (ne dum universum *effectum* noxium earumdem) sed nocendi solum compotes, *mature* agnoscat, et *motibus* convenientibus ; illas a corpore arceat aut corpus ab illis subducat ». T. Blondin traduit ainsi : « Par conséquent, l'âme doit exercer continuellement une *active surveillance* à l'aide des organes *sensoriaux*, non seulement afin de reconnaître par leur moyen les choses qui *frappent* déjà les sens, même celles qui sont *imminentes* et menacent de devenir nuisibles sans avoir produit encore leurs funestes *effets*, mais encore afin de bien reconnaître de bonne heure celles qui sont réellement capables de nuire, pour les éloigner du corps à l'aide de mouvements convenables, ou pour mettre ce corps à l'abri de toute fâcheuse atteinte » (*Œuvres médico-philosophiques et pratiques de G.E. Stahl*, 6 vol., Paris, 1860-1864, t. III (1860), p. 418).

26. CABANIS, *Rapports du physique et du moral*, Xe mémoire, *De la sympathie*, § II, t. I, p. 565 sq.

27. Le « philosophe » que Biran se plaît souvent à citer est sans doute ici L. de La Caze. Cf. *Idée de l'Homme physique et moral*, Paris, 1755, p. 422 sq.

28. Cf. D.-A. CHAVANNES, *Exposé de la méthode élémentaire de H. Pestalozzi* [...], Paris, an XIII-1805 : « *le corps humain*, de tous les objets qui peuvent frapper l'attention de l'enfant celui qui se présente le plus naturellement et dont l'observation peut d'ailleurs être le plus aisément répétée [...], l'enfant apprend à indiquer et à nommer les diverses parties de son corps » (p. 16).

29. Hartley dit seulement que « les objets extérieurs agissant sur les sens occasionnent premièrement dans les nerfs sur lesquels ils sont imprimés, secondement dans le cerveau, des vibrations des particules médullaires infiniment petites, et que l'on pourra nommer, si l'on veut, infinitésimales », *Explication physique des sens, des idées, et des mouvements, tant volontaires qu'involontaires*, trad. Jurain, 2 vol., Reims, 1755, t. I, p. 17. Bonnet admet autant de fibres que de couleurs ou d'odeurs : cf. *Essai de psychologie*, chap. XXVI, *Œuvres* [...], 8 vol., Neuchâtel, 1779-1783, t. VIII, p. 42, et surtout *Essai analytique*, chap. VIII, *Œuvres*, t. VI, p. 36-39 : « Ainsi nous sommes conduits à admettre qu'il est dans chaque sens des fibres appropriées aux diverses *espèces* de sensations que le sens peut exciter dans l'âme ; qu'il y a, par exemple, dans l'organe de l'odorat, des fibres appropriées au jeu des corpuscules qui émanent de la rose, d'autres au jeu des corpuscules de l'œillet ».

30. Le double fondement de la théorie de Hartley est en effet la doctrine des vibrations et celle de l'association des idées : « Mon principal dessein dans ce Chapitre est d'exposer, d'établir et d'appliquer la doctrine des vibrations et celle de l'association des idées, de la manière la plus claire et la plus courte qu'il me sera possible.
La première de ces théories est tirée des pensées de M. Newton [...]. La dernière est tirée des éclaircissements que M. Locke, et d'autres savants depuis lui, ont donnés touchant l'influence de l'association sur nos opinions et nos affections, et touchant son usage pour expliquer exactement et avec précision, ce que l'on rapporte communément au pouvoir de l'habitude et de la coutume en général », *op. cit.*, t. I, p. 8.

31. Cf. cette déclaration de Bonnet dans la *Préface* de l'*Essai analytique* : « J'ai mis dans mon livre beaucoup de Physique, et assez de Métaphysique ; mais en vérité, ne pourrai-je dire de l'Ame considérée en elle-même ? nous la connaissons si peu ! L'homme est un être *mixte ;* il n'a des idées que par l'intervention des sens, et ses notions les plus arbitraires dérivent encore des sens. C'est sur son corps et par son corps que l'âme agit. Il faut donc toujours en revenir au physique comme à la première origine de tout ce que l'Ame éprouve », *Œuvres*, t. VI, p. XV-XVI.

32. Rappelons la doctrine de Gall à ce sujet, telle qu'elle est exposée par ADELON, *Analyse d'un cours du docteur Gall*, Paris, 1808 : « Ainsi donc la perception, le souvenir, la mémoire, le jugement et l'imagination, regardés jusqu'alors comme des qualités fondamentales de l'esprit, sont des qualités générales communes à chaque faculté spéciale, et qui seraient aussi bien connues par l'étude de l'animal le plus simple, que par celle de l'homme » (p. 187). La liste des facultés spéciales est donnée *ibid.*, p. 89 sq. ; elle comprend l'amour physique, l'amour pour les enfants, l'éducabilité, la connaissance des lieux, la peinture, la musique, les mathématiques, la mémoire des mots, la mécanique, l'attachement amical, la rixe, le meurtre, la ruse, le vol, la fierté, l'ambition (ou vanité), la circonspection, la bonté, la sagacité comparative, la sagacité métaphysique, l'esprit de saillie, la poésie, la pantomime, la fermeté, la théosophie et la morale. Voir aussi note 80.

33. DESCARTES, *L'Homme*, A.T., XI, 143, 176-177; *A Meyssonnier*, 29 janvier 1640, A.T., III, 19-20; *Traité des Passions*, art. 31-32, A.T., XI, 352-353.

34. LA PEYRONIE, « Observations par lesquelles on tâche de découvrir la partie du cerveau où l'âme exerce ses fonctions », *Histoire de l'Académie royale des Sciences*, Paris, 1741 ; ce mémoire est repris dans HARTLEY, *Explication physique des sens...*, trad. Jurain, t. II, p. 434-474. G.M. LANCISI, « De sede cogitantis animae », dans F.B. FANTONI, *Observationes anatomico-medicae*, Venetiis, 1713.

35. Biran pense-t-il à Lorry, qui faisait de la moelle allongée le siège du mouvement et du sentiment ? Cf. « Sur les mouvements du cerveau. Second Mémoire », *Mémoires de mathématique et de physique présentés à l'Académie royale des sciences*, Paris, 1760, t. III, p. 344-378.

36. C'est Bonnet qui rapporte ce fragment de lettre de Haller : cf. *Essai analytique*, *Œuvres*, t. VI, p. 14, en note.

37. BONNET, *Essai de psychologie*, chap. XXI, *Œuvres*, t. VIII, p. 33 : « En général les nerfs sont tous de la même nature. Ils tirent tous leur origine du cerveau ». L'*Essai analytique* (chap. V) confirme cette origine, mais refuse de décider si le corps calleux est bien « l'organe immédiat du sentiment », *Œuvres*, t. VI, p. 13. Haller place dans les « conjecturae » (sectio VIII) la question du siège de l'âme (§ XXIII) : *Elementa physiologiae corporis humani*, 8 vol., Lausanne, 1757-1766, t. 4 (1766), p. 392 sq.

38. Hartley : la « substance médullaire du cerveau » est « l'instrument immédiat par lequel les idées sont présentées à l'esprit » (*op. cit.*, t. I, p. 12). Pour la détermination exacte du siège de l'âme, il se range à l'avis de La Peyronie (*ibid.*, p. 13). Bonnet : « Le siège de l'âme est une petite machine prodigieusement composée et pourtant fort simple dans sa composition. C'est un abrégé très complet de tout le genre nerveux, une *Neurologie* en miniature. », *Essai de psychologie*, *Œuvres*, t. VIII, p. 8.

39. Biran traduit « corpora striata » par « corps cannelé », là où nous disons « corps striés ». WILLIS, *De Anima brutorum*, chap. IV : *De Anima brutorum partibus sive membris*, *Opera omnia*, 2 vol., Lyon, 1681, t. II, p. 48 : « ... Quamprimum igitur brutis perfectioribus cerebrum clarescit, et spirituum animalium systasis satis lucida et defaecata evadit, objecta exteriora sensuum organis illata impressiones faciunt ; quae exinde pro continuata spirituum animalium serie, sive diataxi, introrsum versus corpora striata transmissae, sensorium commune afficiunt, cumque ejusdem sensibilis impulsus, velut aquarum undulatio, inde ulterius in corpus callosum, et illinc in cerebri corticem trajicitur, circa rei speciem sensu admissam perceptio infertur, cui statim imaginatio succedit, ejusque typi relicta vestigia memoriam constituunt ». « ... Dès que chez les animaux supérieurs, le cerveau s'éclaire et que la composition des esprits animaux devient assez lumineuse et nette, les objets extérieurs en contact avec les organes des sens produisent des impressions ; celles-ci, transportées à l'intérieur vers les corps striés, par une série continue ou une succession ordonnée d'esprits animaux, affectent le *sensorium commune* (le sens commun) ; et lorsque l'impression de quelque sensible, comme une ondulation des eaux, passe de là plus avant dans le corps calleux et de là dans le cortex cérébral, une perception est suscitée touchant l'espèce de l'objet reçue par le sens, à laquelle succède aussitôt l'imagination, et les traces laissées comme par un caractère d'imprimerie forment la mémoire. » Traduction de G. CANGUILHEM, *La Formation du concept de réflexe aux XVII*e *et XVIII*e *siècles*, Paris, 1955, p. 189.

40. CUVIER, *Rapport sur un mémoire de MM. Gall et Spurzheim relatif à l'anatomie du cerveau,* Paris, 1808, p. 6-7.

41. CUVIER, *op. cit.,* p. 4-5 : « Sans doute, on ne devrait pas s'attendre à trouver une explication physiologique de l'action du cerveau dans la vie animale, comparable à celle de l'action des autres viscères.

Dans ces derniers, les causes et les effets sont de même nature ; quand le cœur fait circuler le sang, c'est un mouvement qui produit un autre mouvement ; quand l'estomac réduit les aliments en chyle, c'est le calorique, c'est l'humidité, c'est le suc gastrique, c'est la compression lente de ses parois qui réunissent leur action pour opérer à la fois une dissolution et une trituration plus ou moins fortes, selon l'espèce de l'animal et la nature de ses aliments ».

42. Maine de Biran pense certainement à la phrase de Cabanis : « Nous concluons [...] que le cerveau digère en quelque sorte les impressions ; qu'il fait organiquement la sécrétion de la pensée », *Rapports du physique et du moral,* IIe mémoire, § VII, t. I, p. 196.

43. Cf. C.H.E. BISCHOFF, *Exposition de la doctrine de Gall sur le cerveau et le crâne,* trad. fr. Barbeguière, Berlin, 1806, p. 53-54 : « Pour fixer au crâne les endroits qui correspondent aux différents organes des facultés et les penchants de l'âme situés dans le cerveau, et que nous nommerons désormais '*Organes*' *(Continens pro contento),* Gall, comme dans toutes ses recherches, n'est parti que de l'observation pure et simple [...] ».

44. Pour un exposé de la « doctrine du crâne et des organes » de Gall, cf. BISCHOFF, *op. cit.,* p. 21 sq.

45. La comparaison avec Lavater est fréquente. Cf. par exemple F.-J. DOUBLE, « Exposition raisonnée du système cranologique du docteur Gall », *Journal général de médecine, de chirurgie, de pharmacie, ou Recueil périodique de la Société de Médecine de Paris,* Paris, t. XXVII, 1806, p. 214. Biran pouvait connaître, dans une traduction française, LAVATER, *Essai sur la physiognomonie destiné à faire connaître l'homme et à le faire aimer,* 4 vol., La Haye, 1781-1803.

46 Voir, *Dissertation physique de Mr. Pierre Camper, sur les différences réelles que représentent les traits du visage chez les hommes de différents pays et de différents âges* [...], Utrecht, 1791, première partie.

47. Le principe de la classification des espèces d'aliénation mentale réside bien, selon Pinel, dans la division des facultés psychologiques. Cf. *Traité médico-philosophique sur l'aliénation mentale ou la manie,* Paris, an IX, p. L-LI : « Veut-on tracer et décrire les phénomènes de l'aliénation mentale, c'est-à-dire d'une lésion quelconque dans les facultés intellectuelles et affectives, on ne voit que confusion et désordre, on ne saisit que des traits fugitifs [...], si on ne part comme d'un terme fixe de l'analyse des fonctions de l'entendement humain » ; cf. aussi p. 136.

48. Cf. PINEL, *Nosographie philosophique,* 2 vol., Paris, an VI, classe quatrième, ordre III, § LIV, t. II, p. 88-89.

49. Biran connait Kant à travers les ouvrages de Ch. VILLERS, *Philosophie de Kant ou principes fondamentaux de la philosophie transcendantale,* Metz, 1801,

et de J. KINKER, *Essai d'une exposition succincte de la Critique de la raison pure,* Amsterdam, 1801. Cf. aussi la « Notice sur la philosophie et les ouvrages de M. Kant [...] », *de Magasin encyclopédique,* 2e année, an IV, t. III ; et surtout *Le Conservateur* de F. de Neufchâteau, 2 vol., Paris 1800 où figurent notamment une « Notice littéraire sur M. Kant et sur l'état de la métaphysique en Allemagne au moment où ce philosophe a commencé d'y faire sensation », par Villers (t. II, p. 29-57), et des « Éclaircissements sur la théorie de la religion et la philosophie de Kant », signés Ph. Huldiger (t. II, p. 175-226). Cf. J. FERRARI, « L'Œuvre de Kant en France dans les dernières années du XVIIIe siècle », *Études philosophiques,* nº 4, 1981, p. 399-411.

50. Cf. par exemple BISCHOFF, *op. cit.,* p. 44-45.

51. Il n'y a pas selon Gall d'« organes dans le cerveau affectés aux passions », comme croit Biran. « On a en général des idées fausses sur les passions, et cependant c'est plus simple qu'on ne croit. Ce qu'on appelle *penchant, désir, appétit, passions,* etc. ne sont que des degrés d'exercice d'une même faculté, et résultent aussi du plus ou du moins de développement et d'exaltation des organes. » ADELON, *op. cit.,* p. 187-188. Cf. aussi J.-B. DEMANGEON, *Physiologie intellectuelle ou Développement de la doctrine du Professeur Gall sur le cerveau et ses fonctions,* Paris, 1806, p. 159.

51. ADELON, *op. cit.,* p. 218-221 : « On a cru longtemps et beaucoup de personnes croient encore, que le cerveau est l'origine commune de tous les nerfs ; que de lui dérive tout le système nerveux. [...] Mais c'est une assertion dont beaucoup de faits vont démontrer la fausseté. [...] Toutes ces considérations obligent à rejeter cette idée d'une origine commune pour tout le système nerveux assignée dans le cerveau ; elles forcent à regarder le système sensitif comme un assemblage de plusieurs systèmes indépendants les uns des autres, quoique tous unis par des filaments ; [...] la nature a autant multiplié les systèmes nerveux qu'elle a créé de fonctions et de qualités diverses ».

53. Cf. note 15.

54. Les images de l'*arbre* et du *réseau* sont chez CUVIER, *op. cit.,* p. 12. Mais celui-ci note que c'est aussi l'opinion de « beaucoup de physiologistes » contemporains. Aussi se trouve-t-il d'accord avec Gall et Spurzheim sur l'idée générale qu'ils se font du système nerveux.

Elles sont aussi, mais avec un choix inverse, chez FRIEDLÄNDER, « Exposition du système craniologique de M. Gall », *Journal de Physique, de chimie, d'histoire naturelle et des arts,* Paris, mars 1806, t. LXII, p. 228 : « On peut envisager l'ensemble du système nerveux avec quelques restrictions, comme un arbre dont le feuillage, ou les filets nerveux, s'étend jusqu'à la peau », et dans la *Cranologie ou découvertes nouvelles du Docteur F.J. Gall concernant le cerveau, les crânes et les organes,* Paris, 1807, p. 23.

55. Biran suit l'exposé de la doctrine de Gall par CUVIER, *op. cit.,* p. 14-15 : « Les nerfs nommés communément cérébraux, et qui sortent de dessous l'encéphale et principalement de la moelle allongée, ne viennent pas plus du cerveau que les autres ; au contraire, lorsqu'on suit séparément les racines de chacun d'eux dans l'épaisseur de la moelle allongée, on voit qu'ils remontent de la moelle vers le point où ils se montrent au dehors, et qu'ils ne descendent point du cerveau pour traverser la moelle ».

Cf. aussi J.-B. DEMANGEON, *Physiologie intellectuelle,* Paris, 1806, p. 331 : « Il était donc plus naturel et plus raisonnable de placer dans les nerfs, comme premiers et d'abord seuls existants, l'origine de la moelle épinière et celle du cerveau, en considérant celui-ci comme un épanouissement ou comme une efflorescence de celle-là, qui est le vrai centre du système nerveux ».

56. Cf. ADELON, *op. cit.,* p. 221-223 : « La moelle épinière, dans les invertébrés est un filament blanc qui s'étend d'une extrémité du corps à l'autre ; il offre d'espace en espace des renflements, desquels partent des nerfs pour les divers organes. Chacun de ces renflements forme un système nerveux indépendant des autres, et communiquant seulement avec les deux qui l'avoisinent supérieurement et inférieurement ; ce sont ces branches communiquantes qui semblent faire de la moelle épinière un organe unique, tandis qu'elle n'est réellement qu'un assemblage de plusieurs systèmes nerveux différents. » « Il y a donc autant de systèmes nerveux que de renflements, et chaque renflement est un centre d'origine pour de nouveaux nerfs. Tous ces renflements sont des amas de cette substance grise, productrice, nourricière, *matrice* des nerfs ». CUVIER, *op. cit.,* p. 17 estime aussi que c'est là « le caractère essentiel de la doctrine anatomique de MM. Gall et Spurzheim ; c'est que chaque paire de nerfs forme un système particulier ; que tous ces systèmes communiquent ensemble et se réunissent dans le grand cordon de la moelle allongée et épinière ; et enfin, que le cerveau et le cervelet, loin d'être l'origine, la source de ce cordon, en sont au contraire un appendice, une espèce de *diverticulum* réservé pour certaines fonctions, mais qui éprouve une influence de toutes les parties du cordon, et qui en exerce une sur elles par leurs communications ».

57. « L'analogie des ganglions spinaux et de ceux qui sont épars dans le système nerveux de la vie organique, avec les portions de matière grise affectées aux origines primitives des diverses paires de nerfs » est ce qui paraît à Cuvier hautement conjectural (*op. cit.,* p. 46).

58. Cf. BISCHOFF, *op. cit.,* p. 66, qui rapporte une objection de Moreau de la Sarthe : « Mr. Gall nous paraît avoir commis une autre erreur, faisant dépendre du cerveau tout ce qui tient à l'instinct, aux appétits et aux affections morales ».

59. Cf. BISCHOFF, *op. cit.,* p. 70 : « Tout ce que l'on possède aujourd'hui de connaissance en physiologie est encore plus opposé à l'idée de rapporter à une division du cerveau la faculté *procréatrice* et l'on sent très bien que chez les individus privés complètement des organes de cette faculté longtemps avant l'époque de la puberté, les flammes d'amour ne s'allument point ».

60. BICHAT, *Recherches physiologiques sur la vie et la mort* (1800), éd. annotée par Magendie (1885), Paris, Vrin, 1981, 1re partie, art. VI, § 1 : « on peut considérer le cerveau, organe central de la vie animale, comme centre de tout ce qui a rapport à l'intelligence et à l'entendement » ; p. 17, § II : « les organes de la vie interne en [des passions] sont le siège unique. [...] Je dis d'abord que l'effet de toute espèce de passion, constamment étranger à la vie animale, est de faire naître un changement, une altération quelconque dans la vie organique », *ibid.*

61. CABANIS, *Rapports du physique et du moral,* IVe mémoire, § VII, p. 257 : « Alors, toutes les affections aimantes se transforment si facilement en religion, en culte ! On adore les puissances invisibles, comme sa maîtresse ; peut-être uniquement parce qu'on adore, ou qu'on a besoin d'adorer une maîtresse ».

62. Voir note 13.

63. Ce paragraphe est une citation de BICHAT, *Recherches physiologiques sur la vie et la mort*, 1e partie, art. VI, § IV, p. 24.

64. BUFFON, *De l'Homme, Des sens en général*, éd. J. Piveteau, Paris, PUF, 1954, p. 312 : « Tout fut effacé, tout disparut, la trace de mes pensées fut interrompue, je perdis le sentiment de mon existence : ce sommeil fut profond, mais je ne sais s'il fut de longue durée, n'ayant point encore l'idée du temps et ne pouvant le mesurer ; mon réveil ne fut qu'une seconde naissance, et je sentis seulement que j'avais cessé d'être.
Cet anéantissement que je venais d'éprouver, me donna quelque idée de crainte, et me fit sentir que je ne devais pas exister toujours.
J'eus une autre inquiétude, je ne savais si je n'avais pas laissé dans le sommeil quelque partie de mon être, j'essayai mes sens, je cherchai à me reconnaître ».

65. Biran résume BICHAT, *Recherches physiologiques sur la vie et la mort*, art. IV, § III, p. 12.

66. BARTHEZ, *Nouveaux éléments de la science de l'homme*, 2e éd., 2 vol., Paris, 1806, t. II, chap. XII.

67. CABANIS, *Rapports du physique et du moral*, Xe mémoire, *Du Sommeil et du délire*, t. I, p. 578-588.

68. BARTHEZ, *Nouveaux éléments de la science de l'homme*, 2e éd., t. II, p. 147-148.

69. Les expériences de Bichat sur la contractilité animale dans les muscles de la vie animale sont exposées dans l'*Anatomie générale appliquée à la physiologie et à la médecine*, t. III, p. 278-282 ; celles relatives à la « contractilité animale » de la vie organique, *ibid.*, p. 356-365.

70. Cl. PERRAULT, *Essais de physique, Du Bruit*, 3e partie, chap. III, dans *Œuvres diverses de physique et de mathématique*, 2 vol., Amsterdam, 1727, t. I, p. 271. Le fait est cité par BARTHEZ, *Nouveaux éléments de la science de l'homme* (1re éd.), p. 47-48, et par Cabanis, « Note sur l'opinion de MM. Œlsner et Sœmmering, et du citoyen Sue, touchant le supplice de la guillotine » (1795), t. II, p. 495.

71. L'observation d'Addison (*Spectator*, n° 487) est citée par D. STEWART, *Éléments de la philosophie de l'esprit humain*, trad. P. Prévost, 2 vol., Genève, 1808, t. II, p. 102.

72. « Qui rompe les lois du destin » : le même passage de Lucrèce est cité par J.B. MÉRIAN, *Seconde Dissertation ontologique sur l'action, la puissance et la liberté* (1750) dans *Histoire de l'Académie Royale des Sciences et Belles-Lettres*, Berlin, 1752, p. 496. Cf. LUCRÈCE, *De Natura rerum*, II, v. 254.

73. D. STEWART, *Éléments de la philosophie de l'esprit humain*, première partie, chap. II, t. I, p. 162-163.

74. PINEL, *Traité médico-philosophique sur l'aliénation mentale ou la manie ;* voir surtout : « Plan général de l'ouvrage » (p. 1-6), et section II : « Traitement moral

des aliénés » (p. 48-105). P.-A. PROST, *Essai physiologique sur la folie* [...], Paris, 1807.

75. Il s'agit de Charles Lullin, aïeul maternel de Bonnet. L'anecdote est rapportée par celui-ci dans l'*Essai analytique*, chap. XXIII, *Œuvres*, t. VI, p. 316-317.

76. CABANIS, *Rapports du physique et du moral*, Xe mémoire, *Du Sommeil en particulier*, § V, t. I, p. 597, notes 1 et 2.

77. *Encyclopédie ou Dictionnaire raisonné des sciences, des arts et des métiers*, article « Somnambulisme », t. 15, p. 341. [SIGAUD de la FOND], *Dictionnaire des Merveilles de la Nature*, Paris, 1771, t. 2, p. 328-343.

78. Biran renvoie ici à un *Cours de physiologie et d'anatomie du cerveau, par le docteur Gall*, paru dans la *Gazette de France*, les 21 janvier 1808 — 23 janvier 1808 — 27 janvier 1808 — 29 janvier 1808 — 1e février 1808 — 4 février 1808 — 7 février 1808 — 9 février 1808 — 10 février 1808 — 14 février 1808 — 16 février 1808 — 19 février 1808 — 21 février 1808 — 23 février 1808. L'extrait qu'il cite date en fait du 9 février ; en voici le texte exact : « [...] dans la physiologie philosophique, par exemple, tous les sens se réduisent à une sensation ; mais c'est une notion générale qui ne donne aucune notion de chaque sens ; et il faut absolument descendre dans l'intérieur des appareils différents qui les produisent, pour arriver à l'appréciation de leurs différences. Ce sont les qualités spéciales qui isolent les corps, ce sont elles qui isolent les facultés et conséquemment les organes qui les produisent.

Cela posé, M. Gall a reproché aux philosophes d'avoir pris des qualités générales pour sujet de leurs recherches et d'avoir négligé les facultés spéciales. Il dit même avoir, dans le principe, partagé leurs erreurs, et avoir cherché aussi un siège différent pour les facultés intellectuelles et les penchants, ainsi que des organes particuliers pour la perception, la mémoire, le jugement, l'imagination, l'instinct, l'entendement, les affections de l'âme, etc. Ce n'est que lorsqu'il vit tous ses efforts infructueux, qu'il arriva à une nouvelle philosophie sur tous ces actes moraux.

D'abord M. Gall croit inutile d'admettre dans le cerveau deux sièges différents pour les facultés intellectuelles et les penchants ; un même organe suffit, selon qu'il est plus ou moins développé ; la faculté intellectuelle et le penchant ne sont que la même qualité différemment modifiée ; elle n'est que faculté intellectuelle si l'organe qui la produit est peu développé ; elle est penchant, s'il l'est beaucoup. La faculté de musique, par exemple, pour être produite, a besoin d'un organe par lequel nous pouvons apprécier les rapports des tons ; si cet organe est peu développé, cette faculté est froide en quelque sorte, et se restreint à l'entendement de ces rapports ; mais s'il est très developpé, elle est active, se répète souvent et avec plaisir, et forme un penchant, une passion.

C'est aussi au plus ou moins de développement d'un organe que M. Gall attribue la perception, la mémoire, le jugement et l'imagination ; ces actes moraux ne sont, selon lui, que des degrés d'exercice d'une même faculté ; ce sont des qualités générales propres à toutes les facultés spéciales ».

79. Pour Bonnet et Haller, voir notes 35 et 36. Cf. aussi V. MALACARNE, *Della vera Struttura del Cerveletto Umano*, Torino, 1776. Il est probable que Biran connaît Malacarne de seconde main.

80. La citation est extraite de *Cranologie* [...], p. 194-195 : « Selon [Gall], tous les organes des facultés intellectuelles pris en masse constituent la totalité du cerveau ; et

il a prouvé que celui-ci a sa source dans la moelle allongée. Les faisceaux nerveux encore faibles, et se fortifiant progressivement, forment enfin la membrane nerveuse des hémisphères. Cette membrane entourée de toutes parts de la substance corticale est plissée et présente les circonvolutions, ainsi que la surface supérieure du cerveau. Par conséquent, le cerveau est le siège de tous les organes. Ceux-ci ne se présentent à la surface du cerveau et du crâne (sans avoir là leur siège), qu'autant que les extrémités ou quelques sections de la membrane cérébrale (quelques organes) sont couchées sur la surface externe du cerveau, touchent la surface interne du crâne, et produisent par là des changements à la surface extérieure. Par exemple, l'organe de la vue n'a pas son siège seulement dans l'œil, celui de l'odorat dans le nez ; le siège de ces organes, comme de tous les autres, s'étend depuis leur origine jusqu'à la place où ils se terminent. [...] Mais il y a aussi des circonvolutions et des extrémités d'organes qui ne touchent pas au plan du crâne [...] Ces organes ne peuvent être reconnus que par des dissections nombreuses et très soignées du cerveau, et surtout par l'anatomie comparée, appliquée à la propriété de ce viscère ».

BIBLIOGRAPHIE

ACKERMANN (J.-F.) *Die Gall'sche Hirnschedel und Organenlehere von Gesischtpunkte der Erfahrung und wider legt*, Heidelberg, 1806.

ADELON (N.-P.) *Analyse d'un cours du Dr. Gall ou physiologie et anatomie du cerveau d'après son système*, Paris, 1808.

ANCILLON(L.-F.) « Mémoire sur les pressentiments », dans *Histoire de l'Académie Royale des Sciences et Belles-Lettres*, Berlin, 1797.

BARTHEZ(P.-J.) *Nouveaux Éléments de la science de l'homme*, Montpellier, 1778; 2e éd., 2 vol., Paris, 1806.

BEAUSOBRE (L. de) « Réflexions sur la nature et la nécessité des idées obscures », dans *Histoire de l'Académie Royale des Sciences et Belles-Lettres*, Berlin, 1768.

BICHAT (X.) *Anatomie générale appliquée à la physiologie et à la médecine*, 3 vol., *Paris, 1801.*

– *Recherches physiologiques sur la vie et la mort* (1800), éd. annotée par Magendie (1855), rééd., Paris, Vrin, 1981.

BISCHOFF (C.-H.-E.) *Exposition de la doctrine de Gall sur le cerveau et le crâne*, trad. fr. Barbeguière, Berlin, 1806.

BOERHAAVE (H.) *Praelectiones academicae de morbis nervorum*, 2 vol., Lugduni Batavorum, 1761.

BONNET (Ch.) *Œuvres d'histoire naturelle et de philosophie*, 8 vol., Neuchâtel, 1779-1783.

BORDEU (Th.) *Recherches anatomiques sur la position des glandes et sur leur action*, Paris, 1751.

— *Recherches sur les maladies chroniques*, Paris, 1775.

BUFFON (G.-L. LECLERC de) *De l'Homme. Des sens en général*, éd. J. Piveteau, Paris, PUF, 1954. (*Corpus général des philosophes français*, XLI, 1.)

Bulletin du Département de la Dordogne: n° 74, 25 novembre 1807; n° 126, 23 novembre 1807.

CABANIS (P.-J.-G.) *Œuvres philosophiques*, éd. Cl. Lehec et J. Cazeneuve, 2 vol., Paris, 1956, (*Corpus général des philosophes français*, XLIV, 1.)

CAMPER (P.) *Dissertation physique de Mr. Pierre Camper, sur les différences réelles que présentent les traits du visage chez les hommes de différents pays et de différents âges* [...], Utrecht, 1791.

CANGUILHEM (G.) *La Formation du concept de réflexe aux XVIIe et XVIIIe siècles*, Paris, PUF, 1955.

CHAVANNES (D.-A.) *Exposé de la méthode élémentaire de H. Pestalozzi, suivi d'une Notice sur les travaux de cet homme célèbre, son Institut et ses principaux collaborateurs*, Paris, an XVIII-1805.

Cours de physiologie et d'anatomie du cerveau par le docteur Gall, dans *Gazette de France* (21 janvier au 23 février 1808).

Cranologie ou découvertes nouvelles du docteur F.-J. Gall concernant le cerveau, le crâne et les organes, Paris, 1807.

CUVIER (G.) *Rapport sur un mémoire de MM. Gall et Spurzheim relatif à l'anatomie du cerveau*, Paris, 1808.

DEMANGEON (J.-B.) *Physiologie intellectuelle ou Développement de la doctrine du professeur Gall sur le cerveau et ses fonctions*, Paris, 1806.

DESCARTES (R.) *Œuvres*, éd. Adam et Tannery, 11 t. en 13 vol., Paris, Vrin - CNRS, 1964-1974.

DORSCH « Sur les perceptions obscures », dans *la Décade philosophique*, an VI, 1er et 11 octobre 1797.

DOUBLE (F.-J.) « Exposition raisonnée du système cranologique du Docteur Gall », dans *Journal général de médecine, de chirurgie, de pharmacie, ou Recueil périodique de la Société de Médecine de Paris*, Paris, 1806.

DUMAS (Ch.-L.) *Principes de physiologie*, 4 vol., paris, 1800-1803.

Encyclopédie ou Dictionnaire raisonné des sciences, des arts et des métiers, art. « Somnambulisme », t. 13, Neufchâtel, 1765.

FANTONI (F.-B.) *Observationes anatomico-medicae*, Venetiis, 1713.

FERRARI (J.) « L'œuvre de Kant en France dans les dernières années du XVIIIe siècle », dans *Études philosophiques*, n° 4, 1981.

FRIEDLÄNDER « Exposition du système craniologique de M. Gall », dans *Journal de physique, de chimie, d'histoire naturelle et des arts*, Paris, mars 1806.

— *Cranologie ou découvertes nouvelles du docteur F.-J. Gall concernant le cerveau, les crânes et les organes*, Paris, 1807.

GALIEN (C.) *Claudii Galeni Opera omnia*, éd. Kuhn, 22 vol., Lipsiae, 1821-1833, t. VIII et XIV.

GALL (F.-J.) *Philosophisch-medizinische Untersuchungen über Natur und Kunst, in kranken und gesunden Zustande des Menschen*, Wien, 1792.

— *Meine Reise durch Deutschland*, s. l, 1806.

GALL et SPURZHEIM (G.), *Anatomie et Physiologie du système nerveux en général et du cerveau en particulier*, 4 vol., Paris, 1810-1819.

— *Sur les fonctions du cerveau et sur celles de chacune de ses parties*, 6 vol., Paris, 1825.

GRIMAUD *Mémoire sur la nutrition*, Montpellier, 1787.

HALLER (A. von) *Elementa physiologiae corporis humani*, 8 vol., Lausanne, 1757-1766, t. 4.

HARTLEY (D.) *Explication physique des sens, des idées, et des mouvements, tant volontaires qu'involontaires*, trad. Jurain, Reims, 1755.

HIPPOCRATE *De alimento liber*, dans *Opera omnia, nunc denuo Latina interpretatione et annotationibus illustrata, Anutio Foesio medio-matrico medico authore*, Genève, 1757, section IV.

Hippocratis Opera vera et adscripta in tres classes divisa praefatus est Albertus de Haller, 4 vol., Lausanne, 1769-1771, t. IV.

Œuvres complètes, trad. E. Littré, 10 vol., Paris, 1839-1861, t. 1 et 9.

HÜBNER (C.-F.) *Cœnesthesis*, Halle, 1794.

HULDIGER (Ph.) « Éclaircissements sur la théorie de la religion et la philosophie de Kant », dans *Le Conservateur* de F. de NEUFCHATEAU.

KEIL (A.) « Notice sur la philosophie et les ouvrages de M. Kant, professeur de philosophie à Königsberg », dans *Le Magasin encyclopédique*, 2e année, an IV (1796).

« État présent de la philosophie en Allemagne », dans *Le Magasin encyclopédique*, an V (1797).

KINKER (J.) *Essai d'une exposition succincte de la Critique de la raison pure*, Amsterdam, 1801 ; rééd. Bruxelles, Culture et Civilisation, 1968.

LA CAZE (L. de) *Idée de l'Homme physique et moral*, Paris, 1755.

LANCISI (G.-M.) « De sede cogitantis animae », dans FANTONI (F.-B.), *Observationes anatomico-medicae*, Venetiis, 1713.

LANTÉRI-LAURA (G.) *Histoire de la Phrénologie*, Paris, P.U.F., 1970.

LA PEYRONIE (F. de) « Observations par lesquelles on tâche de découvrir la partie du cerveau où l'âme exerce ses fonctions », dans *Histoire de l'Académie Royale des Sciences*, Paris, 1741.

LAVATER (J.-K.) *Essai sur la physiognomonie destiné à faire connaître l'homme et à le faire aimer*, 4 vol., La Haye, 1781-1803.

LAVOISIER (A. LAURENT de) *Œuvres de Lavoisier*, 6 vol., Paris, 1864-1893, t. II.

LEMAY (P.) *Maine de Biran et la Société médicale de Bergerac*, Paris, Vigot, 1936.

LORRY (A.-C.) « Sur les mouvements du cerveau. Second Mémoire » dans *Mémoires de mathématique et de physique présentés à l'Académie Royale des Sciences*, Paris, 1760.

LUCRECE *De Rerum natura*, éd. et trad. A. Ernoult, 2 vol., Paris, Les Belles Lettres, 1978, t. I.

MACQUART *Manuel sur les propriétés de l'eau, particulièrement dans l'art de guérir*, Paris, 1783.

MALACARNE (V.) *Della vera Struttura del Cerveletto Umano*, Torino, 1776.

MEISTER (J.-H.) *Études sur l'homme*, Paris, an XIII-1804.

MÉRIAN (J.-B.) « Mémoire sur l'aperception considérée relativement aux idées ou sur l'existence des idées dans l'âme », dans *Histoire de l'Académie Royale des Sciences et Belles-Lettres*, Berlin, 1751.

— *Seconde Dissertation ontologique sur l'action, la puissance et la liberté*, dans *Histoire de l'Académie Royale des Sciences et Belles-Lettres*, Berlin, 1752.

MONTAIGNE (M. de) *Essais*, éd. F. Strowski, 3 vol. ; rééd. Hildesheim-New York, Georg Olms Verlag, 1981.

NEUFCHATEAU (F. de) *Le Conservateur ou recueil de morceaux inédits d'histoire, de politique, de littérature et de philosophie*, Paris, 1800.

PERRAULT (Cl.) *Essais de physique. Du Bruit*, dans *Œuvres diverses de physique et de mathématique*, 2 vol., Amsterdam, 1727.

PINEL (Ph.) *Nosographie philosophique*, 2 vol., Paris, an VI.

— *Traité médico-philosophique sur l'aliénation mentale ou la manie*, Paris, an IX-1800 ; rééd. F. Azouvi, Genève, Paris, Slatkine, 1981.

PROST (P.-A.) *Essai physiologique sur la sensibilité*, Paris, 1805.

— *Coup d'œil physiologique sur la folie* [...]. *Second coup d'œil physiologique sur la folie* [...], 2 vol., Paris, 1807.

RAULIN (J.) *Traité analytique des eaux minérales en général* [...], 2 vol., Paris, 1772-1774.

REIL (J.-Chr.) *Exercitationum anatomicarum fasciculus primus de structura nervorum*, Halle, 1796.

REY REGIS [CAZILLAC] *Histoire naturelle et raisonnée de l'âme*, 2 vol., Londres, 1789, t. I.

[SIGAUD DE LA FOND] *Dictionnaire des Merveilles de la Nature*, Paris, 1771.

STAHL (G.-E.) *Theoria medica vera,* Halle, 1708.

— *Œuvres médico-philosophiques et pratiques de G.E. Stahl,* trad. A. Blondin, 5 vol., Paris, 1859-1864, t. III.

STEWART (D.) *Éléments de la philosophie de l'esprit humain,* trad. P. Prévost, 2 vol., Genève, 1808.

VILLERS (Ch.) *Philosophie de Kant ou principes fondamentaux de la philosophie transcentantale,* Metz, 1801 (2e éd., 1830 ; rééd. Bruxelles, Culture et Civilisation, 1973).

— « Notice littéraire sur M. Kant et sur l'état de la métaphysique en Allemagne au moment où ce philosophe a commencé d'y faire sensation », dans *Le Conservateur* de F. de NEUFCHATEAU.

VOLTAIRE (F.-M. AROUET) *Essai sur les mœurs et l'esprit des nations et sur les principaux faits de l'histoire,* dans *Œuvres complètes,* éd. Moland, 52 vol., Paris, Garnier, 1877-1885, t. II.

WILLIS (Th.) *Opera omnia,* 2 vol., Lyon, 1681.

INDEX DES NOMS PROPRES

INDEX DES MATIÈRES

TABLE DES MATIÈRES

Photocomposé en Times de 9 et achevé d'imprimer le 11 janvier 1985
par l'Imprimerie de la Manutention à Mayenne
N° 8927